교회사회복지실천의 새 지평
복지선교와 복지목회

사회복지학총서 104

교회사회복지실천의 새 지평

복지선교와 복지목회

2014년 3월 28일 발행
2014년 3월 28일 1쇄

지은이_ 李峻宇
발행자_ 趙相浩
발행처_ (주) 나남
주소_ 413-120 경기도 파주시 회동길 193
전화_ (031) 955-4601 (代)
FAX_ (031) 955-4555
등록_ 제 1-71호(1979.5.12)
홈페이지_ http: //www.nanam.net
전자우편_ post@nanam.net

ISBN 978-89-300-8755-1
ISBN 978-89-300-8001-9 (세트)
책값은 뒤표지에 있습니다.

이 책은 강남대학교 교내연구공모과제
지원비를 받아 출간되었습니다.

사회복지학총서 104

교회사회복지실천의 새 지평

복지선교와 복지목회

이준우 지음

나남
nanam

New Horizon of Church Social Work Practice,
Welfare Mission and Welfare Ministry

by

Lee, Jun Woo

nanam

한국교회는 하나님의 축복 속에 세계의 수많은 교회들로부터 부러움으로 가득 찬, '놀라운 기적'이라는 찬사를 들을 만큼 급성장하였다. 그러나 오늘날 교회를 바라보는 우리 사회의 시선은 싸늘하다. 교회의 부패를 염려하는 목소리가 교회 안팎으로 점차 거세지고 있다. 한국교회에 대한 신뢰는 추락하였으며 이제 많은 사람들이 한국교회와 기독교를 지탄하는 상황에 이르렀다. 심지어 혹자는 한국교회는 구제불능이라고 보기도 한다. 어쩌다 교회가 이렇게 가슴 아픈 지경이 되었을까 성찰해 보면 그것은 교회가 교회답지 못하기 때문이다. 기복주의, 성공주의라는 세속적 시류를 좇아 복음을 값싸게 만들고, 하나님만 믿으면 모든 것이 만사형통될 수 있다는 이단적 발설로 세인을 미혹하기도 하였다. 한국교회는 점점 미신화, 기복주의화, 탈역사화, 비윤리화의 길을 가고 있다.

실제로 많은 교인들이 오랫동안 교회생활을 해도 삶의 목적이나 가치관, 정직성, 성품, 태도, 행동 등 인생을 구성하는 중요한 부분들에는 뚜렷한 변화가 없어서 세속의 사람들과 별 차이가 없어 보인다. 오히려 탐욕스럽고 독선적이며 더 나아가 위선적이라는 평가와 함께 '안티 커뮤니티'가 생겨나고 확대되어 가는 양상을 목격하고 있다. 따라서 교세는 위축되고 사회에 대한 교회의 영향력은 줄어들고 있다. 이러한 상황에서 교회가 스스로 교회의 본질을 바로 세워 교회의 '교회다움'을 회복하고 대사회적 영향력을 강화시키는 것은 참으로 중요한 사명이다.

이 책은 바로 이와 같은 문제의식에서 출발하여 집필되었다.

어떻게 해야만, 한국교회와 기독교가 다시 한 번 초기 선교 시절처럼 거룩하고 선한 대사회적 영향력을 발휘할 수 있을까? 나아가 이를 기반으로 교회에 대한 사회적 이미지를 어떻게 긍정적으로 개선해갈 수 있을까?

선교 초기 한국사회에 전파된 기독교는 오늘날 우리 한국교회와 같은 모습이 아니었다. 사랑과 섬김, 나눔의 기독교 정신이 비록 사회복지라는 용어는 사용되지 않았으나 현대의 '사회복지실천' 개념에 가까운 활동이 세계 어느 선교지보다도 강렬하게 펼쳐졌었다. 한국교회는 초창기 기독교 복음전파의 특성이었던 사회복지실천의 모습을 선교적·목회적 차원에서 새로이 회복해야 한다. 그것만이 다시 살길이다. 끝없이 추락하고 있는 한국교회의 대사회적 이미지를 지금 개선하지 않으면 더 이상 희망은 없다.

놀라운 사실은 한국교회사를 조금만 거슬러 올라가 보면 세계교회사에 내놓아도 조금도 손색이 없는 사회복지의 빛나는 전통이 '기독교가 한국사회에 전파된 과정' 속에 있다는 것이다. 한반도에 기독교가 들어온 이래 교회는 복음전도에 앞서 광혜원(이후 '제중원'으로 개칭)이라는 병원을 개설하였다. 이것이 한국 최초의 근대적 병원의 시작이었다. 또 경신, 연희, 배재, 이화, 광성, 숭덕, 정의, 숭실 등 신교육을 주도하는 여러 기독교 학교들을 설립하였다. 교회는 구라(救癩)사업, 형정(刑政) 개선사업, 콜레라퇴치사업, 결핵퇴치운동 등을 전개하였으며 1904년 평양에 조선 최초의 맹아학교를 설립한 이후 전국 각지에 장애인 학교를 설립하였다. 또한 아동들을 위한 복지사업으로 고아원을 설립하고, 극빈자를 위한 숙소와 식사를 제공하는 구제사업에 앞장섰다. 이와 같이 교회는 여성운동, 절제운동, 농촌운동 등 각종계몽운동과 3·1만세운동을 비롯한 여러 독립운동의 중심적 세력으로서의 역할을 확실하게 감당한 것이다.

민경배(2009)는 이와 같은 한국 초기의 교회를 교인들끼리의 교회가 아니라 민족과 함께 하는 교회라는 뜻에서 "민족교회"라 칭했다. 한국교회의 맨

처음 구조는 민족교회였고 전도의 교회가 아니라 희생과 봉사의 교회였다는 것이다. 이처럼 한국교회는 그 초기부터 사회문제에 적극적으로 참여하였고, 고통당하는 백성들을 위한 봉사적 사회운동을 주도해온 것이다. 지금의 시각에서 봐도 분명한 사회복지실천이었다.

그러나 우리나라가 경제적으로 급성장하는 1960년대와 1970년대에 이르러 한국교회가 사회복지 활동을 통해 주도했던 사회복지적 기능을 정부기관과 민간단체(교회 밖의 사회복지기관들)에 넘겨주게 된다. 이어서 무리한 산업화의 과정에서 사회가 급변하고 사회문제가 고도에 달했던 1980년대에 와서는 교회가 최소한의 사회복지적 기능마저 수행하기를 꺼려한다는 비난의 소리를 듣게 된다. 그리고 1990년대에 들어 한국교회는 자신들이 외면했던 사회로부터 역으로 외면당하는 상황에 직면하게 되었고, 이런 현상은 더욱 가속화되고 있다.

물론 몇몇 대형교회들을 중심으로 체계적이며 적극적인 사회복지실천이 이루어지고 있는 것도 사실이다. 이들은 교회 자원으로 사회복지재단(법인)을 만들어 지역사회 내에서 공익적 사회복지실천을 실현하고 있다. 하지만 문제는 이들 교회들조차도 교회가 전적으로 물적·인적 자원 등을 부담하여 지역사회를 섬기기보다는 일반 사회복지법인과 마찬가지로 정부로부터 사회복지기관을 수탁받거나 서비스 운영을 위해 보조금을 지원받아 사회복지실천 서비스 개입을 하고 있다는 데에 있다. 그러다 보니 교회가 자체적으로 지닌 선교적·목회적 기능을 발휘하는 데에는 상당한 한계가 있을 수밖에 없는 것이 현실이다. 선교적 교회는 나름 수고와 고생을 하고서도 사회로부터는 전도를 위해 국가적 차원의 사회복지를 교회가 이용한다는 오해를 받기도 한다. 하지만 오늘날 한국교회가 수행하는 사회복지실천에서 보다 더 근본적인 문제는 크게 두 가지로 요약될 수 있다.

첫째, 중대형교회 일변도의 교회사회복지실천이라는 것이다. 작은 교회들은 '생존(?)'을 위해 몸부림치고 있고, 그러다 보니 작은 교회들은 한 사람이라도 더 불러 모으기 위해 오로지 전도 중심의 목회를 할 수밖에 없는 실정이다. 물론 또 다른 한편으론 교회 규모는 작지만 반듯한 신념을 갖고, 의미 있는 사회봉사 활동을 펼치는 특수사역을 전문적으로 감당하는 교회들도 있다.

가령, 장애인이나 외국인근로자, 노숙인 등을 대상으로 목회하는 특별한 교회들 [예: 지체장애인교회, 시각장애인교회, 청각장애(농)인 교회, 외국인근로자 내지 노숙인 등을 위한 교회 등] 을 들 수 있다. 그러나 이들 교회들의 대부분은 열악한 재정구조와 환경으로 인해 사역의 한계에 다다르는 경우가 빈번하다. 그러다 보니 우리나라의 교회사회복지실천은 장년 교인이 대략 5백여 명에서 1천여 명 사이의 중형교회, 장년 교인 1천여 명 이상의 대형교회, 장년 교인이 1만 명이 넘는 초대형 교회들이 운영하는 사역들로 주로 활성화되는 경향이 뚜렷해지고 있다.

그런데 이들 중대형, 초대형 교회들 중 상당수는 교회사회복지실천을 위한 충분한 인적·물적 자원을 토대로 활발한 사회복지실천 활동을 하고 있음에도 무리한 '성전 건물(예배당) 건축'이나 비윤리적인 '목회 방식'(예: 수십 대의 셔틀버스 운행, 교인 여부 불문한 무차별적 전도, 목사 세습 등), 수평적인 교인 이동을 방관하는 교회 성장 등을 조장한다는 이유로 사회적으로 비판의 대상이 되고 있다. 그러다 보니 교회사회복지실천에 대한 노력과 수고가 사회적으로 부각되지 못하는 실정이다.

둘째, 교회사회복지실천의 독특성이 확연하게 드러나지 않는다는 점이다. 즉, 과연 일반사회복지실천과 교회사회복지실천의 차별성이 무엇이냐는 것이다. 이는 달리 말하면, "'교회사회복지실천'이라고 불리는, '교회가 수행하는 사회복지실천'이 안타깝게도 일반사회복지실천의 방법과 크게 다르지 않아 보인다"는 견해를 전제한다. 여기에서 "교회사회복지실천의 방법과 일반사회복지실천의 방법이 굳이 달라야 하는가?"라고 반문할 수도 있다.

그러나 분명한 점은 교회사회복지실천과 일반사회복지실천의 가치와 철학은 엄연히 다르다는 것이다. 교회사회복지실천은 교회의 본질, 성경 말씀의 본질에 근거해야 한다. 사람을 돕는 실천 활동이므로 자연스럽게 사역의 방법이나 결과는 유사하게 나타날 수 있으나 사역의 동기와 목적, 가치, 이념 등은 분명하게 차별화되어야 한다. 이제는 지금까지 기존 교회에서 수행되어온 사회복지실천이 과연 교회의 본질에 충실한가를 질문해야 할 것이다. 교회라는 현장에서 일반사회복지실천의 방법과 기술을 그대로 적용하는 것이 아닌 성경적 교회론의 기초 위에서 성경적인 사회복지실천을 전문적이며 구체적으로 수행하기 위한 교회 공동체 자체의 철저한 자기성찰과 점검이 있어야 한다.

다음과 같은 질문들은 교회사회복지실천의 본질을 정립하거나 회복하기 위해서 꼭 필요한 핵심적인 내용이 될 것이다.

- 왜 작은 교회들은 교회사회복지실천을 하지 못하고 큰 교회들만 해야 하는가?
- 실천방법이나 개입한 이후에 나타나는 서비스 결과나 효과성이 유사하거나 동일하다고 해도 근본이념이 다르다면 실천방법과 결과도 뭔가 달라야 하지 않는가?
- 복음이 사람과 세상을 변혁시킬 수 있다고 한다면 기독교 복음에 기초한 교회사회복지실천은 일반사회복지실천보다 훨씬 더 인간과 사회를 근원적으로 변화시킬 수 있어야 하지 않는가?
- 교회가 사회봉사나 사회복지실천을 하지 않는 것도 문제이지만 한다고 하면 제대로 해야 하는 것 아닌가?
- 이제 한국교회는 신앙이 불타서 밖으로 스스로 외연하여 나가는 형태의 민족과 사회를 섬기는 기독교, 사회가 따라가야 할 윤리적인 교회가 되어야 할 필요가 있지 않을까?

이 책은 바로 이상과 같은 문제의식들과 이에 따른 현실적 질문들에 대한 '답'을 찾고자 몸부림치면서 정리한 결과물이라 할 수 있다.

결론을 미리 말하면, 현재 우리나라의 많은 중형, 대형, 초대형 교회들이 자신들의 예배당 다 짓고, 교육관 다 만들고, 풍족한 교회 프로그램 다 운영한 후에 남은 예산을 갖고 교회 내에 일반사회복지실천 프로그램을 만들어 실행하는 차원의 교회사회복지실천이어서는 안 된다는 것이다. 막강한 재정 능력을 담보하여 지역사회 내에 있는 사회복지시설이나 기관 등을 정부로부터 수탁받아 정부 보조금과 교회의 자부담 재원을 덧붙여 일반사회복지실천을 하는 것으로 교회사회복지실천을 잘하고 있다고 자랑해서는 안 된다는 것이다. 교회는 도움을 주는 사람들이고, 교회사회복지실천 서비스를 제공받는 사람들은 도움을 받는 사람들이라는 사회적 낙인을 교회가 양산하는 것이 교회사회복지실천이 아니라는 것이다.

참된 교회사회복지실천은 사람과 지역사회를 행복한 삶의 공동체로 변화시키는 사역이어야 한다. 큰 교회와 작은 교회가 함께 손을 잡고, 지역사회가 진정으로 필요로 하는 일에 아무런 대가도 바라지 않고 예수 그리스도의 정신으로 섬기고 돕는 전문사역이 교회사회복지실천이어야 하는 것이다. 따라서 바람직한 교회사회복지실천은 과거의 구제사업을 세련되게 포장한 모습이 아니라 교회의 사역 구조와 본질을 예수 그리스도 중심의 '복지선교'와 '복지목회'로 탈바꿈하여 모든 교회 공동체 구성원들의 본질적 사역으로 수행되는 것이어야 한다. 즉, 일반사회복지실천을 교회가 단지 활용하는 차원이 아닌 말씀의 본질로 돌아가서 성경 말씀에 근거한 성경적 사회복지실천을 해야 한다는 것이다. 바로 하나님께서 가장 원하시는 영혼 구원과 영적인 복지가 동시에 통전적으로 실현될 수 있는 교회사회복지실천이 구현되어야 한다. 일반사회복지실천의 방법과 기술을 적용하고 활용할 수는 있으나 그 가치와 이념은 철저히 하나님 중심으로 자리매김되어야 한다.

이런 면에서 교회의 선교적·목회적 패러다임 속에서 다양한 사회복지실천 방법과 기술들을 재해석하고 융합하여 창의적인 기독교적 교회사회복지실천 방법과 기술들을 재창출해내야 한다. 교회의 본질을 고민하고 그 본질을 찾아가기 위해 애써야 한다. 서비스를 제공하는 사역자와 서비스를 제공받는 대상자 모두의 영적·육적 회복과 성숙, 그리고 이를 토대로 한 교회 공동체의 부흥을 지향해야 한다. 그 결과 교회는 성숙해지고 내적인 성장이 이루어져야 한다. 사회의 지탄 대상이 아니라 사회와 그 속에 사는 사람들로부터 신뢰받고 사랑받고 존경받는 공동체로 거듭나야 한다.

한국교회가 그동안 집착했던 양적 성장과 웅장하고 화려한 성전 건물 건축에 대한 미련을 과감하게 포기하고 교회 공동체의 품격 있는 신앙 성숙을 토대로 사회를 향한 거룩한 윤리적 표상으로 재탄생하는 새로운 교회 부흥과 성장을 지향하는 강력한 운동이 이제는 펼쳐져야 할 때이다. 한국교회의 부흥은 총체적이며 과정적으로 이해되어야 하며 그것은 하나님 체험을 통한 신앙적 결단과 각성을 기반으로 예수 그리스도의 삶을 역사 속에서 재연하는 화해와 일치하는 사건이어야 한다. 그래서 교회 부흥은 결과적으로 끊임없는 교회 개혁과 사회 변혁을 통해 하나님의 나라를 지향하는 종말론적 운동으로 보아야 한다. 이 세상의 자본과 권력이 전부가 아니라 자기 비움과 내려놓음의 아름다움을 몸소 실천하고 확산시키는 하나님 나라 운동을 추구해야 한다.

이런 관점에서 볼 때, 교회사회복지실천을 통한 교회 부흥은 세상의 가치관에 물든 신앙을 성령의 불로 소멸시키고 하나님 나라를 희망하는 종말론적 신앙으로 예수 그리스도로부터 위임받은 사회봉사적 사명을 전문적이며 체계적으로 완수하는 일이다. 교회 부흥은 단순히 교회의 양적 성장만을 의미하지 않는다. 반드시 교회 개혁과 사회 변혁을 동반한다. 그러면서도 교회 부흥은 전적으로 하나님의 일임을 인식하고 늘 고백해야 한다. 교회 부흥은 하나님의 계획에 따라서 하나님이 원하시는 시기에 하나님이 택한 사람을 통해서 일어나며 하나님의 섭리에 의해 일어난다. 교회 부흥과 함께 역동적으로 수행되는 교회사회복지실천은 교회 공동체가 성령의 도구로 사용되도록 철저히 회개하고 기도하며 하나님 말씀으로 무장하여 지역사회와 민족을 섬기는 일이다.

머리말부터 너무 과격한 것 아닌가? 지금까지의 모든 교회사회복지실천은 잘못된 것인가? 그렇지 않다. 교회사회복지실천을 하는 것은 귀한 일이다. 그것 또한 하나님의 섭리이며 은혜이다. 최선을 다해 노력하는 교회들이 있다. 소중하고 아름다운 교회들이다. 이름도 없이 빛도 없이 주님의 영광만을 위해 주님의 뜻으로 알고 교회사회복지실천을 하는 교회들이 있다. 내가 몸담았던 남서울은혜교회와 밀알복지재단의 아름다운 동역은 모든 한국교회가 꿈꾸어 볼 만한 교회사회복지실천의 모델이라 생각한다. 교회가 예배당 지을 돈을 기독교복지재단에 기부하고 그 돈으로 정서장애 학생들을 위한 특수학교(밀알학교)를 설립하여 이 학교 건물을 주일 하루만 교회가 빌려 사용하는 모범적인 사례이다.

독자들이 이 책을 읽어가면서 왜 내가 지금 이렇게 말하는지를 알게 되기를 간절히 바란다. 나는 한국교회를 사랑한다. 주님의 주님 되심이 온전하게 드러나는 한국교회를 소망한다. 너무 사랑하기에 어떻게든 바로잡아 보려고 절박하게 외치는 것이다. 그래서 독자들이 내 견해를 받아들이든 그렇지 않든 간에 나는 확신한다. 성경적이면서 영성적인 교회사회복지실천을 구체적으로 정립하는 일이야말로 오늘 이 땅에 존재하는 수많은 교회들과 그 교회들로부터 영향받는 사회를 진정으로 하나님과 말씀의 본질로 돌아가게 하는 것이라고 말이다. 한국교회와 한국사회가 회복되기를 바란다. '돈'보다도, '성전 건물 건축'보다도 하나님의 은혜에 젖어 이웃을 섬기며 지역사회와 더불어 믿음 안에서 사는 삶이 참된 행복임을 보여주는 교회가 되기를 기도한다. 나를 포함하여 이 땅의 목사들이 탐욕과 교만에서 벗어나 신실함과 겸손함을 회복하여 사회적으로 소외되고 영적으로 어려움을 겪는 영혼들을 돌아보는 일에 전력하는 날이 속히 오기를 간절히 소원한다.

이제 고마운 분들에게 인사를 해야 할 것 같다.

무엇보다도 부족한 목사인 나를 믿고 1997년 10월부터 2012년 12월까지 근 15년 동안 '복지선교'와 '복지목회' 사역을 맡겨 주셨던 영적 스승이신 홍정길 목사님께 감사드린다. 또한 '교회사회복지실천'이 무엇인가를 가르쳐 주시고, 대학교수로서 후학을 양성하는 자리에 있도록 이끌어 주셨던 학문적 스승이신 박종삼 교수님께도 큰 감사를 드린다. 아울러 맘껏 연구하고 가르칠 수 있도록 지원해 주시는 강남대 윤신일 총장님께도 감사드리고 싶다. 그

12

리고 영성적 사회복지실천의 중요성과 그 의미를 깨닫는 데에 도움을 준 나의 멘토이자 인생과 학문의 선배이신 한동대 유장춘 교수님께도 감사드린다. 사석에선 형님이라고 부를 정도로 막역한 유장춘 교수님과의 수많은 대화와 유 교수님의 논문들은 이 책을 집필하는 데에 실질적인 도움이 되었다.

사랑하는 가족에게도 고마운 마음을 전하고 싶다. 아내 '박송이'는 가정과 교회, 내 일터인 강남대에서의 하나님 사역을 헌신적으로 뒷받침해 주고 있다. 큰아이인 '이신건'은 올 8월이면 군대를 제대한다. 아빠 같은 목사들과 사회복지사들을 돕겠다고 대학에서 경영학을 전공하고 있다. 그 마음이 귀하다. 자랑스러운 아들이다. 둘째는 고등학교 3학년인 사랑스러운 딸 '이신영'이다. 막내딸은 초등학교 6학년인 귀여운 '이신혜'이다. 소중한 가족이 있기에 내게 주어진 하나님의 사명을 이렇게 감당할 수 있다.

매번 약속보다 늦어지는 원고로 인해 부담을 드림에도 불구하고 늘 더욱 새롭고 멋진 책으로 감동을 안겨주시는 나남출판 조상호 회장님과 방순영 이사님 그리고 이필숙 실장님께 감사드린다.

그리고 스승의 책을 만드는 데 언제나 헌신적으로 함께해 주는 자랑스럽고 소중한 제자들에게 감사한다. 강남대 사회복지전문대학원 박사과정 박종미 선생과 지승훈 선생, 이진영 선생이다. 그들은 내가 쓴 글을 읽고 느낀 점을 말해 주었다. 특히 박종미 선생은 내가 참고해야 할 자료들을 찾아 주었고, 처음으로 작성한 내 글의 초안을 꼼꼼히 읽고, 정성껏 교정해 주었다. 큰 도움이 되었다.

마지막으로 이 모든 일을 행하신 하나님께 감사를 드린다. 그분의 이끄심 덕분에 내가 지금껏 살아가고 있고, 사역하고 있음을 고백한다. 목사로서의 삶을 교수의 사명과 함께 영위하는 소명으로 인도해 주심에도 감사드린다.

2014년 3월 1일
연구실에서
부족한 종 이준우 목수사 (목사 + 교수 + 사회복지사)

사회복지학총서 104

교회사회복지실천의 새 지평
복지선교와 복지목회

차 례

• 머리말 5

제1장 **교회의 본질**
　　1. 급변하는 세상과 교회 … 17
　　2. 교회 본질의 회복 … 22
　　3. 교회 본질의 특성 … 26
　　4. 교회의 본질과 영성의 외연화 … 53
　　5. 영성적 사회복지실천을 수행하는 교회의 모습 … 55

제2장 **예수님의 삶**
　　1. 예수님 삶의 특성 … 63
　　2. 성령님과 동행하셨던 예수님의 삶 … 74
　　3. 장애인에 대한 예수님의 관점 … 79

제3장 **교회사회복지실천의 개념**
　　1. 용어 정리 … 103
　　2. 교회사회복지실천의 정의 … 111
　　3. 교회사회복지실천의 특성 … 128
　　4. 교회사회복지실천과 기독교 영성 … 131

제4장 교회사회복지실천의 변천과정

　　1. 초기 한국교회와 사회복지실천 ··· 145

　　2. 3·1 운동과 교회사회복지실천 ··· 149

　　3. 한국교회 사회복지실천의 발전과 한계 ··· 151

제5장 교회사회복지실천의 이론과 모델

　　1. 교회사회복지실천의 이론 ··· 155

　　2. 교회사회복지실천의 모델 ··· 160

제6장 교회사회복지실천의 방법과 기술

　　1. 교회사회복지실천의 본질적 방법 ··· 180

　　2. 일반사회복지실천을 적용한 방법 ··· 194

　　3. 교회사회복지실천의 기본 기술 ··· 202

제7장 교회사회복지실천이 나아가야 할 방향

　　1. 복지선교적 과제 달성 ··· 220

　　2. 복지목회적 과제 달성 ··· 230

　　3. 교회사회복지사의 책무에 대한 분명한 인식 ··· 235

• 에필로그　247

• 참고문헌　253

• 찾아보기　257

• 저자소개　259

제1장

교회의 본질

1. 급변하는 세상과 교회

세상이 참으로 빠르게 변하고 있다. 과거 교회의 모습과 생활을 떠올리기가 쉽지 않을 정도로 참 많은 변화가 있었다. 지금 시대가 얼마나 숨 가쁘게 변하고 있는가? 과학과 기술의 변화는 광속(光速)이다. 엄청나다. 옛날과는 달라도 너무 다르다. 고도산업화, 첨단정보화, 탈구조화, 세계화, 인터넷과 가상공간 등으로 표현되는 오늘 이 시대는 학생들이 수업시간에 집중하게끔 하기 위해 핸드폰 사용을 금지해야 할 정도로 변했다. 실제로 규제가 쉽지 않은 대학생들과 대학원생들을 대상으로 하는 수업시간의 경우 교수가 이야기하면 어느새 학생들이 스마트폰을 이용해 '구글'이나 '네이버'에 가서 확인하는 시대가 되었다. 그래서 몇몇 대학의 경우, 수업시간 중에 강의실에서는 아예 인터넷을 못 쓰게 차단해 놓았다고 한다. 어떤 대학은 꼭 집어서 '카카오톡'(카톡) 방지 시스템(?)을 구축해 놓았다고 자랑스러워(?) 한다. 물론 모두 다 주변에서 들은 얘기다. 그런데 사실이든 아니든 그럴듯한 말로 들린다. 하여간 이런 얘기를 하고 있는 시대니까 정말 시대의 변화가 놀랍다.

교회도 마찬가지이다. 신학적으로 보수성향의 교회들에서조차 과거에는 상상도 할 수 없었던 일들이 예배와 교회교육 현장에서 나타난다. 예배 때에 '찬송가' 책에 없는 '복음성가' 혹은 'CCM'(*contemporary christian music*)을 자유롭게 찬송으로 부른다. 예배당 강단 위에 '드럼'이 놓여 있고, 전자 악기들과 함께 다양한 찬양으로 예배한다. 또한 전에는 봉투에 정성껏 넣은 헌금을 드리던 모습이 전부였는데 이제는 여러 교회들이 헌금을 온라인으로 입금할 수 있도록 하고 있다. 목사가 강단에 올라가서 설교할 때도 손에 들고 가슴에 품고 다니던 손때 묻은 성경책 대신 달랑(?) 얇은 아이패드 하나만 들고 간다. 열린 예배라고 하면서 예쁜(?) 색깔의 티셔츠를 입고, '개그 콘서트'에서 볼 수 있는 얼굴에 딱 달라붙는 무선 마이크를 장착하고 세련되게 설교하는 목사를 어렵지 않게 볼 수 있다. 주일을 포함하여 목사가 설교하는 내용은 곧바로 영상으로 전환되어 실시간으로 보거나 교회 홈페이지에서 '두고두고(?)' 보고 싶을 때마다 볼 수 있게 되었다. 예배를 비롯해 교회의 모든 사역이 개방되고 교인들이 자유롭게 콘텐츠로 활용하게 되었다.

교회도 변화해야 하고, 세상이 변화하는 속도에 맞추어야 한다. 하지만 교회의 사명과 본질이 변해서는 안 된다. 이러한 맥락에서 교회가 너무 급격하게 세상의 변화를 따라가는 것은 아닌지 모르겠다. 사실 세상의 변화를 무분별하게 도입해서 오히려 문제가 되지는 않는지 심히 염려스럽다. 본질이 무엇이며, 무엇은 절대 변화되어선 안 되며, 어떤 것은 시대의 흐름에 맞게 개편해야 하는지에 대한 심도 있는 고민과 연구가 없는 듯해 보인다.

그렇지 않은가? 그럼, 여기서 한번 자신이 살아온 기간 동안 급변한 것들을 생각해 보라. 어마어마한 변화들을 떠올려 볼 수 있을 것이다. 그런 후에 또 다시 교회로 눈을 돌려 보라. 끊임없이 교회가 도전받고, 변화하는 상황 속에서 교회는 세속적으로 변화되고 있음을 알게 될 것이다. 변화를 막을 수 없을 만큼 변화가 일상화된 세상임을 깨닫게 될 것이다. 다시 한 번 질문해 본다. 그렇다면 어디까지 교회가 변해야 되고, 어느 부분은 절대로 변화되지 말아야 하는가? 시대의 변화와 성경의 가르침에서 어느 것은 지켜야 하고, 어느 것은 변화되어도 괜찮은가?

지난 백 년간 우리 사회에서 변화된 것은 무엇인가? 이해를 돕기 위해, 1914년과 2014년을 한번 가정해서 생각해 보자.

- 평균수명은? 대략 과거는 47세 정도, 2014년은 남녀 평균 79세 정도일 것이다. 만 65세 이상의 노인인구가 과거에는 전체 인구의 2~3% 정도 되었을까? 지금은 전체 인구의 11%가 넘는다.
- 전화와 인터넷을 보유한 가정이 과거에는 전체 가정의 1% 정도 되었을까? 아마도 인터넷은 0%였을 것이다. 지금은 말 안 해도 짐작될 것이다. 그래도 생각해 보면 핸드폰 수는 인구 대비 103~110% 이상 된다고 추정한다. 인터넷 사용 인구는 80%는 넘을 것이라고 본다.
- 자동차 수, 학력 등의 상승은 이루 말할 수 없다. 미용에 대한 관심도 크게 증가했다. 과거 대부분의 여성들이 한 달에 한 번 정도 머리를 감았고, 샴푸가 아니라 봉사나 계란의 노른자, 흰자 혹은 그냥 물을 사용했다.
- 뿐만 아니라 엄청난 사회적·경제적·교육적 변화를 볼 수 있다.

우리나라는 전 세계 어느 나라보다도 더 빨리, 더 광범위하게 변화해 오지 않았나? 이런 변화가 교회에는 어떤 영향을 주는가? 가장 크게는 기독교 신앙과 가치관에 대한 도전 아닌가? 그렇다! 기독교 신앙과 가치관에 대한 도전이다. 그렇다면 기독교 신앙과 가치관에 대한 도전은 어떤 것이 있는가?

먼저, 성경의 절대적 권위에 대한 도전이다. 지구상에는 여러 인종과 문화가 존재하므로 이들에 대한 다양성을 존중해야 한다. 서로 의견이 일치하지 않는 것을 받아들여야 한다. 우리나라도 단일문화에서 다문화로 바뀌고 있다. 이러한 문화적 변화 때문인지 신세대일수록 성경만이 진리라는 것을 받아들이지 못하고 있다. '젊은 층'은 도저히 이해가 되지 않는다. 예수 믿는다고 하면서 나쁜 짓 다하더니 저희(자기)들만 구원받는 것이 믿어지지 않는다. 한편, 기성세대도 신세대를 이해하지 못한다. 내 생각 네 생각 서로 존중하자는데 아버지 세대의 조언을 들은 척도 안 하는 신세대가 답답하다. 이처럼 다문화 사회에서 세대 간의 단절이 생기면서 그동안 당연시되었던 종교적 신념도 흔들리게 되었고 '성경이 과연 절대적 진리일까?' 하는 회의도 강해지게 되었다. 젊은 층에서 시작된 이러한 경향은 어느새 전 세대에 걸쳐 확산되었다.

그리고 하나님께서 세상을 창조했다는 창조론에 대한 도전도 거세게 밀려온다. 학교에서는 이미 진화론을 가르친 지 오래되었다. 소수의 신실한 그리스도인들이 아이들에게 창조론을 가르치려고 기독교 사립학교, 혹은 기독교 대안학교를 설립하거나 홈스쿨링을 한다. 그러나 현대 사회의 주류는 진화론이다.

그뿐만이 아니다. 기독교 복음의 배타성에 대한 도전도 엄청나다. 왜 기독교만 복음이라고, 진리라고 주장하는가? 기독교 신앙의 배타성에 대한 도전과 박해가 심각해지고 있다. 기독교가 자신들의 종교만 옳다고 하는 것을 문제시한다. 어느덧 이제 기독교의 절대적 가치관에 대한 도전은 당연하게 되었다. 기독교계 내에도 상대주의와 종교 다원주의 시각이 이미 도입되었다.

기독교 진리를 선포하는 교회의 권위와 역할에 대한 도전도 거세게 일어나고 있다. 이러한 도전의 핵심은 교회에 대한 부정적 이미지를 부각시키면서 교회의 권위와 역할에 대한 도전이 커지게끔 하는 데에 있다. 분명 그 도전에 대한 빌미를 교회가 제공한 것은 틀림없지만 그래도 너무 심하게 교회를 몰아붙인다.

이제는 우리 기독교인 스스로 자신을 비판적으로 바라보면서, 기독교 신앙과 가치관이 어떻게 도전받고 있는지를 알 필요가 있다. 그리고 싫든 좋든 현대교회의 최대 관심사인 다음 두 가지 문제를 마주해야 한다. 첫째, 생존을 위한 변화와 둘째, 변화를 통한 성장이다. 이는 지난 50년간 한국교회 변천사에서도 뚜렷이 나타나는 문제이다.

- 선교 초기~1950년대: 영성적 선교와 사회변혁 성향의 교회개척
- 1950~1960년대: 단절
- 1960~1970년대: 교회부흥 강조
- 1970~1980년대: 교회성장 운동
- 1980~1990년대: 제자훈련 확산
- 1990~2014년 현재: 교회경영 치중

선교 초기 한국교회는 뜨거운 구령과 구시대적 가치관을 타파하는 사회변혁적 교회를 지향하며 열정적으로 교회를 개척해 나갔다. 목회자와 교인들은 예수 그리스도의 정신을 구현하기 위해 헌신하고 희생하였다.

하지만 1960년대부터 2014년 현재까지 지난 50여 년간 한국사회에서 교회의 본질에 대한 관심은 거의 없었다고 해도 무방할 것이다. 굳이 구체적인 근거를 대지 않아도 누구나 느낄 수 있는 현상이다. 본질은 사라지고, 방법과 기술, 목사와 장로, 예배당 건물만 남았다. 주님은 밀려나고 목사와 교회의 지도자들이 더 부각되었다. 영성은 약화되고 돈의 위력이 세상 못지않게 강화되었다. 복음의 능력 대신 힘의 영향력을 교회가 세상을 향해 행사하게 되었다. 대형교회와 소형

교회 간의 격차는 세상의 부자와 가난한 자 간의 간격과 거의 비슷한 수준이 되었다. 재벌이 자식에게 재산을 물려주듯이 초대형 교회의 담임목사가 아들에게 교회를 물려주는 모습도 흔히 보는 풍경이 되었다. 이제는 이러한 행태가 중형교회로까지 이어지고 있음을 확인할 수 있다.

예수님 대신 돈과 권력이 지배하는 세상에서 온전한 자기 비움과 세속적 탐욕을 십자가 앞에서 내려놓는 거룩한 삶을 실천하는 교회가 사라져 버렸다. 교회의 본질이 훼손되어 버렸으니 세상을 섬기고 돌본다는 말은 어불성설(語不成說)이 되고 말았다.

2. 교회 본질의 회복

교회의 본질이 무엇인가? 교회의 본질은 예수 그리스도와 그분을 따르는 사람이다. 예수 그리스도를 믿고 따르는 사람들이 주님의 말씀대로, 주님의 정신으로 이 세상에서 주님의 뜻을 실현하기 위해 살아가고자 함께 예배하고 교제하며 선교와 봉사를 실천하는 공동체가 교회이다. 바로 이 교회의 본질을 잃어버리면 교회는 더 이상 교회가 아닌 것이다.

《구약성경》의 〈사사기〉를 보면 삼손이라고 하는 사람이 나온다. 삼손은 거룩한 백성으로서 선택받은 사람이었다. 그는 사사로서 하나님의 백성을 이끌고 섬겨야 하는 막중한 책임을 부여받은 지도자였다. 구약시대에서 사사로 부름받는 것은 하나님의 특별하신 은혜와 부르심이 있어야만 가능한 특권이자 축복이었다. 그러나 삼손은 자신에게 주어진 소중한 책무를 망각하고, 사사로서의 소명을 소홀히 여긴 채, 다른 신을 섬기는 이방 여인 들릴라와 사랑에 빠져 인생의 커다란 시련을 경험하게 된다. 아무리 생각해 보아도 삼손의 인생은 안타깝기만 하다.

이렇게 언제 어디서나 사람이 자기 정체성, 즉 '내가 누구인가?'를 바르게 인식하는 것은 대단히 중요하다. 자신의 정체성을 바르게 파악하지 못할 때, 자신이 지켜야 할 자리를 착각하게 되고, 지켜야 할 자리를 분별하지 못하는 사람은 결국 주위로부터 버림받게 된다. 그러므로 그리스도인에게 있어 분명한 자기 정체성은 참으로 중요하다. 그리스도인과 주님의 몸 된 교회는 주님의 뜻을 따르는 것이 가장 중요한 정체성이다. 그리고 빛 되신 예수 그리스도를 반영하는 사람이 그리스도인이다. 교회와 그리스도인은 결코 빛 그 자체가 될 수 없다!

《신약성경》의 〈요한복음〉 1장 6절부터 8절까지를 보면, 그리스도인에 대한 정체성이 분명히 제시되어 있다. 세례 요한을 통해서 성경은 그리스도인과 그들의 모임인 교회의 정체성을 확실하게 선포한다. 세례 요한은 위대한 인물이었다. 혈통적으로는 예수님의 손위 친척이었고, 영적으로는 태어나기도 전 태속에서부터 성령이 충만하였던 사람이었다. 그가 빈 들에서 하나님의 말씀을 외치자 온 예루살렘 사람들이 그의 말을 듣고 자복할 정도로 명설교가였다. 그뿐만이 아니었다. 요단강에서 예수님을 뵙는 즉시 주님이심을 알아보고 '이분이 메시아'라고 선포했다. 그때는 예수님께서 메시아이심을 그 누구도 알지 못하던 때였다. 더욱이 예수님의 머리에 손을 얹고 세례를 베풀기도 했다. 어느 인간이 감히 이 땅에 임하신 성자 하나님께 세례를 베풀 수 있겠는가? 그러나 세례 요한은 그 일을 했다. 생각할수록 세례 요한은 위대한 선지자였다. 하지만 〈요한복음〉 1장 8절은 이렇게 증거한다. "그는 이 빛이 아니요 이 빛에 대하여 증언하러 온 자라."

성경은 그처럼 위대한 세례 요한의 정체성에 대해 단호하다. 아무리 세례 요한이 위대해도, 그는 빛이신 메시아가 아니라 빛이신 주님을 증거하는 빛의 도구이며 통로에 지나지 않는다는 것이다. 그렇다면 세례 요한이 예수 그리스도를 증거한 목적은 무엇이었을까? 〈요한복음〉 1장 6절과 7절이 그 해답을 말해 준다. "하나님께로부터 보내심을 받은 사람이 있으니 그의 이름은 요한이라 그가 증언하러 왔으니 곧 빛에 대하여 증언하고 모든 사람이 자기로 말미암아 믿게 하려 함이라." 자기로 인해 사람들이 예수 그리스도를 믿게 하는 것, 이것이 세례 요한이 주님을 증거하는 목적인 동시에 주님의 도구로서 세례 요한이 지켜야 할 삶의 자리였다.

만약 세례 요한이 자신이 위대하다는 생각에 빠지거나 자신을 따르는 수많은 사람들의 열광에 도취하여 자기 정체성과 삶의 자리를 망각했더라면, 그래서 자신을 빛의 통로가 아니라 빛 그 자체인 양 착각했더라면 그는 불행한 인간이 되고 말았을 것이다. 그러나 세례 요한은 결코 자기 정체성을 잊거나 착각하지 않았다. 실제로 세례 요한의 설교에 심취하여 그에게 세례를 받은 사람들이 그를 추종하기 시작했다. 그들은 세례 요한이야말로 인간을 구원하기 위해 하나님께서 보내신 그리스도라 믿었다. 그러나 세례 요한은 한 번도 교만에 빠지거나 스스로 착각하지 않았다. 〈요한복음〉 1장 20절 하반절에 보면 그는 이렇게 외쳤다. "나는 그리스도가 아니라." 〈요한복음〉 3장 30절에는 심지어 "그(예수 그리스도)는 흥하여야 하겠고 나는 쇠하여야 하리라"고까지 말한다.

세례 요한은 어느 한 순간에도 자기 정체성을 잃지 않았다. 그랬기에 그는 주님의 길을 예비한 위대한 선지자로 오늘까지도 우리 가운데 우뚝 서 있는 것이다. "그는 이 빛이 아니요, 이 빛에 대하여 증언하러 온 자라." 이 말씀이야말로 교회와 그리스도인의 정체성이 무엇인지 분명히 보여주고 있다.

교회는 무엇이고 그리스도인은 또 누구인가? 교회와 그리스도인이 빛 그 자체인가? 결코 아니라는 것이다. 교회와 그리스도인은 빛이신 예수 그리스도를 증거하는 도구이며 증인이다. 예수 그리스도를 증거하는 까닭은 세상 사람들로 하여금 빛이신 예수 그리스도를 믿게끔 하는 데에 있다. 교회에서 드러나야 할 분은 예수님이셔야 한다. 목사가 드러나서는 안 된다. 예배당이 되어서도 안 된다. 교회의 프로그램이어서도 안 된다. 그러므로 참된 그리스도인과 교회 공동체는 예수님의 은혜에 녹아 살아야 한다. 예수님의 사랑에 젖어 살아야 한다. 예수님의 심장으로 채워 살아야 한다. 예수님의 보혈에 잠겨 살아야 한다. 예수님의 사명에 불타야 한다. 그 모든 힘을 바탕으로 교회 공동체와 교회 밖의 세상을 섬겨야 한다.

그러나 현실은 어떠한가? 역사상 많은 교회와 그리스도인들이, 심지어 목사들까지도 자기 정체성을 잊어버리고 자신을 빛 그 자체로 착각하여 빛을 증거하기는커녕 오히려 이 빛을 차단했음을 우리는 익히 알고 있다. 빛의 통로에 지나지 않는 교회와 목사 그리고 그리스도인들이 자신을 빛이라 착각하는 순간부터 드러나는 것은 인간의 흉측한 몰골 이외에는 아무것도 없다. 교회와 그리스도인들이 천박해지고 탐욕 덩어리로 비춰지는 것은 자신을 빛이라고 여기는 순간부터이다.

오늘날 우리 한국교회의 위기가 바로 여기에 기인하는 것은 아닐까? 예수님만이 진짜 '본질'임을 잊어선 안 된다. 성경의 본질도 예수님이시다. 예수님을 증거하기 때문에 성경인 것이다. 복음의 본질도 예수님이시다. 믿음의 본질도, 신앙생활의 본질도, 구원의 본질, 제자도의 본질, 교회의 본질도 예수님이셔야 한다. 이러한 신앙의 본질을 바로 깨닫는 것이 은혜의 시작이다. 복음을 바로 깨닫고 예수님을 바로 만나면 예수님의 은혜에 녹는 감격이 있다. 예수님 안에서만 진정한 생명이 있다. 예수님이야말로 생명의 근원이시다.

또한 빛이신 예수님은 생명의 힘 그 자체가 되시며 생명의 실체이시다. 그 생명 되신 예수님이 빛으로 세상에 오셨다. 그리고는 우리를 위해 십자가에 달려 죽으셨다. 구원을 주셨다. 영원한 생명을 주신 것이다. 은혜로 다 주셨다. 예수님은 생명의 빛이셨다. 우리는 그 빛 덕분에 생명의 사람이 되었다. 그 은총의 축복을 세상에 쏟아내야 한다. 세상을 향해 주님의 은혜와 사랑을 섬김과 나눔으로 펼쳐내야 한다. 그것이 교회의 본질이며 사명이다.

아무리 좋은 제도와 뛰어난 조직을 지닌 교회라 할지라도 그 교회를 이루는 구성원들의 삶이 세상 사람들과 구별되지 않는다면, 그런 교회와 그리스도인들이 어찌 빛을 발하며 빛이신 주님을 믿게 하는 빛의 통로가 되겠는가? 내가 단 하루를 살더라도 욕망으로 가득 찬 옛 삶으로 회귀할 것인가 혹은 사람을 살리는 빛의 증인이 될 것인가, 교회가 단순한 사교단체로 빛의 걸림돌이 될 것인가 아니면 세상을 구원하는 빛의 통로가 될 것인가, 교회가 지역주민들로부터 섬김과 나눔의 공동체로 인정받을 것인가 아니면 자신들의 욕구만을 채우는 이기적 집단으로 평가받을 것인가? 이것은 오직 한 가지, 그리스도인들이 예수님 중심의 믿음 속에서 자기 자신의 정체성을 바르게 인식하고 바르게 지키느냐 아니냐에 의해 판가름 날 것이다. 본질로 돌아가야 한다. 본질을 회복해야 한다. 본질과 동행하는 목회를 해야 한다.

3. 교회 본질의 특성

안타깝게도 한국교회는 교회의 본질에 대한 진지한 성찰을 할 여력이 없어 보인다. 오히려 교회의 양적 성장만을 지향하는 데 모든 힘을 다 쏟고 있는 것 같다. 이게 문제다. 그 예로 선교, 전도, 리더십 등에 대한 교회의 관심은 과도할 정도로 가열되어 있지만 교회의 본질에 대한 논의는 미흡하다. 고민도 없어 보인다. 오히려 교회의 본질에 대해 말한다고 하면 정말 좀 특별하게 비쳐진다.

하지만 교회의 본질에 대한 진지한 접근이 이루어져야만 진정으로 교회를 섬기는 신학이 나오고 교회를 주님의 은혜로 풍성하게 채울 수 있다고 본다. 교회의 본질에 대한 탄탄한 이해가 있을 때, 효율적으로 은사를 활용하고, 교회의 구조를 효율적으로 개선할 수 있을 것이다. 또한 효과적인 은사, 강조해야 할 사역들, 가정교회, 셀교회, 목장 중심의 교회 등에 대한 방법론이 제대로 나올 수 있다. 교회론이 뒷받침되지 않은 가운데 최근 많은 한국교회에서 교회의 조직과 구조를 바꿔 놓고 있으나 실제로 원리는 없다는 것이 큰 문제로 지적된다. 왜냐하면 교회론을 고민하지 않고서는 교회의 삶을 경험할 수 있는 방법을 찾기란 쉽지 않다. 단순히 조직과 방법을 통해 구조를 개편한 것에 불과하다. 셀교회, 가정교회 같은 새로운 조직이 수행하는 소집단 활동들도 결국은 과거 구역과 속회 등을 통해 이미 이루어지던 것에 효율성을 높이는 정도에 지나지 않는다.

1970년대, 1980년대 은사 중심과 교회성장이 맞물려서 부흥회가 선풍적 인기를 끌었다. 이는 물론 긍정적인 영향도 많이 끼쳤다. 그렇게 복음을 전했기에 오늘날 기독교가 이렇게 성장했다. 하지만 문제는 그 관심이 너무 과도하게 한쪽으로 치우쳐서 흘러갔다는 데에 있다. 우리의 관심이 온통 교회의 생존과 성장을 위한 기능적 방법론에만 집중되고 있다는 것이다.

또한 오늘날 교단의 구분과 특징이 점점 희미해지는 것도 상당히 특기할 만하다. 교단에 대한 자부심과 긍지가 사라지고 있다. 과거에는 교단을 옮기는 일이 드물었으나 요즘에는 그렇지 않다. 이를테면, 과거에는 교인들이나 목사들이나 자신이 속한 교단에 대한 자부심이 정말 대단했다. 이사를 가도 장로교인은 장로교회를, 침례교인은 침례교회를 찾아갔다. 그런데 요즘은 침례교의 안수집사도 장로교회로 옮기는 것을 꺼려하지 않는다. 그만큼 교단의 색채가 희미해진 것이 현실이다.

교회의 문화도 급격히 변화되고 있다. 예배의 형태나 분위기가 엄청나게 달라지고 있으나 교인들은 변화에 익숙해져서 이를 담담히 받아들일 뿐이다. 전통적으로 한국교회는 세계 그 어떤 나라들보다도 보수적이었다. 문화적으로도 보수적이었다. 예배시간에도 조용했다. 처음부터 끝까지 질서정연하게 예배드리는 것이 관례였다. 그런데 점차 여러 교회들이 예배는 축제라고 정의하더니 찬양도 박수를 치면서 부르고 옆 사람과 인사를 하는 등 신나게 예배한다. 예배 형태도 그만큼 변했다. 교회 문화도 크게 변했다. 우리 모두가 부지불식간에 이러한 변화에 적응해 버렸다. 변화해야 할 것은 변화해야 하지만 변하지 말아야 할 것들도 너무 많이 변해 버렸다.

왜 이렇게 되었을까? 이러한 변화를 일으키는 근본적 요인은 무엇일까? 그것은 바로 이 세상의 변화를 만들어내는 사상적 경향이 우리의 삶을 지배하고 있기 때문이다. 그 사상적 경향은 여러 가지가 있겠지만 무엇보다도 뚜렷이 드러나는 것은 4가지 사상이라고 말할 수 있다. 즉, 4가지 주요 사상이 현대교회에 영향을 끼치는데 이를 구체적으로 살펴보면 다음과 같다.

첫째, 이기주의화된 개인주의이다.

요즘 젊은 사람들은 상당히 개인주의적이다. 계산할 것도 확실히 계산하고, 때론 '점심 먹으러 가자!'며 우르르 가서 점심을 먹고는 따로 갹출한다. 매우 개인적이다. 퇴근해서도 '집에 가면 끝!!'이다. 사고방식도 개인주의적이고 생활도 개인주의적이다. 공동체적 유교문화의 전통을 자랑하던 한국사회도 점차 개인주의화되고 있다. 지극히

사적인 생활 중심의 개인주의로 바뀌어가고 있다. 그러나 교회는 공동체적이어야 하며 공동체의 삶을 추구해야 한다. 그런데 이러한 교회의 특성이 개인주의로 가득 찬 현대인들에게는 사생활 침해로 비쳐질 수 있으며 이로 인해 교회와 교인 간에 갈등이 생길 수 있다.

둘째, 극대화된 물질 중심의 자본주의이다.

현대인은 누구나 물질주의 문화에 영향을 받는다. 목사도, 교수도 마찬가지이다. 교인들은 편리한 서비스를 원하는 소비자 심리로 인해 지하에 있는 개척교회는 가려고 하지 않는다. 지금 한국의 개척교회는 거의 다 어려운 형편이다. 솔직히 말하면 개척교회라고 하면 교인들이 안 온다. 소비자 중심 의식이 지배하기 때문이다. 큰 교회에 가면 프로그램이 다양하고 좋다고 생각한다. 그래서 큰 교회로 쏠린다. 작은 교회에서 힘든 문제가 생겨 교회를 옮기면 대부분 큰 교회로 쏠리는 현상이 가속화되고 있다. 대형교회는 지난 30여 년간에 거의 다 생긴 것이다. 최근에 대형교회로 성장한 경우는 매우 드물다.

실제 우리나라 교회의 평균 교인 수준은 대략 80명 정도로 예측된다. 대형교회가 우리나라 전체 교인의 절반 이상을 차지하고 있으나 그들 교회 수는 10% 미만에 불과하다. 교인의 절반 이상이 10%도 안 되는 대형교회에 몰려 있는 것이다. 문제는 이로 인해 교회가 고유성을 잃고 맹목적으로 변질될 수 있다는 점이다. 교인이 만 명인 교회에서 교회의 본질, 특성, 공동체성에 대해 제대로 고민을 할 수 있을까? 백 명의 목회와 만 명의 목회는 분명 다르다. 목회의 개념과 방법이 다를 수밖에 없다. 교인이 만 명이 된다 해도 우리 교회 더 이상 성장하면 안 된다고 말하는 목회자가 얼마나 있는가? 교회가 끝없이 팽창할 때, '이건 목회가 아니라 행정 아닌가?' 라고 고민하는 목회자가 얼마나 되는가? 말은 교회 성장과 성숙을 동시에 얘기하지만 더 이상 다른 가능성을 생각하지 못하는 것이 솔직한 현실이다.

셋째, 성과지향의 실용주의이다.

일반 경영에서는 한 만큼 결과가 나오니까 성과주의가 가능하다. 해보고 되면 좋은 것이다. 하지만 교회는 결과만 생각하고 가면 안 된다. 교회는 가시적인 결과나 성과보다는 인간의 구원을 위해 존재하기 때문이다. 가령 선교를 생각해 보자. 선교를 위해 교인들을 도구화하면 안 된다. 교인들을 활용해서 성과를 내는 것이 아니라 교인 자체가 바로 본질이다. 교인이 성장해야 한다. 교인이 성숙해야 한다. 교회가 성장했다고 해서, 성과가 좋다고 해서 다 되는가? 방법을 성경이나 신학에 근거해 점검하지 않고, 세속적 방법론을 교회에 무단으로 들여와서 사람들을 효율적으로 관리하는 것은 반성해야 하지 않을까? 일을 잘하고 효과적으로 직원들을 잘 활용해서 성과를 내는 것도 동일한 차원에서 성찰해 보아야 할 것이다. 무조건 사용하지 말라는 것이 아니라 성경적 원리 가운데 도입해야 한다는 것이다.

넷째, 쾌락적 향락주의이다.

과거 우리 부모세대는 인생을 즐기지 못했다. 그러나 살기 좋아진 요즈음 세대는 인생을 즐겨야 한다고 생각한다. 이러한 인식은 변화한 인사 내용에서도 드러난다. 과거에 가장 흔한 인사는 "진지 드셨나요?", "밥 먹었냐?", "뭐 먹었냐?"로 주로 밥이나 먹는 것과 연관된 것이었다. 한편 요즈음 가장 일상적인 인사는 "좋은 하루 보내라!", "건강하니?", "잘 지내니?"이다. 그런데 "좋은 하루 보내라"는 말의 의미를 가만히 생각해 보면 자기중심으로 즐기는 것이다.

예배를 드리고서도 예배가 좋았다고 한다. 설교를 즐겼다고 한다. 죄를 회개하고 바르게 살라고 설교했는데, 자꾸 즐기기만 한다. 삶을 즐기려는 경향이 점점 커지고 있다. 청중의 필요를 채우는 교회가 많아지고 있다. 십자가를 지고 가라고 하고, 그를 위해 고난을 받으라고 하면 교인이 오지 않는다. 목회자도 자기도 모르게 유혹을 받는

다. 감성적인 것을 돋우면서 잘 웃게 하면서 설교하고 예배와 찬양도 재미있고 흥겨운 경향으로 흐르고 있다. 토크쇼 진행자 같은 목사들이 많아지고 있다. 교인들의 기분을 좋게 하는 방향으로 사역하는 목사들이 늘어나고 있다. 하나님 앞에 통회하고 자복해야 할 일이다. 교회가 뒤집어져야 할 일이 아닌가? 좋은 게 좋은 것이라고 넘어갈 문제가 아니다. 고민도 안 해 보고 그냥 세태가 흘러가는 대로 지내는 것이 정말 안타까운 일이다.

우리들이 진심으로 세우기를 원하는 교회가 하나님이 기뻐하시는 교회인가? 목회인가? 교회사회복지실천인가? 정말 하나님이 기뻐하시는 사역인가? 이 시대적 변화에 영향을 받더라도 성경적인 교회 본질의 특성이 무엇인지를 고민해 봐야 하지 않겠는가? 그렇다면 교회는 무엇인가? 교회 본질의 특성은 무엇인가? 지금부터 바울서신들을 통해 간략하게 살펴보자.

1) 에클레시아 (그리스도인의 모임)

교회는 '에클레시아'이다. 즉, 하나님의 백성이다. 현대적 의미로는 예수 그리스도를 믿고 따르는 사람들의 모임을 말한다. 사실 '에클레시아'는 하나님의 백성을 설명하기 위한 말들 중 하나이다. '에클레시아'로서의 교회는 하나님으로부터 자신의 고향과 친척집을 떠나라는 부르심을 받았던 아브라함과 함께 시작한다. 하나님의 부르심은 아브라함을 통해 한 민족과 나라를 이루고 또 세상의 많은 민족으로 복을 받게 하기 위함이었다. 이 은혜의 언약은 그 후 네 번이나 아브라함에게 확증되었고, 그것을 통해 그의 후손은 복을 받게 되었다(〈창세기〉 22: 17~18).[1] 그 언약은 다시 아브라함의 자손 이삭과 그의 아들 야곱에게 확증되었다. 그러나 야곱은 애굽(오늘날 이집트)에서 죽었고 그의 아들 요셉도 그러했다. 〈창세기〉는 이를 이스라엘 자손이 "아버지의 몸을 향으로 처리하게 하매"(〈창세기〉 50: 2)라는 말로 간략히 기술한다.

그러나 야곱의 아들 레위의 후손인 모세가 애굽의 억압으로부터 이스라엘 백성을 구원했을 때 하나님이 아브라함에게 하셨던 언약의 성취는 큰 진전을 보게 되었다. 이스라엘은 출애굽한 지 석 달 후에 시내 광야로 들어갔다. 그리고는 하나님의 언약은 확증되었고 율법을 받아 성막의 예배 제도가 시작되었다. 그 후 이스라엘은 약속의 땅을 정복하고 그곳에서 왕정체제를 세웠다. 그러나 이 모든 것은 재앙으로 끝나고 말았다. 그의 백성들이 하나님과의 언약을 파기하고, 그분의 율례를 거부하고, 그분이 보내신 예언자들을 멸시함으로 그들은 결코 용서받을 수 없는 상태에 이르렀다. 결국 하나님께서는 그들을 심판하셨고 바벨론으로 유배를 보내 버리셨다.

하지만 하나님께서는 그들을 완전히 버리시지는 않으셨다. 때가 되었을 때, 언약에 신실하신 하나님께서 애굽에서 이스라엘을 구원하신 것처럼 하나님은 그들을 바벨론으로부터 불러내어 본토로 돌려보내셨다. 하나님께서는 그 백성을 통해 전 세계의 모든 족속에게 복을 주시겠다고 약속하셨다. 그리고 이 약속은 예수 그리스도를 통해 성취되었다. 하나님은 먼저 아브라함과 그의 가족을 우르와 하란을 떠나 가나안을 향하도록 부르시고, 후에는 야곱의 후손들을 애굽에서 구원하시고, 유다의 남은 족속을 바벨론에서 불러내셨다. 이 모든 것은 온전한 소명, 더 위대한 구원, 더 풍성한 유산을 위한 그림자였

---

1 〈창세기〉 22장 17~18절. "내가 네게 큰 복을 주고 네 씨가 크게 번성하여 하늘의 별과 같고 바닷가의 모래와 같게 하리니 네 씨가 그 대적의 성문을 차지하리라. 또 네 씨로 말미암아 천하 만민이 복을 받으리니 이는 네가 나의 말을 준행하였음이니라 하셨다 하니라."

다. 하나님의 원대한 목적은 그리스도의 죽음과 부활을 통해 하나님의 백성들을 죄로부터 구원하시고 구속의 언약을 그들로 하여금 상속받게 하려는 것이었다.

이렇게 교회는 하나님의 '에클레시아', 즉 하나님의 부르심을 받아 그분의 소유가 되어 세상으로부터 분리된 그러나 세상 속에 존재하는 하나님의 백성이다. 아브라함을 통해 언약을 맺으셨던 하나님의 은혜로 말미암아 아브라함의 후손들은 언약 속에 들어가 있었다. 그 언약의 백성이 하나님의 백성인 것이다. 바울은 교회를 하나님의 백성으로 여겼다. 하나님께서 하나님의 백성을 선택하셨다. 하나님께서 선택할 때는 목적이 있다. 그 선택에는 하나님의 계획과 목적이 있다. 그러므로 하나님의 백성은 축복의 근원이 되고, 모든 사람들이 축복을 받게끔 해야 한다. 축복의 통로가 되어야 한다. 하나님의 백성은 예수님 안에 있는 모든 사람인 것이다. 이런 이유로 사도 바울은 〈에베소서〉에 다음과 같이 기록할 수 있었다.

"이제는 전에 멀리 있던 너희가 그리스도 예수 안에서 그리스도의 피로 가까워졌느니라. 그는 우리의 화평이신지라. 둘로 하나를 만드사 원수된 것 곧 중간에 막힌 담을 자기 육체로 허시고 법조문으로 된 계명의 율법을 폐하셨으니 이는 이 둘로 자기 안에서 한 새사람을 지어 화평하게 하시고 또 십자가로 이 둘을 한 몸으로 하나님과 화목하게 하려 하심이라 원수 된 것을 십자가로 소멸하시고."(〈에베소서〉 2: 13~16)

하나님은 이스라엘을 선택받은 백성으로 만들었던 율법을 폐기하고 '한 새사람'을 창조하셨다. 이 새로운 사람이 교회인 것이다. 바로 이 교회는 놀라울 정도로 매우 포괄적인 공동체이다. 그리스도는 혈육과 국가라는 장벽을 폐하셨고 계층과 성 차별도 폐하셨다. 〈갈라디아서〉 3장 28절이 분명히 말해 준다. "너희는 유대인이나 헬라인이나 종이나 자유인이나 남자나 여자나 다 그리스도 예수 안에서 하나이니라." 그렇다! 차별의 시대는 끝났다. 그리스도께서 교회 안에 창조한 새로운 사람들 간에는 혈육이나 계급, 남성 혹은 여성 같은 어떤차별도 존재하지 않는다. 하나님 앞에서는 어떤 영적 차별도 존재해서는 안 된다는 것이다. 교회는 그런 공동체여야 한다.

이런 면에서 교회사회복지실천은 인간존엄과 모든 사람의 평등권을 확보해 주는 가장 효과적인 사역이 된다. 즉, 교회사회복지실천은 장애와 비장애, 남녀노소, 빈부, 학벌 등 온갖 현실적 차이에도불구하고 더불어 살아가며 함께 어울리는 교회 공동체를 실현하는데에 크게 유용하다. 서로가 서로에게 관심을 갖는 특히 관심 밖으로밀려난 이웃, 관심이 필요한 이웃에게 관심을 주고 함께 사랑으로 어울리는 서로 연합하는 교회 공동체를 이루어가는 데에 꼭 필요한 사역이다.

이를테면, 걸을 수는 없으나 듣고 볼 수 있는 사람은 다리가 불편한사람들의 다리가 되어 주며, 팔이 건강한 사람은 팔이 불편한 사람들의 팔이 되어 주고, 마음이 건강하지 못한 사람들은 마음이 건강한 사람들로부터 사랑의 도움을 받으며, 건강한 비장애인들은 오히려 장애인들의 순수한 신앙의 열정에 도전을 받는 공동체, 눈빛만 보아도서로의 아픔과 기쁨을 감지할 수 있는 마음과 마음이 통하는 교회 공동체, 바로 그러한 공동체를 만들어가는 것이 교회사회복지실천의한 부분인 것이다.

2) 하나님의 가족

교회는 하나님의 가족 혹은 가정이다. '하우스홀드'(*house hold*), 즉 가정이라는 개념, 여기에서 가정은 '소(작은) 가정'이 아니라 '대(큰) 가정', 즉 종적인 의미의 가정까지를 포함한다. 가훈이 필요하다. 대가정의 규율이 필요한 것이다. 하나님의 '하우스홀드'를 교회의 개념으로 바울은 살폈다. 그는 교회를 하나님의 '대가정'이라고 생각했다. 교회를 하나님의 대가정이라고 생각하는 개념은 〈디모데전서〉에서 구체적으로 드러난다. 예수 그리스도의 피로 말미암아 우리 교회의 구성원들은 대가족이 되었다. 하나님의 교회가 하나님의 가족이며 권속이다. 실제로 초대교회에서는 평균 30여 명이 가정에 모여 공동체적 교회를 이루었다.

'믿음 안에서 다른 사람들을 어떻게 대해야 할까?' 라는 질문에 대한 답을 윤리적 측면에서 고민할 때, 자연스럽게 가족의 개념이 나오게 된다. 가족은 이해타산을 따지지 않는다. 이해타산을 초월한 것이 가족이다. 진정한 가족은 이해타산을 따지지 않는다. 형제자매이다. 그러므로 교회를 이렇게 가족으로 보면 서로 사랑해야 하는 것 아닌가? 사랑해야 한다. 교회를 하나님의 가족으로 보고, 옛날 전통적인 가족과 같은 교회가 되어야 한다. 그런 가족과 같은 공동체적 교회가 가능한가? 가능해야만 한다. 그 속에서 문화가 형성되고 예절을 배운다. 공동체 속에서 배운다.

오늘날 우리 교회가 이런 가족과 같이 되고 있는가? 안타깝게도 지금 교회는 가족이 아니다. 이를테면, 함께 모여서 같이 예배를 드리는가? 프로그램도 그렇고, 행사도 그렇고, 편리상 조각조각 나눠 놓은 상태가 아닌가? 가족처럼 공동체로 어울리지 않는다. 주일예배가 끝나면 뿔뿔이 흩어지기 바쁘다. 하지만 진정한 교회는 가족과 같은 공동체이다. 바울은 교회를 그리스도의 가정이라고 생각했다.

〈고린도전서〉 14장 26절부터 40절까지와 〈디모데전서〉에서도 가정의 질서에 대해 거론한다. 남편, 아내, 부모, 자식들 간의 질서가 크게 하나님의 가정이라는 측면에서 재정립되는 것이다. 가정의 질서가 다시 정립된 하나님의 교회는 하나님의 큰 가정이다. 그러므로 오늘날 교회에서 복원시켜야 할 이상적 모습은 바로 가정 혹은 가족이라는 개념이 재정립된 공동체인 것이다. 문제는 대형교회 그리고 도시교회들이 조직과 프로그램으로 교회를 운영하게 됨으로써 가족이라는 개념이 약화되고 있다는 것이다.

사람들이 알아주든 안 알아주든 하나님 앞에서 눈물을 흘리는 목사와 장로, 권사, 집사가 필요하다. 하나님 안에서 가족의식, 가족애를 느낄 수 있는 교회이어야 한다. 영적인 가족이 되어야 한다. 설교를 통해서, 기도를 통해서 사람을 변화시킬 수 있듯이 가족과 같은 공동체성을 통해서도 사람을 변화시킬 수 있다. 가령, 목장을 중심으로 목장을 통해서 이런 가족애를 느끼려고 하지만 목장이라는 것이 조직이 되고 도구가 되면 절대 진정한 의미의 가족이 되기 어렵다. 그러므로 하나님의 가정이라는 공동체로서의 교회를 현실화시키기 위해서는 교회 사회복지실천을 통해 교회 공동체에 속한 구성원들이 함께 어우러져 하나님의 가족으로서의 연대감을 형성하게끔 하는 것이 필요하다.

3) 그리스도의 몸

교회는 하나님이 우리를 부르시고 교회를 세우신 목적을 이루어가야 한다. 삼위 하나님이 우리를 부르시고 구원하신 목적은 아들의 형상을 이루어가는 것이며 교회를 세우시고 성령을 보내신 것은 이 뜻을 실현하시기 위함이다. 그래서 교회를 그리스도의 몸이라고 했다. 교회를 그리스도의 몸으로 말하는 내용은 바울서신들 중 4개 서신에서 나온다. 즉, 바울이 교회를 그리스도의 몸이라고 말하는 것은 〈로마서〉, 〈고린도전서〉, 〈에베소서〉, 〈골로새서〉, 이렇게 4곳이다. 바울은 몸이 한 개인의 전체를 대표하는 것으로 본다. 그 몸이 그리스도의 몸을 이야기하고, 교회 공동체를 지칭할 때, 한 몸이라는 개념이다. 바울이 한 몸이라고 공동체로 적용할 때는 '우리와 그리스도가 연합'할 때이다. 궁극적으로 바울이 말하고자 하는 것은 공동체이다. 우리 인간은 독립적 개인으로 존재하지만 특색 있는 개인으로만이 아니라 끊임없이 다른 사람들과 공동체를 형성하며 살아간다.

따라서 그리스도의 몸이라는 말은 교회가 '그리스도가 자신의 피로 사시고 친히 머리가 되사 주관하시는 공동체'라는 뜻이 있을 뿐 아니라, '그리스도가 우리가 지향해야 할 목표이자 교회의 척도'라는 의미도 내포한다. 그래서 사도 바울은 〈에베소서〉 4장 13절에서 "그리스도의 장성한 분량이 충만한 데까지 이르는" 것을 교회가 추구해야 할 이상으로 제시하였다. 그리스도의 장성한 분량까지 성장하는 이상이 실현될 유일한 가능성 또한 그리스도에게 있다. 이를 위해 그리스도가 우리 가운데 거하시고 행하셔야만 그의 은혜와 능력으로 이 목표가 이루어질 수 있는 것이다.

그렇다! 믿음의 사람은 예수님과 하나로 연결되어 있어야 한다. 뗄 수 없는 관계이어야 한다. 육신과 영혼, 한 인간의 전체가 다 포함하여 연합되어 있다. 인간의 전부가 연합되어 있다. 단지 아직 완전히 성화되지 못했기에 문제일 뿐이다. 나아가 예수님 때문에 각 개개인이 연합되었기에 우리 모두는 예수 그리스도를 통해서 다 같이 연합된 것이다. 예수님 안에서 한 공동체를 이루었다. 예수님과 함께 공동체를 이루었다. 그 공동체를 예수님의 몸이라 했다. 확장된 공동체의 몸이다. 한 개인의 몸이기도 하면서 공동체의 몸이다. 예수님과 내가 연합되어 둘이 합하여 한 몸이 된 것이다. 그러므로 교회는 예수 그리스도의 확장된 몸이다. 우리 성도들이 수평적으로 연합되었다. 그래서 바울이 갈라디아 교회들이라고 하면 이는 갈라디아에 있는 모든 성도들을 의미한다. 교회를 개교회로만 지역교회로만 국한시키지 않는다.

바울이 교회를 그리스도의 몸이라 표현할 때는 3가지 특징이 있다. 첫째, 교회의 통일성, 둘째, 다양성, 셋째, 성장과 성숙이다. 이런 특성들을 말할 때 바울은 몸을 사용해서 설명한다. 하나가 되었다(통일성)는 것은 모두 다 똑같은 것이 아니라 다양성을 내포한다. 인종, 민족, 성별, 사회적 지위에 따라 다양성이 다 있다. 그리고 진정한 다양성은 그리스도의 몸인 생명력이 있어야 한다. 생명이 있을 때, 성장하고 성숙하게 된다.

그게 없으면 조직이 된다. 그냥 그저 그런 단체가 된다. 그러므로 교회 공동체는 성령이 움직여서 역사하게 만듦으로써 모든 기능을 하게 해야 한다. 한 개인을 향한 성령의 역사, 공동체에 주시는 성령의 역사가 있고 은사에 따른 다양성이 있으며 성령이 역사하시는 은사에 따라 다양성이 있는 교회를 만들어야 한다.

〈에베소서〉 4장을 보라. 바로 성장과 성숙이다. 장성한 분량까지 성장해야 한다. 성장을 말할 때는 항상 몸의 개념이 들어간다. 성장과 성숙의 개념은 몸을 들어 설명할 수 있다. 교회는 성장해야 한다. '교회 성장'이라고 하면 뭐가 생각나는가? 외적 성장을 생각할 수 있다. 숫자를 생각한다. 목회하다 보면 그런 압력을 많이 받게 된다. '교회 성장'을 실현해야 한다. 맞는 말이다. 하지만 바울은 '교회 성장'을 숫자적 개념으로 쓴 적이 없다. 물론 누가의 〈사도행전〉은 '숫자 개념'을 쓴다. 하지만 바울이 교회의 성장을 말할 때는 성숙을 의미한다. 앞서도 말한 바와 같이 바울은 장성한 분량까지 성숙해야 한다고 했다. 교회는 숫자가 부족하다고 온전하지 않은 것이 아니다. 교회는 처음부터 온전한 몸이다. 예수 그리스도의 몸은 온전하다. 처음부터 그렇다. 숫자가 적든지 많든지 온전한 몸이다. 그러므로 바울은 절대로 외적인 성장을 말한 것이 아니다. 바울이 말한 교회 성장은 내적인 성숙이다. 그것이 진정한 의미의 교회의 성장인 것이다.

교회가 몸이라면 교회는 살아 있어야 한다! 살아 있는 유기체라면 성숙해야 한다. 성도들이 있는 그리스도의 몸이라면, 확장된 그리스도의 몸이라면 교회는 정말 소중하다. 교회는 조직체가 아니라 살아 있는 유기체이다. 교회에 대해서 이렇게 말할 수 있어야 한다. 〈에베소서〉 4장 4절부터 6절까지를 보자.

> "몸이 하나요 성령도 한 분이시니 이와 같이 너희가 부르심의 한 소망 안에서 부르심을 받았느니라. 주도 한 분이시요 믿음도 하나요 세례도 하나요 하나님도 한 분이시니 곧 만유의 아버지시라. 만유 위에 계시고 만유를 통일하시고 만유 가운데 계시도다."

이렇게 말씀하신 것처럼 그만큼 하나라는 것을 강조해도 지나침이 없는 이유가 무엇인가? 그것은 바로 교회 공동체의 핵심이 그리스도의 몸이기 때문이다. 그러므로 '우리는 그리스도 안에서 하나입니다'라고 강조하고 또 강조해야 한다. 그것이 성숙한 교회를 꿈꾸어 가는 첫 걸음이다.

하지만 오늘 한국교회는 어떠한가? 교회가 그리스도의 몸이 아니라 목사의 몸이라는 생각이 들 때가 많다. 목사가 교회를 자기 소유처럼 생각하고 맘껏(?) 권한을 행사한다. 대형교회의 세습 문제가 대표적인 사례이다.

그리스도와 연합한 그리스도의 몸인 교회가 세상을 닮는 것은 교회를 거룩하게 하는 그리스도의 역사하심을 거스르고 반역하며 주님의 주님 되심을 거부하는 반기독교적 행태라 할 수 있다. 이렇게 목사에 의해 세속화되어 버린 한국교회는 그리스도를 교회 밖으로 내몰고 그리스도를 닮게 하는 성령의 은혜를 소멸시키고 있다. 그리스도가 거하시고 주관하실 수 없을 정도로 세상 못지않은 자본주의적 가치관과 탐욕이 교회를 장악하고 있다. 교회에 그리스도의 왕국이 임한 것이 아

니라 오히려 세상이 교회 내에 확장되는 형국이다. 세상의 천박한 맘
몬(돈) 중심의 가치관과 너무도 세속적인 자본의 논리가 판을 치고 성
공 중심적 문화가 만연하여 이제는 그리스도의 말씀과 뜻은 뒷전으로
밀려나고 말았다. 성령님보다 세속적 가치관이 득세하는 교회에서 그
리스도를 닮아가는 영적인 변화와 성숙이 일어나기란 힘들게 되었다.

이렇게 한국교회는 망가지고 무너져 버렸다. 교회의 신성함과 거
룩함을 상실해 버렸다. 성장주의와 맘몬주의가 교회 내에서 결탁됨
으로써 한국교회는 삼위 하나님의 구속의 뜻이 실현되는 그리스도의
몸이 아니라 성공에 대한 인간의 야망이 성취된 것을 기념하는 전당
이 되어 버렸다. 교회가 하나님의 말씀을 따라 그리스도의 아름다운
형상으로 지어져 가는 것이 아니라 성공신화를 따라 탐욕으로 일그러
진 기업의 모습으로 변해 버렸다. 성령님의 뜻보다 인간의 종교적 야
망이 앞선 성장, 하나님 나라의 가치보다 자본주의 시장의 원리로 작
동되어온 교회 성장의 바벨탑은 결국 와르르 무너질 수밖에 없다. 한
국교회는 세계 교회사에 유래 없는 급성장의 기적을 연출하였지만 동
시에 가장 빨리 몰락하는 사례로 기억될 지도 모른다. 이를 그대로 방
관할 수는 없다.

그렇다면 우리는 어떤 노력을 해야 하는가? 지금 한국교회를 움직
이는 성장 제일주의 가치관과 패러다임을 사랑과 섬김의 정신으로 전
환해야 한다. 그리스도의 몸이라는 교회의 정체성을 다시 확립해야
한다. 바로 여기에서 교회사회복지실천이 목회적·선교적 패러다임
으로 도입되어야 할 필요성이 강력하게 제기되는 것이다.

4) 하나님의 성전

한국교회가 지향해야 할 그리스도의 몸으로서의 교회는 인간의 노력만으로는 결코 세워질 수 없다. 그것은 오직 성령의 충만한 임재 속에서만 구현될 수 있다. 이런 점에서 교회가 그리스도의 몸인 것과 성령의 전인 것은 밀접히 연결되어 있다. 교회가 그리스도의 몸이기에 과거 주님의 육체에 성령이 충만하게 임재하셨던 것처럼 주님이 택하신 새로운 몸인 교회에도 성령이 충만하게 된다. 반대로 교회에 성령이 충만하게 임재하기에 그리스도의 몸이 구체적으로 실현된다.

그래서 바울서신에서 그리스도의 몸과 함께 등장하는 중요한 교회의 개념이 '하나님의 성전'이다. 사도 바울은 교회를 하나님의 성전으로 보았다. 특히 바울은 '예루살렘에 있는 성전이 하나님의 성전이 아니라 너희가 하나님의 성전'이라고 강조했다. 정확히 말하면, '너희가 하나님의 성전'이라고 말했던 교회는 두 군데였다. 고린도 교회와 에베소 교회이다. 〈고린도전서〉 3장과 6장, 〈고린도후서〉 6장, 〈에베소서〉 2장 21~22절에 보면 알 수 있다. 물론 간접적으로 성전이라고 지시한 곳은 더 있다. 하지만 직접적으로는 고린도 교회와 에베소 교회 두 군데에서만 성전의 개념을 말했다.

그렇다면 바울이 말하는 성전 개념은 도대체 무엇인가? 한마디로 사도 바울은 교회를 '주 안에서 성전', '성령 안에서 하나님이 거하실 처소'라고 〈에베소서〉 2장 21절과 22절에서 밝혔다. 바울은 교회 안의 성령의 임재는 구약의 성막과 성전에 성령을 상징하는 구름이 가득했던 구약의 개념이 실현된 것이며, 하나님이 말세에는 손으로 만든 성전이 아니라 친히 성령으로 우리 가운데 거하시겠다고 하신 새 언약이 성취된 것으로 〈고린도전서〉 3장과 6장에서 설명하였다. 바울은 구약의 성전 개념을 염두에 두고 말했던 것이다. 즉, 구약 시대때의 성전에 성령의 임재를 상징하는 구름이 가득했던 것처럼 새로운 성전인 교회에 하나님의 성령이 충만해야 한다는 것이다.

사도 바울은 교회를 그리스도로 충만할 뿐만 아니라 하나님으로 충만한 성전으로 보았다. 그래서 그는 교회가 하나님의 모든 성령으로 충만해지기를 소원하였다(〈에베소서〉 3: 19). 교회가 성령으로 충만해질 때 바울이 소원했던 하나님과 그리스도로 충만함이 동시에 구체적으로 실현된다. 교회는 성령으로 충만함으로 삼위 하나님이 충만히 거하시는 영광스러운 성전이 되었다. 비록 현실 교회의 모습이 초라하기 그지없을지라도 교회는 본질적으로 말할 수 없이 영광스러운 공동체다. 교회는 삼위 하나님이 그 구속 사역의 첫 열매로 세우시고 친히 거하시며 다스리시는 천국 공동체다. 교회의 영광에 대한 바른 인식이 회복되어야 하고 교회의 모든 활동, 즉 예배와 교제와 설교와 기도와 선교 그리고 사회봉사 내지 교회사회복지실천은 교회의 삼위일체적 본질을 구현하고 잘 반영해야 한다(박영돈, 2013).

이런 면에서 볼 때, 교회가 성전이라는 것은 대단히 큰 의미를 지닌 개념임을 알 수 있다. 그렇다면 바울이 그의 서신마다 다 다루어야 할 텐데, 왜 고린도 교회와 에베소 교회에서만 성전이라는 말을 했을까? 그리고 교회가 하나님의 성전이라는 사실은 너무 당연한 말 아닌가? 우리 교회가 성전이고 우리가 성전인 것은 당연한 말이 맞다. 그럼에도 사도 바울이 특별히 교회를 하나님의 성전이라고 분명하게 말한 데에는 이유가 있다. 바로 사도들과 그리스도인들의 기초 위에 초대교회 성도들이 다 연결되어 성전으로 지어져 감을 말하기 위해서다. 실제로 사도 바울의 생각대로 오늘날 예수 그리스도 안에서 모든 사람이 다 연합되었다. 함께 연결되어 성전으로 지어져 간다. 그러므로 '성전'이라는 개념을 교회에 적용한 것은 교회는 그 구성원들이 하나 된 연합체이기 때문이다. 특히 〈에베소서〉에서는 하나 됨을 강조하는 성전의 개념을 말한다.

에베소는 티에르 극장과 아테미 신전이 유명하였다. 그 옛날에 2만 5천 명이 착석할 수 있었던 티에르 극장은 정말 대단하였다. 에베소의 티에르 극장은 오늘날로 비유하자면 드라마나 뮤지컬을 공연하는 곳이다. 당시 고대사회에서 문화생활을 즐길 수 있었던 것은 소수의 귀족계층이었으므로 관람객 또한 대부분 노예계층이 아닌 귀족계층이었을 것이다. 또한 2만 5천 개라는 극장의 관람석 수로 에베소의 인구와 규모를 대략적으로 계산해 보면 25만 명 정도의 인구를 보유한 대도시였을 것이다.

〈사도행전〉에 보면 그 유명한 아테미 신전이 나온다. 아테미 신전은 매우 장대하고 화려하게 건축된 신전으로, 알렉산드로스 대왕 탄생일에 헤로스트라토스의 방화로 소실된 후 더 크게 재건되었다.

〈사도행전〉에 바울이 당시의 아테미 신전을 보면서 "하늘에서 돌이 떨어져 신전의 기초가 되었다"고 한 기록이 있을 정도로 그 규모가 어마어마했다. 하나의 구조로 연합된 원섹션 건축물로는 가장 큰 규모로 세계 7대 불가사의로 꼽히기도 한다. 에베소 사람들에게 아테미 신전은 그들의 자부심이자 삶의 터전이었다. 아테미 신전의 명성을 듣고 각지에서 찾아온 관광객들이 구경도 하고 예배도 드리고 부적도 사가면서 에베소 사람들은 먹고사는 문제를 해결할 수 있었다. 그런데 바울의 등장으로 아테미 관련사업이 무너질 위기에 처하자 폭동이 일어나게 된다.

그때, 바울이 에베소 주위에 있는 교회들에 보낸 편지가 〈에베소서〉이다. 그런데 모든 것이 연결되고 연합되어 하나의 건물을 이루는 그 웅장한 신전이 아테미 신전이 아니라는 것이다. 아테미 신전이 아무것도 아니라는 것이다. 대신 진정한 신전은 하나님의 성전이라는 것이다.

그런데 그 당시 사람들에게 성전이라고 하면 뭐가 먼저 생각났을까? 이스라엘의 초라한 예루살렘 성전은 아니었을 것이다. 이방의 아테미 신전을 봤던 사람에게 예루살렘 성전을 보여주면 실망스러울 것이다. 물론 이스라엘 사람, 성경을 읽는 사람에게는 예루살렘 성전이 대단하게 느껴졌겠지만 로마의 에베소에서 사는 사람들에게 성전 하면 떠오르는 것은 '아테미' 성전이었다. '하나하나' 연결되어 하나의 큰 구조가 이루어지고, 한 건물인데 127개의 방들이 모여서 거대한 건물이 된 바로 그 신전 말이다.

이러한 당시 정서를 고려한다면 아테미 신전을 예로 들면 하나님의 교회를 에베소 사람들에게 쉽게 이해시킬 수 있었을 텐데 사도 바울은 그러지 않았다. 그러면 사도 바울은 무엇을 말하려고 했을까? 그는 성전들이 잔뜩 있는데 진짜 성전은 아테미 신전이 아니라 천지에 계시는 하나님의 성전이라고 말하고 싶었던 것이다.

한편, 〈고린도전서〉 6장을 보면 창녀와 자면서 죄책감이 없는 고린도 교회의 교인이 나온다. 5장에서는 아버지의 아내를 취한 사람을 말하면서 그런 부도덕한 사람들과 어울리는 것을 경계한다. 당시 도덕적, 성적 문란은 큰 문제였으므로 바울은 그리스도인은 이를 삼가야 한다고 말한 것이다. 〈고린도후서〉 6장을 보면, 우상숭배를 반대하면서 하나님의 성전과 우상은 일치될 수 없음을 강조한다.

〈고린도전서〉와 〈고린도후서〉는 통일성을 강조하지 않는다. 똑같은 하나님의 성전을 말하면서 〈고린도전후서〉와 〈에베소서〉의 의미가 다르다. 〈에베소서〉는 연합을 강조한 반면 〈고린도전후서〉는 우상숭배와 부도덕한 풍조를 배격하라고 말한다. 즉, 〈고린도전후서〉는 그리스도인과 교회 공동체의 성결과 거룩함을 강조한다.

실제로, 〈고린도전서〉와 〈고린도후서〉에서 하나님의 성전을 쓴 것은 성적 문란과 우상숭배에 대한 경고를 담기 위해서였다. 바울이 살았던 당시에 고린도는 항구도시이자 신도시였다. 원래 고린도는 로마가 완전히 멸망시켰다. 패배할 나라, 망할 나라를 도와주면 안 되는데 로마에 의해 멸망당할 적군을 돕는 바람에 로마가 고린도를 완전히 확 쓸어버렸다. 백 년간 고린도는 사라진 도시였다. 그런데 고린도의 지정학적인 특성, 즉 항구도시로 지중해를 통해 자유롭게 무역할 수 있고 이탈리아 전역과 터키, 남쪽으로는 이집트까지 이르는 교통이 편리하다는 이점이 고린도를 다시 살아나게 했다. 한마디로 '터'가 참 좋다 보니 백 년이 지난 후에라도 재건될 수 있었던 것이다.

고린도는 그리스 도시였지만 로마인들의 도시계획에 의해 로마식으로 재건되었다. 아고라 직사각형을 만들고, 측정도 정밀하게 로마식으로 하였다. 길도 로마식으로 내었다. 에베소는 자연발생적인 구도시였으나 고린도와 빌립보는 로마식 계획도시였다. 이탈리아에 가려면 꼭 고린도에서 가 보는 게 좋다는 것이 당시의 여론이었다고 한다. 재건된 항구도시 고린도는 이처럼 관광과 무역의 중심지로 떠오르면서 순식간에 급성장했다. 외지에서 수많은 사람들이 밀려와 북적이게 되면서 창녀촌이나 술집 등의 유흥가도 우후죽순으로 생겨났다.

로마인이 세운 또 다른 항구도시 폼페이의 예를 살펴보면 당시 고린도의 상황을 더 이해하기 쉬울 것이다. 폼페이는 79년에 일어난 베수비오 화산의 폭발로 매몰되었다가 18세기에 발굴되었는데 그 성적인 타락상이 고린도와 매우 흡사했다고 한다.

폼페이는 길가에 공개적으로 남자성기 모양의 창녀촌 표지를 세워 놓을 정도로 타락한 도시였다. 주후 1세기에는 95％가 문맹자였으므로 그림으로 표현한 것이다. 마치 오늘날의 미국 라스베이거스를 떠오르게 한다. '폼페이'로 들어오는 외국인들은 거의 대부분 뱃사람들이었다. 이들은 목숨을 건 오랜 항해로 인해 쌓인 긴장감과 피로감을 풀기 위해 육지에 내리자마자 방탕한 생활을 시작한다. 길에 표시되고 돌에 새겨진 표지를 따라 창녀촌으로 향하는 것이다. 그리고 당시에 이 모든 행위들이 합법화되어 있었다.

고린도도 아마 비슷했을 것이다. 단도직입적으로 '창녀' 문제, 즉 '성적 문란' 문제가 심각했다. 고린도에 높은 산이 있다. 그 꼭대기에 '아프로디테'(사랑)라는 여신의 성전에 대략 1천여 명의 여자들이 일했다. 여자들이 제물을 드리면서 방에서 종교의식 비슷한 성관계도 가지면서 즐겼다. 배를 타는 사람들이었기에 미신을 믿는 경우가 많았으므로 이러한 의식은 순식간에 확산되었다. 실컷 놀고, 우상을 섬기고, 성적으로 문란하고, 모두 연결된 죄를 지었던 것이다. 성전에서 우상을 섬기는 여성들은 소녀 때 부모들로부터 보내져서 10년 시중들고, 10년 일하고, 10년 후임을 키우고 돌아온다.

고린도 교회에 바로 이런 사람들이 왔을 것이다. 실제로 그랬다. 그래서 〈고린도전서〉와 〈고린도후서〉에 그런 내용들이 나오는 것이다. '순결해야 한다', '창녀와 어울릴 수 있는 것이 아니다', '우상숭배하면 안 된다', '하나님의 성전에서 어떻게 우상을 섬길 수 있는가' 하는 내용들이 담겨져 있는 것이다. 이것이 주후 1세기 교회의 상황이었다. 이런 상황 속에서 통일성과 거룩성을 강조하면서 교회를 하나님의 성전이라고 했던 것이다.

바울에 의하면 하나님의 성전이라는 개념이 예수님으로부터 왔다. 〈요한복음〉 2장 21~22절을 보라. 부활하신 예수님의 몸이 새로운 성전이면서 또 교회가 예수 그리스도의 몸이라 했다. 이미 성전의 개념이 시작되어 바울의 교회 개념이 나오게 되었던 것이다. 그러면 이제 우리 교회가 하나님의 성전이라고 묵상해 보라.

내가 바로 하나님의 성령이 계시는 하나님의 성전이고, 우리가 모이는 교회 공동체가 성전이다. 우리 교회가 어떤 특성을 가져야 할지를 생각해 볼 수 있을 것이다. 성령이 임하는 교회라면 다른 곳과 차별되어야 하고, 그 속에서 하나님의 '거룩성'이 드러나야 할 것이다. 그런데 다시 생각해 보면, 나부터 하나님의 성전이라면 너무 송구하고 죄송하다. 건전하지 못하고 성결하지 못한 더러운 생각이 내 속에 가득 차 있음을 깨닫게 된다. 내 삶이 하나님의 '거룩함'으로 채워져 있는가? 솔직히 그렇지 않은 것이 현실이다. 확대해서 〈고린도후서〉 6장을 살피면서 우리 한국교회를 보자.

　오늘날 한국교회가 얼마나 세속화되어 있는가? 성도라고 하는 사람들이 모인 한국교회를 보면서 하나님의 존재를, 임재를 느낄 수 있는가? 생각해 보자. 세상이 우리를 어떻게 보고 있는가? 너무 부정적으로 교회를 비판하는 사람들의 이야기로 치부하기 전에 우리 자신을 성찰하는 계기로 삼아야 되지 않겠는가? 그러므로 우리 교회에서 전도와 선교, 교육과 사회봉사 등을 많이 하지만 하나님의 성전으로 구분된 삶, 성화된 삶을 얼마만큼 강조하고 교회의 특성으로 소중히 여기는지, 생각해 보아야 하지 않겠는가? '요즘 교회가 다 회사 같아! 기업 같아!' 하는 말을 왜 듣고 살아야 하는가? 교회는 장사나 사업과는 달라야 하지 않겠는가.

5) 그리스도의 신부

교회는 그리스도의 신부이다. 그리스도의 신부도 구약에서부터 나오는 개념이다. '호세아'부터 시작해서 여러 선지자들로부터 나오는 개념이다. 이 부분은 상당한 시간을 할애해야 설명이 가능하다. 그리스도의 신부라는 개념은 남편과 아내가 한 몸이 된다는 개념과 함께 살펴야 한다. 나아가 교회가 삼위일체 하나님과 어떻게 연결되는가에 대한 설명이 있어야 한다. 그렇다면 교회가 삼위일체 하나님과 어떻게 연결되는가? 여기에서의 핵심은 하나님은 '공동 혹은 통합

(corporate)'의 존재로서 이해되어야 한다는 것이다. 이를 요약하면 첫째, 성부 하나님이 계획하신 것이다. 둘째, 성자 하나님을 통하여 실현되었다. 셋째, 성령 하나님을 통하여 생명력을 갖게 되었다.

사실 바울이 정리했던 교회에 관한 5가지 이미지 중에서 4개가 구약적 개념이다. 신약의 뿌리는 대부분 구약에서 나왔다. 창세기 12장에서부터 구약의 흐름이 바울에까지 흐른다. 교회는 하나님의 백성이다. 교회는 오순절에서 시작된 것이 아니라 이미 하나님의 계획 속에 있었고, 그때는 하나님의 백성이라는 표현이었으나 그 뿌리는 구약에서부터 있었다. 하나님의 성전이라는 개념도 마찬가지이다. 다만 성전을 우상화하는 것은 문제시될 수 있다. 그래서 바울은 성전의 의미를 다시 정의하여 가르쳤던 것이다. 구약에서부터 연결된 것으로 새롭지는 않지만 참된 의미가 살아난 개념을 말이다.

그리스도의 신부라는 개념도 원래 야훼의 신부에서 나온 것이다. 예수님을 신랑에, 우리 믿는 사람을 신부에 비유한 것이다. 예컨대, 신실하지 못한 이스라엘은 간음한 여인과 같은 것이다. 그런 개념으로 계속 연결되어 있기 때문에 이 모든 것이 연결되는 것이다. 신약에서 바울은 구약의 연속선상에서 교회의 개념을 정리하였다. 바울신학의 근원은 이방 헬라문화도 아니고 영지주의도 아니다. 바울신학의 깊은 뿌리는 《구약성경》이고 예수님의 가르침이며 그가 '하나님/예수님'으로부터 받은 계시였다. 이것을 종합하여 살펴보아야 한다.

단, 그리스도의 몸이라는 개념은 바울서신에만 나오는 바울의 개념이었다. 하지만 그리스도의 몸이란 개념도 〈요한복음〉 2장 22~23절에 나오는 대로, 예수님에 의해 성전과 몸이 연합된 것이다. 이미 예수님의 말씀 속에 있었기에 예수님으로부터 영향을 받은 것이 그리스도의 몸이라는 개념이다.

또한 그리스도의 몸을 말할 때는 성령을 이야기한다. 하나님의 성전과 성령과도 구분할 수 없다. 그러므로 '삼위일체'적으로 교회를 보아야 한다. 구약에는 성부 하나님이 활동하셨다. 성부 하나님이 주인공이 되셔서 활동하셨다. 하지만 성자와 성령도 분명히 존재하셨다. 성자 하나님, 성령 하나님이 태초부터 함께하셨다. 하지만 구약의 실제적인 역사는 성부 하나님이 직접 만드셨다. 그래서 무대 위에는 성부 하나님만 보인다. 예수님께서 오시기 전까지는 그렇다. 예수님이 오신 후에는 예수님이 주인공으로 등장하셨다. 뒤에서 성부 하나님과 성령 하나님이 지원하신다.

예수님께서 오신 이후로는 앞으로 나타나셔서 눈에 보이게 무대 위에서 활동하시면서 성부 하나님은 잘 안 보이신다. 그런데 예수님이 승천하시면서 그때부터 인간의 역사에서는 성령님이 주인공이 되셨다. 우리의 구속사 역사의 현장에서 우리를 도우시며 성화시키시는 분이 성령님이 되셨다. 성령 안에서 우리가 살아가고 있는 것이다. 성령님이 역사하시는데 성부와 성자도 함께 일하신다. 지원하신다. 그리고 언젠가는 예수님이 재림하실 것이다. 예수님께서 다시 오시면 그때는 예수님이 전면에 서실 것이고, 성부, 성령 하나님은 지원하실 것이다.

그러므로 오늘 우리의 교회는 재림하실 예수를 기다리며 현재를 충실하게 살아야 한다. 그래서 교회는 종말론적이어야 한다. 교회는 하나님의 계획 속에서 잉태되었고, 구약에서 시작해 예수 그리스도의 사역에 이르면서 제 모습을 갖추었으며, 예수님의 재림 때 비로소 완성되는 것이다. 성전의 개념과 신부의 개념, 특히 신부의 개념에는 종말론적 개념이 담겨 있다. 즉, 오늘 우리 교회는 신랑 되신 예수님께서 재림하실 날을 고대하며 하루하루의 삶에 최선을 다해야 하는 사명을 부여받은 것이다.

이제 정리해 보자. 교회란 무엇인가? 교회는 정형화된 형태나 조직이 아니다. 교회는 공동체이다. 교회는 예수님의 몸이다. 동시에 교회는 성도의 공동체다. 그리고 그 공동체는 하나님의 나라를 이루기 위해 노력한다. 예수님께서 강조하신 하나님 나라의 사상은 전통적으로 히브리 민족의 의식 속에 깊이 뿌리내리고 있었다(이기문 역, 1987). 하나님 나라는 추상적 개념이 아니라, 역사에서 하나님의 주권을 세우려는 그분의 구체적 활동을 상징한다. 예를 들면, 《구약성경》에서 하나님 나라는 종종 시적 언어나 상징적인 언어로 묘사되지만, 그것은 구체적 실재(實在), 즉 하나님께서 하시는 역사(役事), 또는 미래에 하실 일로 이해할 수 있다(〈출애굽기〉 15: 18; 〈시편〉 11: 4, 47: 3, 145: 13; 〈예레미야〉 10: 7~10).[2]

하나님 나라는 전능하시고 신실하신 하나님께서 천지만물을 창조하시고 완성하시기 위해 현재의 질서를 변형시키시고 역사(歷史)에 개입하시는 구체적 사건으로 제시되어 있다. 하나님 나라는 인간의 진정한 모든 열망과 인류의 요구들의 성취를 의미하며, 그것은 하나님께서 백성을 사랑하심과, 정의와 평화, 완성과 온전함, 일치와 행복, 충만함과 풍성, 기쁨과 승리, 인간고통의 종식으로 나타난다.

예수님은 이러한 히브리 전통과 문화적 환경에서 성장하여 하나님 나라를 그의 복음사역의 출발점으로 삼으셨다. 그러나 예수님은 하나님 나라의 사상에 내재하는 히브리 문화 중심의 편협하고 특수한 개인주의적 전통을 과감히 타파하고 모든 인류를 위한 보편적이며 우주적 사상으로 확대, 재해석하셨다(〈누가복음〉 1: 32, 2: 11, 25, 38).[3] 물론 예수님께서 강조하신 하나님 나라는 전통적인 히브리 민

---

2 하나님 나라의 상징은 모든 피조물(〈출애굽기〉 15: 18; 〈시편〉 145: 13), 하늘(〈시편〉 11: 4), 땅(〈시편〉 47: 3), 만백성(〈예레미야〉 10: 7~10)에 대한 하나님의 영원하시고 완전한 지배를 의미한다.

족의 이해와 일치를 이룬다. 그러나 하나님 나라의 연속성은 인류 역사 한가운데서 하나님의 구속적 활동을 지시하는 동적이고 구체적인 실재라는 사실에서 명백히 드러난다.

그래서 예수님의 하나님 나라는 인간의 역사적 시간 속에 있으면서도 그 시간성을 초월하는, 즉 현재뿐만 아니라 미래와도 관계가 있는 보다 두드러진 특징이 나타난다. 전자는 하나님 나라가 "이미 이루어짐"(〈누가복음〉 11: 20)의 현재적 표적으로서 사탄과 악의 세력에 맞선 자신의 정복을 이른다면, 후자는 하나님 나라는 "아직 오지 않음"(〈마가복음〉 6: 10; 〈누가복음〉 11: 2, 17: 20~21)의 미래에서만 완전히 실현될 수 있음을 선포한 것이다. 이와 같이 예수님의 하나님 나라는 시간적·공간적 사건으로서 존재하는 것이 아니라 개인의 내면적 체험이나 사회와의 관계성 속에 그 본질적 근거를 둔다는 것을 알 수 있다. 그리고 하나님 나라는 단순히 주관적이며 이상적인 실재가 아니라, 개인을 통하여 문화 및 역사에서 전개되는 구체적이며 보편적인 사회를 의미하는 것이다.

예수님의 하나님 나라의 또 다른 특징은 그것을 예수님 자신의 실제적 생활과 당신의 사역과 일치시켰다는 사실이다. 그것은 예수님께서 그의 사랑의 계명을 하나님 나라의 최고의 가치로 제시하였다는 점에서 알 수 있다. 즉, 하나님을 사랑하고 이웃을 사랑하라는 이중적 계명에 대한 예수님의 강조는 그 계명을 히브리 사상에서 연속된 하나님 나라의 핵심임을 나타내는 것이었다(〈마태복음〉 22: 37~40). 동시에 예수님은 하나님 나라를 하나님의 은총과 능력에 의해 도래되

---

3 물론 히브리 문화에서도 기원전 8세기 이후 예언자들에 의해 전파된 세계주의, 보편주의의 기틀이 마련되어 있었다. 온 나라가 하나님께 복종해야 하는 유일신 신앙이 필연적으로 이방인에까지 확산되기를 열망하였기 때문이다(〈이사야〉 42: 1~7, 49: 6, 56: 7; 〈하박국〉 2: 14).

는 선물로 선포하였지만, 인간으로 하여금 시간과 역사 속에서 그 나라의 가치에 대한 능동적 응답, 곧 '마음의 변화'를 의미하는 회개를 강조하였다. 인간의 회개로 응답되어야 할 하나님 나라는 인간과 인간 사이의 관계, 하나님과 인간과의 관계, 그리고 자연과 인간과의 관계에서 하나님께서 주권자가 되어 그가 창조한 모든 생명을 살리는 유일한 길로 이해할 수 있다(김덕준, 1985).

이렇게 예수님이 추구했던 하나님 나라를 향해 나아가는 교회라면 성도의 공동체를 통하여 예수님의 삶을 살고, 예수님께서 하시던 사역을 계속함으로써 예수님의 존재를 세상에 나타내어야 한다. 예수님께서 말씀을 육신에 담고 살아가셨듯이 그리고 우리가 예수를 통하여 하나님을 만나듯이 교회는 공동체를 '예수화'하여 사람들로 하여금 그 공동체를 통하여 예수님을 체험하고 만나게 해야 하는 것이다. 예수님께서는 태초부터 존재하는 생명의 말씀을 눈으로 보고, 귀로 듣고, 손으로 만질 수 있도록 역사의 현장에 한 인간으로 오셨다.

'태초, 말씀, 생명'과 같은 추상적이고 관념적인 형이상학의 세계와 '보고, 듣고, 만지는' 실제적이고 구체적인 형이하학의 세계가 예수님 안에서 하나가 된 것이다. 예수님은 참사람이셨다. 참사람이신 예수님을 만나면 말씀으로 설명되었던 참하나님을 구체적으로 경험할 수 있다. 참사람은 하나님의 형상을 그대로 갖고 있기 때문이다.

그렇다면 교회가 할 일은 무엇인가? 예수님을 닮은 참사람을 회복하는 것이다. 예수님을 닮은 참사람은 공동체 안에서만 존재한다. 그는 개별적 존재양식에 의해 결정되는 것이 아니라 공동체 안에서 관계적 존재양식에 의해 결정되는 것이다(유장춘, 2008).

4. 교회의 본질과 영성의 외연화

예수님의 삶을 따라가는 참된 교회는 지금 여기(now & here)에 예수님을 닮은 참사람들이 모인 공동체로서 존재하여 사람들이 역사적 예수를 인격적으로 만나는 통로가 되도록 해야 한다. 그러므로 '오늘 사람들은 교회를 통하여 예수님을 만나고 있는가?', '오늘 사람들이 교회를 통하여 만나고 있는 그 존재가 과연 예수님이 맞나?' 라는 질문들은 교회의 본질과 존재의 목적에 관한 근본적 질문이다(유장춘, 2008).

영성은 바로 이와 같은 질문 앞에서 중요한 대답이 된다. 하나님은 영이시다. 영이신 하나님께서 당신의 형상을 본떠서 인간을 만드셨다. 오늘의 주류 기독교인들은 영성을 가현(假現)적 상태로 이해하는 경향이 있으나 영성은 인간이 존재하는 기반이며 삶의 의미일 뿐 아니라 그 구체적 목표이고 더 나아가 생각하고 행동하는 태도이며 문제를 해결하는 양식이다.

참사람 예수님은 하나님 영성의 표상이셨다. 그 영성으로 말미암아 예배 즉 하나님과의 만남과 일치가 가능해진다. 성도가 예수님을 믿고 거듭나서 하나님의 자녀로 태어나고 성령으로 충만하여 예수 그리스도의 인격과 성품으로 성장하면 하나님의 형상으로 지어진 참사람을 회복하여 예수님의 삶을 살아가게 될 것이다. 이상적 교회는 이런 사람들이 모여 이루어진 또는 이루어가는 공동체이다(박종삼, 2000; 유장춘, 2003).

이러한 공동체는 예수 그리스도가 인격적으로 경험되는 공동체이며 하나님 나라의 기쁨과 감격이 경험되는 공동체이다. 오늘이라는 역사적 현장에 공동체로서 다가오신 예수님을 통해 사람들은 하나님을 만나고 하나님의 나라를 경험하게 되는 것이다. 이러한 공동체야말로 교회사회복지실천이 지향하는 이상적 복지사회라 말할 수 있다.

이와 같은 맥락에서 교회사회복지실천은 그리스도인의 영성으로 말미암아 나타나는 자연스러운 삶의 실천이다. 추상적이고 관념적인 형태의 영성이 사회복지실천과 만날 때 영성은 그 가현성을 벗어던지고 참된 인간으로서 살며 행동하는 방법이자 기술이 된다. 복음의 능력이 강하게 일어나던 시기에는 언제나 그 내면적 영성이 '외연화'되어 사랑의 공동체가 형성되고, 그 공동체 가운데서 영성의 깊은 통찰을 통하여 형성된 진정한 사랑의 방법과 기술이 실천되었다(유장춘, 2008).

교회의 사회복지실천은 기독교 사랑의 공동체를 형성함으로써 이루어지는 것이며, 그 공동체는 부활의 소망으로 말미암아 이루어지는 공동체이고, 그 부활의 소망은 십자가의 죽음으로 가능한 것이어야 한다. 성도가 가진 그리스도적 영성, 즉 십자가 죽음을 통한 부활의 소망이 하나님 나라를 지향하는 공동체를 이루고 그 공동체 안에서 사람들은 기쁨과 감격을 경험하는 복지의 삶을 살아가게 되는 것이다. 다시 말해, 교회의 사회복지실천은 프로그램이나 프로젝트가 아니다. 그리스도인의 영성이 외연화된 생활양식이며 교회가 공동체로 살아가는 예수적인 삶의 방식이다(유장춘, 2003; 2008). 그러므로 교회사회복지실천은 복지선교와 복지목회의 성격을 지녀야 한다.

사람은 영이신 하나님의 형상대로 지어졌기 때문에 영적 존재다. 동시에 남자와 여자를 창조하셔서 '더불어 그리고 함께' 살게 하셨다. 그리고 그들을 '한 몸'이 되게 하셨다. 사람이 독처하는 것을 하나님은 '좋지 않다'고 선언하셨다. 하나님은 인간이 공동체로 살아가기를 원하신 것이다. 창조의 섭리 가운데 가장 중요한 인간됨의 본질은 영성과 공동체성이라고 설명할 수 있다.

그러나 선악과를 따먹는 원죄를 지은 이후 이 인간의 본질은 철저히 파괴되었다. 그들은 하나님의 얼굴을 피하여 도망쳤다. 하나님과의 관계는 단절되었다. 영성이 파괴됐음을 의미한다. 뿐만 아니라 배우자를 원망하고 형제를 쳐 죽였다. "내가 내 아우를 지키는 자니이까?"라는 질문은 단적으로 공동체성이 파괴됐음을 보여준다. 이러한 영성과 공동체성의 훼손은 본질적인 인간성의 상실을 말하는 것이다. 오늘날에도 이러한 인간성의 상실은 지속되고 있다. 현대사회에 만연하는 신자유주의의 물결은 개인중심, 이익중심, 물질중심, 쾌락중심, 결과중심으로 나아가 결국 초월적 관계와 공동체적 관계를 약화시키고 인간의 자유를 구속하여 결국 노예화시키고 있다. 교회는 영성적 사회복지실천을 통해 이러한 문제에 도전하고 새로운 대안을 제시할 수 있어야 할 것이다(유장춘, 2008).

5. 영성적 사회복지실천을 수행하는 교회의 모습

영성적 사회복지실천을 하지 않는 교회들의 특징은 목회의 핵심이 성숙한 교인, 부유한 교인, 신앙이 좋은 교인들을 중심으로 사역하려는 데에 있는 것 같다. 소외되고 빈곤하거나 장애를 입었거나 고령으로 돌봐줄 가족이 없는 사회적 약자들을 대상으로 하는 목회는 마치 대형교회의 전유물이거나 아니면 이들 사회적 약자들만 모이는 특수(?)한 교회에서만 감당해야 할 일로 생각하는 것으로 보인다.

사회적 약자들이 많이 모여서 모임이나 부서를 형성하여 신앙생활을 하는 것도 필요하고 중요하다. 그러나 어느 교회든 사회적 약자라 하더라도 마음껏 출석하고 신앙생활 할 수 있는 교회환경을 조성하는 것을 하나님은 더욱 원하시고 기뻐하시리라 생각한다. 사회적 약자가 '교회 오는 일'이 특별한 사역이나 목회가 아니라 지극히 일상적이고 보편적인 상황이 되게끔 한국교회의 체질을 개선할 필요가 있다. 바로 영성적 사회복지실천을 통해 교회를 갱신해가야 하는 것이다.

몇몇 교회에서 왕창(?) 사회적 약자를 대상으로 하는 사역을 백화점식 혹은 뷔페식으로 모조리 다 감당하고는 '사회적 약자를 위한 사역은 다 되었다'고 안주해서는 안 된다. 모든 교회마다 사회적 약자들도 교인으로 당당히 인정받을 수 있도록 사회적 약자를 위한 사역이 논의되고 실행될 때가 되었다. 중요한 사실은 사회적 약자를 섬길 거창한 프로젝트는 그다지 많지 않으나 함께 더불어 생활하며 그들을 섬길 수 있는 작은 기회들은 우리 생활 주변에 얼마든지 있다는 것이다. 그러므로 이를 토대로 큰 교회든 작은 교회든 모든 교회가 영성적 사회복지실천을 해 나갈 필요가 있다.

이 일을 실현하기 위해서 뜻을 같이하는 여러 교회들이 연합하여 '사회적 약자와 함께하는 한국교회 만들기'를 교회갱신 운동의 하나로 전개하는 것은 어떨까? 왜 교회갱신이라고 말할 수 있는가 하면 사회적 약자가 함께할 수 있는 교회야말로 정말 친절한 교회이며 바른 교회일 뿐만 아니라 하나님의 뜻을 진정으로 실현하려고 애쓰는 교회일 것이기 때문이다. 그렇다면 우리가 꿈꾸어야 할 사회적 약자와 함께 영성적 사회복지실천을 수행하는 교회는 어떤 모습일까?

1) 사회적 약자를 환영하는 친절한 교회

교회의 사명은 사회적 약자를 현재의 그 모습 그대로 받아들여서 그들로 하여금 다른 많은 사람과 관계를 갖는 것이 자신들의 삶을 얼마나 더 풍요롭고 밝게 하는지 깨닫도록 인도하는 데에 있다. 이 일을 위하여 교회는 사회적 약자를 진정으로 환영하고 그들에게 친절할 필요가 있다. 환영하는 분위기가 가득한 교회에서는 사회적 약자에게 동정이 아니라 활력을 불어넣어 주며 회피하지 않고 옹호해 주며 편견으로 대하지 않고 지원해 준다.

이를 위해 일반적으로 사람들이 가진 사회적 약자에 대한 편견의 실체를 밝혀줌으로 그들의 편견이 합리적 생각이 아니라 막연한 생각에서 연유했음을 기회 있을 때마다 지각하도록 해 주어야 한다. 더욱 중요한 편견 해소를 위한 접근은 그것이 성경의 가르침에 얼마나 어긋나며, 그런 태도는 적그리스도적인 것으로 생명을 파괴시킨다는 사실을 깨달을 수 있게 해야 한다.

사실 기독교인이 사회적 약자에 대한 편견을 버리고 인도주의적 차원에서 긍정적으로 그들의 인간존엄성을 인정해 준다면, 다시 말해서 우리 인구의 4분의 1에 해당하는 기독교인들이 한 사람마다 자기 이웃 세 사람을 설득시켜 편견을 버리게 한다면, 온 국민의 편견이 없어지게 되며, 이로써 사회적 약자들은 보다 살기 좋은 삶의 터전을 부여받게 될 것이다. 사회적 약자들이 정말 원하는 것은 동정심에 젖은 후원자의 태도도, 과장된 칭찬도 아니다. 그들은 단순히 인간에 대한 보편적인 존중을 원하며 일상생활에 자유롭게 참여함으로써 자기가 살고 있는 지역사회와의 유대를 쌓을 수 있는 기회가 주어지기를 바랄 뿐이다.

2) 함께 예배드릴 수 있는 교회

우리가 꿈꾸는 교회는 사회적 약자들이 예배와 성경공부, 교회의 각종 활동에 제한 없이 참여할 수 있는 교회이다. 그렇다면 누가 이 일을 감당할 수 있는가? 연합한 지역교회가 직접 할 수도 있지만 처음에는 '사회적 약자와 함께하는 예배'를 기획할 능력이 있는 전문단체나 기관을 선정해서 맡길 수 있다. 다음으로 교회에 여러 계층의 사람들이 자유롭게 드나들 수 있도록 편의시설을 설치한다. 가령, 장애인을 위한 휠체어용 경사로, 수화통역 서비스, 엘리베이터 등이 있는지 알아보고, 없으면 어떻게 준비할 것인지를 논의한 후 구체적으로 예배를 위한 편의시설을 마련하는 것을 들 수 있다.

이것은 장애인과 노인 등 여러 상황에 있는 많은 사회적 약자들의 교회출석을 장려할 뿐만 아니라, 교인들이 사회적 약자와 접촉할 수 있는 기회를 부여하며, 결과적으로 교인들은 실제적이며 체험적인 교육을 경험할 수 있게 된다. 실제로 교회의 시설적 배려가 없이 사회적 약자를 돕는다는 것은 문제가 있다고 본다.

또한 교회의 시설은 사회적 약자 자신들이나 그들의 부모들이 모여서 서로 상담할 수 있는 사회복지센터의 기능을 할 수 있다. 결국 지역사회에 있는 사회적 약자와 그 부모들이 '지지망'을 조직하여 서로 돕고 지역사회의 여러 자원과 연결될 수 있는 계기를 마련해 주는 것도 교회가 할 수 있는 독특한 영역이라고 본다.

전통적으로 한국교회는 심방제도와 구역조직을 통해서 교인 상호 간 및 지역사회와 교인 간의 끈끈한 유대관계를 형성하는 능력을 발휘함으로써 교회성장을 이루었다. 그와 같은 조직을 사회적 약자를 향해 활용한다면 교회는 지역사회에서 사회적 약자들을 위한 친근한 사랑의 현장이 될 것이다.

3) 힘을 부여해 주는 교회

한국교회는 신체적 · 심리적 · 정신적 · 사회적 장애를 겪는 장애인과 노인 등 여러 사회적 약자의 삶의 모든 활동에 대한 전면적 참여와 그들의 사회통합을 증진시키는 일을 감당함으로써 궁극적으로 사회적 약자에게 힘을 부여해 주어야 한다.

이를 위해 우선적으로 한국교회는 지역사회에 있는 사회적 약자를 소외시키는 수많은 장벽들을 파악하여 이것들을 제거하는 활동을 해야 한다. 사회적 약자의 권리를 확인하는 것만으로는 충분치 않다. 그 권리가 현대사회의 구석구석에서 참으로 살아 있는 권리가 되도록 적극적으로 노력해야 한다. 일반 대중이 사회적 약자들이 필요로 하는 것에 대해 더욱 잘 이해하고 정의에 대한 그들의 정당한 요구를 지지하도록 교회는 힘써야 한다.

뿐만 아니라 함께 예배를 드리며, 필요할 때는 교통수단을 제공하고, 커피 혹은 식사, 묵상의 시간에 소외감을 느끼지 않도록 돕는 '신앙가족 만들기' 운동, 특히 장애인과 치매노인 등과 같은 사회적 약자를 돌보는 가족에게 잠시 휴식을 주기 위한 돌봄자원봉사 프로그램 개발, 사회적 약자를 돌보는 가족 또는 사회적 약자를 위한 사역을 하다가 소진된 전문가들을 위한 친구동아리 결성과 운영, 사회적 약자 가족을 위한 여름휴가 후원, 사회적 약자를 위한 특별교통봉사단 운영, 사회적 약자 창작활동 지원, 장애관련 도서 및 자료 전시회, 장애관련 교육 세미나, 인터넷을 통해 자원봉사자로 나선 사회적 약자와 마음의 문을 닫고 다른 사람들과 접촉하기를 꺼려하는 사회적 약자들이 서로 사이버상에서 만날 수 있도록 하는 온라인 상담실 운영 등을 적극적으로 전개해야 할 것이다.

사회적 약자들은 우리나라 전역에서 자신들의 삶을 영위하고 있다. 바로 이들이 살아가는 삶의 현장이야말로 변화가 일어날 수 있고 또 그래야만 하는 곳이다. 교회는 사회적 약자의 삶이 긍정적 방향으로 변화하도록 지원해야 한다. 교회는 그렇게 할 수 있는 전문성을 충분히 갖추었다. 사랑의 마음으로, 자신을 내세우기보다는 타인을 배려하고 돌보는 하나님이 주시는 의지로부터 사회적 약자들을 섬길 수 있는 성경적 교회사회복지실천으로서의 복지선교 전략과 전술, 방법은 자연스럽게 도출될 수 있다. 진심으로 하고자 하면 하나님이 반드시 도우실 것이다.

예수님의 삶

교회의 원초적 임무는 주님의 명령에 따라 예수 그리스도의 복음을 땅 끝까지 전파하는 것이다. 이 복음 전파의 동기는 구주에 대한 사랑과 순종에서 나온 것으로 이 과업에서 제외되는 사람은 한 사람도 없다. 교회의 본질은 예수 그리스도이다. 그러므로 교회와 그리스도인은 예수님의 가르침과 삶을 따라야 한다. 예수님의 삶은 그의 지상에서의 생활과 교류를 사실적으로 기록한 신약의 복음서에 잘 제시되어 있다. 《구약성경》의 예언대로 예수님의 삶은 세상에서 구원과 치유의 대상을 위한 실제적 사역을 실천하는 과정이었다.

예수님의 입장에서는 세상과 그 속에 존재하는 인간의 구원 그리고 치유와 회복은 부차적이고 이차적인 것이 아니라 교회의 본질적인 과제가 되어야 하며 선택이 아니라 필수였다. '구원, 치유, 회복'은 교회가 추구해야 할 하나의 부수적 사역이 아니라 하나님의 일, 즉 그리스도의 몸 된 교회의 건강성을 회복시키기 위한 하나님의 일이다. 따라서 '구원, 치유, 회복'을 향한 사랑과 섬김은 교회의 가장 핵심적인 사역 중 하나일 수밖에 없다.

"맹인(시각장애인)이 보며 못 걷는 사람이 걸으며 나병환자(한센병 환자)가 깨끗함을 받으며 귀먹은 사람이 들으며 죽은 자가 살아나며 가난한 자에게 복음이 전파된다 하라."(〈누가복음〉 7장 22절 하반절)

이 말은 세례 요한이 그의 제자들을 통하여 예수님께 그분의 메시아 되심을 물었을 때 예수님께서 대답하신 말씀이다. 우리 육신의 장애와 영혼의 장애 그리고 사회적 장애를 불쌍히 여기시고 고쳐 주심으로써 우리 삶의 모습을 다시 온전케 하시고 이를 통하여 하나님과의 화해를 이루게 하시는 것, 바로 그것이 그분의 메시아 되심을 증거하는 예수님 일생의 사업이셨고, 이는 오늘날 우리가 그의 제자들로서 계속 완성해야 할 그분의 뜻인 것이다.

"주의 성령이 내게 임하셨으니 이는 가난한 자에게 복음을 전하게 하시려고 내게 기름을 부으시고 나를 보내사 포로 된 자에게 자유를, 눈먼 자에게 다시 보게 함을 전파하며 눌린 자를 자유롭게 하고 주의 은혜의 해를 전파하게 하려 하심이라 하였더라."(〈누가복음〉 4: 18~19)

결국 복음은 첨예한 현실의 모순에 대해 눈과 귀를 멀게 하는 소리가 아니라 그것을 직시하고 해결을 가능케 하는 소리이며, 죄의 노예가 된 인간을 위해 예수 그리스도 안에서 이루신 하나님의 구속사역을 기쁘게 선포하는 소리인 것이다. 따라서 진정한 기독교 복음은 사람들에게 구원의 감격과 은혜의 사랑으로 전해져야 하며 그들의 아픔을 치유할 뿐만 아니라 사회적으로 더 이상 소외되거나 억압받지 않도록 해야 한다. 이런 측면에서 예수님의 인간적 삶은 세상에 하나님 나라를 실현하기 위한 교회사회복지실천의 패러다임이었을 뿐만 아니라 그 진리는 그가 직접 만나서 대면한 모든 사람들의 생명을 살리는 사랑과 희생으로 실천되었다.

1. 예수님 삶의 특성

1) 용서의 삶과 주님의 신실하심

예수님은 사람들 간의 용서와 화해를 모든 사역의 중심 과제로 언급하며 실천하셨다. 예수님은 그 당시 사회에서 버림받고 소외되었던 다양한 병자들을 살리기 위해서, 그리고 율법을 거역했던 사람들의 처지와 상황을 이해하면서 그들의 행위를 율법적 코드(code)와 해석보다 생명 존중과 인간 사랑의 차원에서 무조건적으로 용서하는 급진적 태도를 보이셨다. 예를 들면, 갈릴리에서 "안식일에 손 마른 사람을 고치시고 안식일에도 선을 행할 것을 권고하신 일"(〈마태복음〉 12: 9~14; 〈마가복음〉 3: 1~6; 〈누가복음〉 6: 6~11), 가버나움에서 "안식일에 18년 동안 귀신들린 여인을 고치신 일"(〈누가복음〉 13: 10~17), 예루살렘에서 "간음한 여인을 용서하시고 율법을 새로이 해석하신 일"(〈요한복음〉 7: 53~8: 11) 등에서 예수님은 병들고 죄지은 자들을 사랑하고 용서하기 위해 율법을 재해석하셨다. 이는 그의 인간 사랑을 보여주며 용서하는 자와 용서받는 자 사이의 새로운 상호관계성을 설정한다.

그래서 예수님께서는 이 땅에 계시는 동안 많은 기적을 베푸셨다. 한센병 환자, 중풍병자, 혈루병자 등 불치병 환자들을 고치셨는가 하면, 심지어는 죽은 사람도 살리셨다. 뿐만 아니라 갈릴리 바다를 걸어가시어 폭풍 속에 빠진 제자들을 구해 주셨고, 떡 다섯 덩이와 물고기 두 마리로 남자 장정만 5천 명을 먹이기도 하셨다. 그때 주님께서는 당신의 도움을 필요로 하는 사람들의 요구가 진실한지 그렇지 않은지의 여부를 따지지 않으셨다. 사람들이 요구하는 대로 모두 응해 주셨다.

하지만 주님께서 하나님의 아들이신 그리스도, 곧 메시아임이 밝혀진 이후에는 주님을 찾는 자들에게 그들이 요구하는 기적을 베풀어 주시기보다는 오히려 성숙한 삶을 요구하시는 주님의 모습을 만나게 된다. 참된 그리스도인 됨의 표적은 건강한 육체와 돈이 아니라 신실한 삶이다. 실제로 자기 십자가를 질 것을 강조하신 주님께서는 끝내 자신의 몸을 던져 십자가의 고난을 당하셨다. 그것이야말로 성자 하나님께서 인간을 위해 인간에게 보여주실 수 있는 가장 큰 기적이었다. 부활의 영광은 십자가에서 흘린 피의 보상으로서만 주어지기 때문에 십자가 고난이야말로 신실한 삶을 추구해야 할 인간의 최후의 종착역인 것이다. 그러므로 예수님의 삶에서 살펴볼 수 있는 한결같은 메시지는 오직 '자기 부인'과 '자기 십자가'에 초점이 맞추어져 있었다.

바로 이러한 '자기 부인'과 '십자가 정신'이야말로 예수님의 삶을 관통하는 최고의 가치관이었다. 이러한 관점에서 예수님은 사람을 용서하는 그의 실천적 행위와 함께 모든 사람들이 실천하여야 할 '용서'의 의미와 무제한성을 분명하게 언급하셨다. 베드로가 예수님께 용서의 문제와 율법에 제시된 용서의 횟수를 제기하였을 때, 그는 일곱 번뿐만 아니라, 일곱 번씩 일흔 번이라도 용서할 것을 강조하셨다(〈마태복음〉 18: 15, 21~25). 예수님은 실제 생활에서 사람들을 용서하는 일의 중요성과 인간의 최상의 덕목이 곧 용서라는 진리를 분명하게 강조하셨다. 인간의 용서에 대한 예수님의 대답과 그의 실천적 행위는 다른 사람들의 죄에 대해 한없는 관용을 베푸는 '용서'의 실천이 교회사회복지실천의 실질적 과제임을 제시한다.

동시에 '자기 부인'과 '십자가 정신'은 언제나 어떤 상황에서든 교회사회복지실천은 신실해야 함을 말해 준다. 예수님은 극적인 기적의 기사들을 집행하셨다. 하지만 결코 잊지 말아야 할 사실이 있다. 그것은 육체적이고 외적인 기적은 내적이며 영적인 성숙을 위한 수단과 과정이지 그 자체가 목적은 아니라는 사실이다. 교회 공동체와 그리스도인은 모두 하나님 나라를 이 땅에 일구는 도구로 부름받은 사람들이다. 그런데 하나님 나라는 건강한 육체와 멋진 외모, 나아가 돈 많은 사람들에 의해서가 아니라, 오직 그리스도 안에서 신실한 삶을 사는 사람들을 통해 일궈지고 확장된다. 인간의 참 행복과 평화는 이때에만 주어진다. 이 사실을 기억해야 한다. 물론 신실한 삶을 살아가는 것은 결코 쉽지 않다. 그래서 주님께서는 〈마태복음〉 28장 20절에서 이렇게 말씀하셨다.

"볼지어다. 내가 세상 끝날까지 너희와 항상 함께 있으리라."

주님께서 우리에게 주신 이 마지막 약속의 말씀이야말로 그리스도인에게 있어서는 그리스도인으로 성숙할 수 있는 '동기'인 동시에 '결과'이다. 추한 이기심과 죄악으로 굳어진 심령이 어떻게 새로워지며 성숙해질 수 있겠는가? 주님께서 항상 당신이 택하신 자녀와 함께하고 계시기에 가능하다. 그러므로 이기적인 삶에서 벗어나 참된 그리스도인으로 성숙해질 때, 그 결과는 언제나 함께하고 계시는 주님과 적극적으로 동행하는 삶으로 나타나게 된다. 다시 말해 더 이상 자기 자신을 위해서가 아니라 자신과 함께하고 계시는 주님의 뜻을 위해 살아가게 된다. 이 약속의 말씀을 믿는 사람은 설령 자신의 계획이 무산되고 육체의 건강을 잃어버린다고 해도 절망하지 않는다. 주님께서 자신과 함께 계시는데도 자신의 계획이 무산되거나 병들었다는 것은, 그 과정을 통해 주님께서 자신을 더욱 신실한 그리스도인으로 세워 주시려 함을 알기에 도리어 감사하게 된다. 따라서 그리스도인에게 주어지는 실패와 질병은 언제나 은혜일 수 있다. 이것이 예수님의 관점이다.

2) 율법을 재해석한 예수님의 실천적 가르침

예수님의 삶은 그 당시의 사회적 환경에서 복지의 혜택을 받지 못하는 계층들을 위한 삶이었으며, 그의 복음은 그들의 모든 삶의 정황을 돌보는 생명의 메시지였다. 예수님은 인간적인 대접을 받지 못하는 많은 사람들의 사회적 지위와 삶의 권리를 회복시키기 위해 정치적 통치와 사회·문화적 이념이었던 히브리 전통과 구약의 율법을 과감하게 재해석하셨다. 그는 사회의 기득권자들과 지도층의 왜곡된 통치 질서와 사회구조의 불균형과 모순, 또는 당시의 사회적 가치에 내재된 비도덕적 편견을 지적하고 비판함으로써 인간성의 회복과 사회구조의 개혁을 시도하였다.

예수님의 삶과 그의 복음 선포는 인간 개개인을 위한 것이었다고 생각할 수 있지만, 그와 함께 사회적 환경과 사회구조의 개혁에도 초점을 두고 있었다. 그의 복음사역은 그 당시 사회적 편견과 인간의 차별성에 대한 구체적 도전이었으며, 오늘날에 와서 교회사회복지실천을 위한 구체적 메시지가 되었다. 이와 같이, 예수님의 복음과 그의 실천적 생활이 개인의 영성 및 사회구조의 변혁과 회복을 향한 메시지였다면, 그것은 교회사회복지실천의 초점과 획을 같이하는 개혁운동으로 이해할 수 있을 것이다.

실제로 예수님의 복음이 선포되어 전해지는 곳마다 거기에는 항상 동일한 경향을 가진 사회적 결과가 나타났다. 즉, 그 교훈에는 어떠한 사회이든지 사회의 중요한 구성요소에 관한 근본적 사상이 내포되어 있었으며, 그것은 인간의 개인적 문제 이상으로 사회 공동체의 전체적 목적과 이상이 분명하게 제시되었다. 예수님은 복음사역을 통하여 그가 염원했던 이상적 사회가 곧 하나님 나라의 실현이었다는 것을 보여주시면서 그의 하나님 나라의 복음이 전 세계의 모든 사람에게 선포되어야 한다는 것을 강조하셨다(〈마태복음〉 28: 19; 〈마가복음〉 13: 40, 14: 9; 〈누가복음〉 24: 47).

따라서 예수님의 하나님 나라의 복음은 그의 복음 선포와 가르침으로 끝난 것이 아니라, 그의 실천적 생활을 통하여 구체적으로 나타난다. 예수님의 삶 자체의 기록이 그의 가르침이었으며, 그의 가르침의 본보기가 곧 그의 삶 자체였다. 예수님은 하나님 나라의 실재를 그의 가르침과 교훈으로 제시하려 했을 뿐만 아니라 몸소 인간을 위하여 십자가를 지신 실천적 행위로 성취하셨다. 실제로 예수님의 하나님 나라의 실재는 그의 고난과 죽으심과 십자가의 부활 속에서 가장 극명하게 드러난다(최조웅, 1997). 그래서 그에게는 삶과 교훈이 분리될 수 없었고, 그의 가르침 속에서는 항상 신앙적 실천이 함께 연결되어 있었다. 예수님의 십자가 고난은 그가 하나님과 인간 간의 화해를, 그리고 인간과 인간 간의 사랑을 가르쳤던 복음의 구체적 실천이었다.

예수님의 하나님 나라를 위한 모든 사역은 그가 받은 감동(感動)으로 시작되었다. 예수님께서 하나님 나라의 복음을 전하기 위하여 여러 곳을 돌아다니면서 병든 자들과 약한 자들을 만날 때마다, 그들로부터 먼저 "감동을 받으신 일"을 알 수 있다(〈마태복음〉 9: 35~36). 현대교회의 사회복지실천은 이와 같이 복지 대상자인 개인과 사회공동체에 대한 감동으로부터 출발해야 한다. 왜냐하면, 하나님 나라는 병든 자들이 치유되는 곳에, 가난한 자들이 가난에서 벗어나는 곳에, 눌린 자들이 해방되는 곳에, 억압과 착취에서 하나님의 정의가, 그리고 전쟁과 테러에서 평화(shalom)가 이루어지는 곳에서 실현될 수 있기 때문이다.

하나님의 모든 인간을 위한 만물 창조는 오로지 일회적으로 끝나는 것이 아니다. 현재도 창조를 계속하시며 미래에도 계속하실 것이다. 이와 같이 창조를 완성하기 위한 연장선상에서 하나님은 인간을 위한 새 계약(*new covenant*)으로 예수님을 세상에 보내신 것이다. 따라서 예수님의 모든 사역을 대행하는 현대교회의 사회복지실천은 감동으로 시작하여 인간과 인간, 인간과 하나님, 인간과 자연 사이에 조화와 화해를 이루는 창조적 운동(*creative movement*)이 되어야 하며 이 운동이야말로 진정한 교회사회복지실천인 것이다.

또한 예수님의 복음 선포와 사역은 병든 자들의 치유와 가난한 자들에 대한 관심에서 시작되었다. 무엇보다, 예수님의 사역은 병든 자들을 고치시며 위로하셨던 치유적 목회의 실천이었다. 그 이유는 복음서 전체의 5분의 1이 치유에 관한 기사들로 할애되어 있으며, 실제적으로 중풍병자(뇌병변장애인), 문둥병자(한센병 환자), 귀신들린 자(정신장애인), 눈먼 자(시각장애인), 혈루병자(혈루증 환자), 앉은뱅이(지체장애인) 등을 포함하여 41차례의 완치 사건으로 알 수 있기 때문이다.

그리고 예수님은 세상에서 가난의 미덕과 가난한 자의 축복을 설명하시며, 오히려 부자의 회개를 촉구하고 풍요로움을 비판하는 입장을 분명히 보여주셨다. 예를 들면, 가난한 자의 돌봄을 강조하는 '부자와 거지 나사로의 이야기'(〈누가복음〉 16: 19~31), '부자의 욕심을 어리석음으로 비난하신 일'(〈누가복음〉 12: 16~21), '소유를 팔아 가난한 사람을 도와주는 것이 영생의 조건'(〈마태복음〉 19: 16~30; 〈마가복음〉 10: 17~27; 〈누가복음〉 18: 18~30) 등 예수님이 강조하신 가난의 미덕과 부자에 대한 비판적 태도는 가난에 대한 사회적 이해와 방향을, 나아가서 그 당시 일상적인 사회질서와 구조의 개혁을 요구하는 일들이었다. 이와 같이 병든 자들과 그리고 가난한 자들에 대한 예수님의 절대적 관심과 돌봄은 그들로 하여금 모든 사회적 지위의 평등성과 가치, 그리고 공동의 소유와 나눔을 구현하도록 하는 교회사회복지실천의 전형(典型)이 되었다.

3) 실천적 행위를 통한 역설적 진리 설파와
개방된 공동식탁

예수님은 그 당시 사람들이 실생활에서 실천해야 할 다양한 행위들, 즉 사람들 사이에 지켜야 하는 도덕적 행위와 하나님께 지켜야 하는 경건한 행위를 구체적으로 제시하셨다. 그러나 사람들이 실천하여야 할 다양한 행위에 대한 그의 교훈은 인간의 평범한 생각과 상상을 초월하는 역설적 진리들을 제시한다는 사실을 간과해서는 안 된다. 그 구체적인 예를 살펴보면 다음과 같다.

첫째, 다른 사람에 대한 개인적 행위의 실례를 들 수 있다. 오른손이 하는 행위를 왼손이 모르게, 오른뺨을 때리는 사람에게 왼뺨까지 내놓으며, 속옷을 요구하는 사람에게 겉옷까지 줄 것을, 그리고 5리를 함께 가기를 원하는 사람에게 10리까지 동행할 것을 가르치셨다 (〈마태복음〉 5:39~42).

둘째, 종교적 행위와 사회적 지위에 대한 실례를 들 수 있다. 기도를 할 때에 골방에서 조용히 기도할 것(〈마태복음〉 6:5~6), 예수를 따르기 위해서는 자신을 부인하고 자기 십자가를 질 것(〈마가복음〉 8:34~35), 높아지고자 하는 사람은 낮아질 것이며 낮아지고자 하는 사람은 높아질 것(〈누가복음〉 14:11), 누구든지 나와 복음을 위하여 제 목숨을 잃으면 구원하리라(〈마태복음〉 16:25) 등의 역설적 진리를 발견할 수 있다. 예수님은 스스로 이러한 교훈을 실천하며 삶의 모범을 보여주셨고, 이것이 곧 교회사회복지실천의 사명을 감당하는 모든 사람들이 지켜야 할 실천적 행위와 자세라는 것을 이해할 수 있다.

한편, 예수님은 그의 생애 중에 사회에서 소외되었던 죄인들, 세리들, 창녀들, 한센병 환자들을 차별하지 않고 함께 식사를 나누셨다 (〈마가복음〉 2:16~17). 그 당시에 예수님께서 사회의 소외된 사람들과 함께 한 식탁에서 식사하신 것은 오늘날 그리스도인들이 주변에 있는 모든 사람들에게 개방하여 함께 나누는 공동식탁의 의미와 중요성을 제시한 사건이었다. 예수님의 식탁은 인간의 상상을 초월하는 기적적 사건으로 나타나기도 했다. 그의 말씀을 듣기 위해 광야에 모인 5천 명에게 떡 다섯 덩어리와 물고기 두 마리를 나누어 배불리 먹게 하셨던 일(〈마태복음〉 14: 13~21; 〈마가복음〉 6: 30~44; 〈누가복음〉 9: 10~17; 〈요한복음〉 6: 1~15)[1]은 예수님의 식탁을 대중을 위한 친교의 공동체로 확대하는 결정적 계기가 되었다.

예수님은 자신의 십자가에서의 죽음을 앞두고 유월절 전날 밤에 최후의 만찬을 열두 제자들과 함께 나누셨다. 예수님은 이 만찬을 "내 피로 세운 새 언약"으로, 그리고 "너희가 이를 행하여 나를 기념할 것"(〈누가복음〉 22: 19)을 명하셨으며, 이 최후의 만찬이 전통적으로 기독교 성만찬의 기원과 새 공동체의 출발을 예고하였다. 예수님의 성만찬은 마침내 세계 인류가 상호 봉사와 협동의 공동체 생활을 영위할 수 있는 신학적 근거와 신앙의 터전으로 발전되었다. 또한 예수님은 세상의 다양한 사회조직과 공동체의 영속성과 통일성을 그의 성만찬에서 예시된 그 자신과의 영적 관계성에 기반을 두어야 할 것을 제시하셨다. 왜냐하면, 예수님은 성만찬을 통한 그와의 영적 관계성의 체험으로 다른 사람들과의 영적 친교(koinonia)로 확대할 수 있는 새 공동체의 실현과 교회사회복지실천의 기틀을 마련하셨기 때문이다.

---

1 한편 〈마태복음〉 15장 32~39절과 〈마가복음〉 8장 1~10절에는 예수님께서 4천 명을 먹이신 기적이 기록되어 있다.

4) 생명의 존엄성과 가치

예수님은 그의 전 사역을 통하여 인간을 비롯한 자연 생명의 소중함과 가치를 항상 강조하셨다. 예수님의 모든 사역은 '생명사랑', '생명존중'을 함축한다. 무엇보다, 그는 인간생명의 가치와 존엄을 깊이 믿고 있었으며, 따라서 모든 인류는 하나님의 자녀들이라고 믿는 것이 그의 근본적 신앙이며 인간에 대한 절대적 평가였다. 예수님은 다양한 비유와 언설(言說), 그리고 그의 실천적 생활을 통하여 모든 사람들에게 인간의 생명은 창조된 온 세계와 만물보다 귀중하다고 강조하여 가르치셨다. 실제로, "내가 온 것은 잃어버린 자들을 찾기 위함이라"는 예수님의 말씀과 그것을 입증하는 "잃어버린 한 마리 양"(〈마태복음〉 18: 22~24)의 비유는 그의 '생명중심 사역'(life centered-ministry)의 의미를 구체적으로 명시한다.

하지만 인간은 신분상 하나님과 같을 수 없다. 하나님께서는 창조주이신 반면, 인간은 그분에 의해 창조된 피조물이기 때문이다. 창조주와 피조물은 그 어떤 경우에도 동등할 수 없다. 그럼에도 성경은 놀라운 사실, 즉 우리가 하나님과 같은 신분일 수 있음을 밝혀 준다. 이런 사실을 극명히 보여주는 곳은 《신약성경》의 〈요한복음〉 1장 12절이다.

"영접하는 자 곧 그 이름을 믿는 자들에게는 하나님의 자녀가 되는 권세를 주셨으니."

누구든지 빛으로 이 땅에 오신 주님을 영접하기만 하면, 그 이름을 믿기만 하면, 하나님의 자녀가 되는 권세를 하나님께서 부여해 주셨다는 것이다. 놀라운 은혜가 아닐 수 없다. 인간이 하나님의 자녀가 된다는 것이다. 이것이 정말 가능한 일인가? 이를테면 사람이 개를 아무리 사랑해도 개가 사람과 같은 신분 혹은 존재가 될 수는 없는 법이다. 실제로 개를 자식으로 삼는 인간은 이 세상 그 어디에도 없다. 이런 관점에서 창조주이신 하나님께서 피조물에 지나지 않는 인간을 당신의 자녀로 삼아 주신다는 것은, 하나님께서 하찮은 인간을 당신과 동등한 신분으로 받아 주심을 의미한다.

더욱이 죽을 수밖에 없는 죄인, 절망과 혼돈, 그리고 어둠 속에서 방황하던 인간이 하나님의 자녀가 된다는 것, 다시 말해 하나님과 동등한 신분이 된다는 것은 〈요한복음〉 1장 12절의 표현처럼 참으로 엄청난 권세이다. 그러므로 이미 하나님의 자녀가 된 사람이라면 하나님께로부터 부여받은 이 '권세'에 대한 의무를 다하지 않으면 안 된다. '권세'라 번역된 헬라어 '엑소시아'(exousia)는 '특권'이란 뜻이다. 문자 그대로 특별한 권리인 것이다. 참된 특권은 특권 그 자체로 머물지 않는다. 참된 특권은 언제나 그에 상응하는 의무를 수반한다. 그 의무를 다할 때에만 특권은 타인을 해치거나 자신을 타락시키는 도구가 아니라, 자신과 타인을 동시에 살리는 향기로운 생명의 도구가 된다.

죄와 죽음의 자식이었던 인간이 하나님을 향하여 돌아설 때, 하나님께서 인간의 추한 죄를 용서하시고 당신의 친자식이 되는 특권을 부여해 주시는 것은, 계속 선택받아 구원받은 그리스도인이 자신의 욕망을 좇아 마음대로 살도록 내버려 두시기 위함이 아니다. 하나님께 속한 하나님의 자녀답게 바른 삶에 대한 의무를 다하게 하시기 위함이다. 교회 공동체와 그리스도인이 먼저 하나님을 향한 의무를 다했기에 하나님의 친자녀가 된 것이 아니라 여전히 죄인이었음에도 하나님께서 당신의 친자녀 되는 특권을 먼저 주셨으므로 그리스도인은 거저 얻은 그 특권에 대한 의무를 다하지 않을 수 없다. 하나님의 자녀 된 특권은 누리면서도 하나님의 자녀답게 살아야 할 의무는 도외시하는 그리스도인이 있다면 그는 정상적인 그리스도인으로 살아갈 수 없다. 정상적인 그리스도인이란 하나님의 사랑을 깨닫고 그 사랑에 자신의 삶으로 보답하는 사람인 까닭이다.

따라서 예수님은 그 당시 많은 사람들에게 모든 율법과 계명 중에서 "하나님을 사랑하고 이웃을 사랑하라"는 계명을 가장 중요한 선지자의 강령으로 선언하였다(〈마태복음〉 22: 37~40). '하나님 사랑'과 '이웃 사랑'을 강조한 최고의 계명은 예수님의 윤리적 교훈의 근본 원리로서 그가 선포한 말씀들과 그의 실천적 생활을 함께 나타낸다. 예수님은 하나님 사랑과 이웃 사랑, 양자의 관계를 상호 분리할 수 없도록 결합하셨다. 그것은 사랑의 대상이 평등하다는 것뿐만 아니라, 사랑 자체의 본질을 강조하기 위해서였다.

예수님의 의도는 인간이 자기 사랑을 포기하는 결단의 행위가 있을 때, 하나님에 대한 사랑과 이웃에 대한 사랑은 하나가 될 수 있음을 강조하는 것이었다. 다시 말하면, 하나님의 사랑을 요구하는 하나님의 명령에 귀를 기울이며 실천할 때, 언제든지 인간의 사랑에 응답할 수 있는 것으로서 곧 이웃 사랑이 하나님의 사랑으로 입증되는 것이었다(이준우 외, 2012). 또한 예수님은 이웃 사랑의 구체적 대상과 실례를 제시하셨다. 하나님은 선한 사람과 악한 사람을 가리지 않고 해를 똑같이 비추고 비를 내리시는 사랑의 하나님이시며(〈마태복음〉 5: 45), 예수님 자신은 의인을 부르러 오지 아니하고 죄인을 부르기 위하여 오셨다(〈마가복음〉 2: 17)는 말씀이 그것이다.

나아가 예수님은 인간생명의 소중함과 함께 자연생명의 가치도 강조하셨다. 그는 그 당시 많은 사람들에게 인간생명의 고귀함과 존엄성을 가르치며 일깨우기 위해 자연 사물들을 실례로 제시하면서 자연생명의 가치를 동시에 언급하셨다. 예를 들면, 하나님은 "새들을 기르시고 해를 비추이며 비를 내리며 들의 백합화도 입히시며"(〈마태복음 6: 25~32), "이렇게 참새 한 마리라도 걱정하시는 하나님께서 인간의 생명을 많은 참새보다도 낫게 여기신다"(〈마태복음〉 6: 26)는 사실을 강조하였다. 하나님께서는 이렇게 작은 것 하나라도 멸망하기를 원치 아니하시는 분(〈마태복음〉 18: 14)이시기 때문에, 예수님은 인간과 각 생명체를 하나님의 안목에서 독자적이며 자율적인 인격적 가치를 지닌 고귀한 존재로 이해하셨다.

2. 성령님과 동행하셨던 예수님의 삶

초등학교 6학년인 막내딸 아이가 '애지중지'하며 온갖 정성으로 집에서 키우는 햄스터들이 많이 있다. 아무리 봐도 그냥 쥐새끼인데, 딸아이는 거의 사람 대하듯 한다. 이 녀석들이 얼마나 새끼를 잘 낳는지 여러 군데에 나눠 주었는데도 금세 많아진다. 지금도 12마리나 있다. 한때는 20마리 이상 되었으니 요즘은 그래도 나은 편이다. 어쨌든 딸은 수시로 햄스터들을 돌아가면서 자기 손바닥에 놓고는 마치 사람 대하듯 대화하며 챙기고 교류한다. 어떤 때는 진짜로 서로 간에 소통이 되는 것 같은 모습이다. 하지만 사람과 햄스터 사이에 아무리 교류가 이루어진다고 해도 그것이 햄스터가 사람들이 사는 세상을 완전히 이해했음을 의미하는 것은 아니다.

　사람과 햄스터는, 비록 같은 공간 속에서 산다고 해도 존재 자체가 동일하지 않기 때문에 인식의 구조나 능력 또한 다를 수밖에 없다. 햄스터는 자기 집이라는 자기 행동반경이 미치는 제한된 범위 내의 제한된 것만을 인식할 수 있을 뿐이다. 《신약성경》의 〈요한복음〉 3장 6절에서 13절까지를 보면, 바리새인이며 산헤드린 의회 의원인 니고데모가 주님을 찾아온 내용이 나온다. 주님께서 메시아이심을 알아서가 아니라, 주님께서 행하신 표적 때문에 찾아온 것이다. 표적만 추구하는 믿음은 바르고 건강한 믿음일 수 없다. 자신이 원하는 표적이 주어지지 않을 경우, 믿음의 대상을 얼마든지 버리거나 바꿀 수 있기 때문이다. 이미 니고데모의 의도를 다 파악하신 예수님께서 니고데모에게 말씀하셨다. 〈요한복음〉 3장 3절이다.

"예수께서 대답하여 이르시되 진실로 진실로 네게 이르노니 사람이 거듭나지 아니하면 하나님의 나라를 볼 수 없느니라."

'니고데모'로서는 난생처음 들어 보는 말이었다. 그는 이 말의 의미를 도무지 이해할 수 없었던 것 같다. 그가 주님께 반문한 내용을 보면 그렇다. 4절이 고스란히 니고데모의 심정을 드러내 준다.

"니고데모가 이르되 사람이 늙으면 어떻게 날 수 있사옵나이까. 두 번째 모태에 들어갔다가 날 수 있사옵나이까."

이해를 돕기 위해 이 말씀을 유진 피터슨(Eugene Peterson)의 《메시지》 성경으로 다시 보자.

"이미 태어나서 다 자란 사람이 어떻게 다시 태어날 수 있겠습니까? 어머니 배에 들어가서 다시 태어날 수는 없습니다. '위로부터 태어난다'고 하신 말씀이 도대체 무슨 뜻입니까?"

이에 대한 주님의 답변은 다음과 같았다.

"진실로 진실로 네게 이르노니 사람이 물과 성령으로 나지 아니하면 하나님의 나라에 들어갈 수 없느니라."(〈요한복음〉 3장 5절)

여기에서 물이란 세례이며 세례란 예수 그리스도의 죽음과 부활이 연합된 것이다. 즉, 십자가에 못 박혀 돌아가신 주님과 연합하여 옛 사람은 죽고, 주님의 부활과 연합하여 그리스도 안에서 새사람이 되는 것을 말한다. 한마디로 세례란, 주님으로부터 죄 씻음 받은 인간이 자신을 주님께 드리고 주님만을 위해 살겠다는 결단의 표현이다. 그러므로 물과 성령으로 거듭난다는 것은 이처럼 구원자이신 예수 그리스도께 자신의 삶을 전적으로 의탁할 때, 성령님께서 그가 거듭난 삶을 지속할 수 있도록 당신의 권능과 능력으로 도우심을 의미하는 것이다. 그래서 거듭난다는 헬라어는 본래, 위로부터 생명이 임한다는 뜻이다. 그러나 니고데모는 주님의 이 말씀 또한 이해할 수 없었던 것 같다. 왜냐하면 '니고데모'와 예수님의 인식의 틀, 즉 패러다임이 달랐기 때문이다.

니고데모는 주님께 다시 질문했다. 주님께서는 이렇게 대답해 주셨다. 물론 친절하고 자상하게 말씀하셨다.

"예수께서 그에게 대답하여 이르시되 너는 이스라엘의 선생으로서 이러한 것들을 알지 못하느냐. 진실로 진실로 네게 이르노니 우리는 아는 것을 말하고 본 것을 증언하노라. 그러나 너희가 우리의 증언을 받지 아니하는도다."(〈요한복음〉 3장 10~11절)

예수님께서는 분명히 아는 것, 확실히 본 것만을 말한다고 강조하신 것이다. 그러나 아무리 확실한 것을 말해도, 듣는 사람은 그 말을 100% 받아들이지 못한다. 대개의 경우, 자신의 지식과 경험의 바탕 위에서 이해되는 것만 수용하기 때문이다. 그래서 예수님께서는 이어서 이렇게 말씀하셨다.

"내가 땅의 일을 말하여도 너희가 믿지 아니하거든 하물며 하늘의 일을 말하면 어떻게 믿겠느냐."(〈요한복음〉 3장 12절)

주님께서 이 땅에 관한 것만 말씀하셨더라도 주님의 말씀을 모두 다 믿는 사람은 드물었을 것이다. 인간은 이해되는 것만 믿으려는 속성을 지니고 있기 때문이다. 실제로 이 세상에는 인간이 이해할 수 없는 일들이 너무나도 많다. 그러니까 유한한 인간이 하나님의 일을 이해하기란 현실적으로 불가능하다. 따라서 "하늘의 일을 말하면 어떻게 믿겠느냐?"는 주님의 말씀은 믿지 말라거나 믿지 않아도 좋다는 말이 아니라, 이해하려 하기 전에 먼저 믿으라는 역설적 강조였다. 유한한 인간의 인식 능력으로 이해하고 믿으려면 하늘 일을 영영 놓칠 수밖에 없지만, 먼저 믿으면 믿음 속에서 모든 것이 이해될 수 있다는 의미였다.

그리고 그 이해의 과정 속에는 성령님께서 동행하신다는 것이었다. 예수님의 사역에는 늘 성령님이 계셨다. 성령님이 함께하시고 도우셨기에 예수님의 말씀과 삶을 유한한 인간이 믿고 따를 수 있었던 것이다. 하지만 여기에서 또 다른 질문을 제기할 수 있다. 대체 눈에 보이지도 않는 '성령님께서 사람들로 하여금 거듭난 삶을 지속하도록 도와주신다는 것을 어떻게 확인할 수 있는가'이다. 이 질문에 대하여서도 주님께서 직접 답변해 주셨다.

"바람이 임의로 불매 네가 그 소리는 들어도 어디서 와서 어디로 가는지 알지 못하나니 성령으로 난 사람도 다 그러하니라."(〈요한복음〉 3장 8절)

바람이 어디에서 생성하여 어디서 소멸되는지 그 시작과 끝을 알지 못한다. 하지만 흔들리는 나뭇잎을 통하여 바람이 불고 있음을, 바람의 세기를, 바람의 방향을 확실히 분별할 수 있다. 성령님의 역사도 이와 같다고 할 수 있다. 육신의 눈으로는 성령님께서 사람에게 어떻게 임하셔서 어떻게 사람을 변화시키시는지 정확히 알 수 없다. 그러나 주님께 자신을 의탁한 자의 변화를 통해서는 주님을 믿는 자에게 역사하시는 성령님을 확연히 알 수 있다.

여기에서 '변화'란 사랑해야 할 사람 그리고 지켜야 할 가정과 일터를 어느 날 갑자기 내팽개치고 마땅히 져야 할 모든 책임과 의무를 회피하는 광신적인 외적 돌변을 의미하지 않는다. 성령님에 의한 변화는 인격적인 내적 변화, 그러면서도 혁명적 변화를 뜻한다. 이를테면 누군가를 그토록 미워했던 사람이 증오의 대상을 용서하고 사랑하게 되는 경우를 들 수 있다. 또는 언제나 자기만을 위해 살던 이기적인 인간이 가정과 일터 그리고 사회를 위해 헌신하는 변화가 일어나는 경우, 자기 목적을 위해서는 수단과 방법을 가리지 않던 사람이 목적은 물론이며 수단까지 진리 안에서 바르게 선택하는 것과 같은 변화를 말할 수 있다. 이런 변화가 일어나는 사람들의 삶을 보면, 성령님이 계시다는 사실을 확실히 깨닫게 되는 것이다.

교회사회복지실천은 예수님의 삶을 따라가는 일이다. 그 일은 이해하고 하는 것이 아니다. 그 일을 해야 한다는 사명과 믿음으로 수행해가는 것이다. 놀라운 사실은 이 일을 할 때, 성령님께서 동행하신다는 것이다. 그래서 교회사회복지실천은 성령님의 은혜와 함께하심 가운데에서 놀라운 변화, 아름다운 변화, 바람직한 변화를 창출해낼 수 있다.

3. 장애인에 대한 예수님의 관점

예수님의 가르침과 삶 속에서 나타나는 특별한 성경적 관점은 장애를 가진 사람들에 대한 사랑과 치유의 실천에서 확연히 파악할 수 있다. 이러한 장애인에 대한 예수님의 성경적 관점은 교회사회복지실천이 지향해야 할 가치로서 적용되어야 한다. 그러므로 예수님의 장애와 장애인에 대한 관점을 살펴보는 것은 매우 의미 있는 작업이 될 것이다. 이를 효과적으로 수행하기 위해서 구약의 율법서(주로 〈레위기〉, 〈민수기〉, 〈신명기〉)와 신약 및 그 속에 나타난 예수님의 행적을 함께 살펴보겠다.

1) 문제제기

《구약성경》에는 장애인을 부정적으로 말한 것처럼 보이는 부분이 많이 있다. 특별히 구약에서는 장애인들이 대개 부정한 사람들로 비쳐진다. 구약에 따르면, 여호와의 율법을 어긴 인간들이 장애를 입기 때문에 장애는 곧 죄의 대가이며 하나님의 저주라는 논리가 도출된다. 그 대표적 인물로 '미리암'(〈민수기〉 12: 1~6)을 들 수 있다. 하나님은 동생 모세를 여호와의 대변자로 인정하지 않고 그 권위에 도전하는 미리암을 한센병으로 치신다.

그러나 신약에 오면 이야기가 달라진다. '베다니에 사는 나병환자(한센병 환자) 시몬'(〈마태복음〉 26: 6~13; 〈마가복음〉 14: 3~9)의 집에서 예수님은 친히 식사를 함께 하시고 당신의 죽음을 예견하는 향유를 머리에 바르도록 한 여인에게 허락하셨다. 시몬이 자신의 죄에 대한 하나님의 응징으로 한센병에 걸렸다고 본다면, 하나님의 뜻에 따르는 삶의 표본인 예수 그리스도가 시몬의 집에서 사도들과 함께 그와 교제를 나누신 행동은 반기독교적인 것이 된다. 실제로 당시 바리새인들은 예수 그리스도의 이러한 행위들 — 사회적 소외계층인 세리, 죄인, 그리고 장애인 등과 더불어 교제하는 행위들 — 을 빌미로 메시아로서의 그분을 거부하고 공격하였다.

　이제 앞뒤가 잘 연결되지 않는 성경 속의 두 가지 이야기를 올바로 이해하기 위해 구약과 신약을 본격적으로 살펴보기로 하자.

2) 구약에 나타나는 장애인관

《구약성경》에 나타나는 장애인관을 이해하기 위해서는 무엇보다도 먼저 율법의 의의와 필요성을 파악해야 한다.

(1) 율법의 의의와 필요성

《구약성경》에서 가장 핵심적인 주제는 하나님과 이스라엘 사이에 맺어진 특별한 관계이다. 하나님은 이스라엘의 하나님이시며 이스라엘은 하나님의 백성이다. 하나님의 백성으로서 특별히 선택받은 사람들이었다. 즉, 선민이었다. 그런데 왜 하나님은 많은 백성들 가운데서 특별히 이스라엘을 선택하셨을까? 이것은 대단히 궁금한 문제가 아닐 수 없다. 이스라엘 사람들이 어떠한 훌륭한 점이 있었기에 선택받은 선민이 되었는가 하는 이 문제에 대하여 구약은 다음과 같이 대답한다. 하나님께서 이스라엘을 택하신 이유는 이스라엘을 사랑하셨기 때문이다(〈신명기〉 17 : 6~8). 이것은 우리들이 기대하는 논리적으로 명쾌한 대답은 되지 못한다. 그러면 "왜 하나님은 이스라엘을 사랑하셨는가?"하는 질문이 다시 제기될 수 있다.

　하나님께서 이스라엘을 사랑하시고 택하신 것은, 그들이 특별히 사랑받을 만한 조건이 구비되었기 때문이 아니었다. 이스라엘이 하나님의 백성이 된 것은 아무런 조건 없이 베풀어 주신 하나님의 은총의 선물이었다. 한편 이스라엘로서는 하나님의 백성이 되었다는 것은, 더 말할 수 없는 영광이며 다른 백성들이 누릴 수 없는 크나큰 특권이었다.

그런데 동전 하나에 양면이 있는 것과 같이 하나님께서 이스라엘을 선택하셨다는 사실에는 또 하나의 다른 면이 있다. 그것은 이스라엘은 하나님께서 선택하신 "하나님의 백성"이므로 그들은 "하나님의 백성답게 선민답게 살아야 한다"는 것이다. 이스라엘이 선민으로 택함을 받았다는 특권에는 이에 상응하는 책임이 수반된다. 그러면 어떻게 살아가는 것이 하나님의 백성다운 삶인가? 선민으로 사는 길은 무엇인가? 어떠한 삶이 하나님의 은총에 응답하는 바른 삶일까? 이것은 《구약성경》에서 핵심적 문제이다. 이 문제를 가지고 이스라엘 사람들은 고심할 필요가 없었다. 왜냐하면 구약은 이 문제에 대해서 가장 명료하고 분명한 대답을 해 주기 때문이다.

구약은 이스라엘이 하나님의 백성으로서 살아갈 길을 하나님께서 가르쳐 주셨다고 말한다. 이스라엘은 하나님께서 가르쳐 주신 대로만 살아가면 된다. 하나님께서 이스라엘에게 하나님의 백성으로서 살아갈 길을 가르쳐 주신 것, 곧 하나님의 가르침이 "율법"이라는 것이다(이준우, 1994).

결국 율법은 하나님이 은혜로 주신 선물이며 하나님의 언약이 요구하는 것이었다. 하나님께서는 이스라엘 민족을 구속하시고 그들과 언약을 맺으셨는데 거기에는 그들을 구원하신 하나님께 대한 감사와 참순종의 응답으로서의 율법이 포함되어 있다. 율법을 어기거나 소홀히 하는 것은 죄였다. 하나님께서는 율법을 초월하여 계시며 율법의 배후에 계신다. 그러므로 율법을 지키는 것은 결코 그 자체가 목적이 아니었으며 오히려 인격적 언약관계 내에서 '하나님을 아는' 방법이었다.

그런 의미에서 율법은 사실상 '삶'이었다. 그들은 하나님이 명하신 대로 삶을 살아감으로서 그분이 원하시는 백성이 되고 따라서 이 세상에서 그분의 목적을 수행하게 될 것이었다(〈출애굽기〉 19장 5절 이하).

실제로 레위기, 민수기 그리고 신명기에 나타나는 율법의 내용을 보면 이스라엘 민족의 종교와 사회제도 및 일상생활을 포괄한다. 물론 율법의 많은 조목들은 당시는 말할 것도 없고 현대를 사는 범인들에게도 전문적인 지식이 없이는 이해되기 힘든 내용이기도 하다. 하지만 하나님은 이스라엘 민족이 선택받은 거룩한 민족으로 살아가기에 합당한 종교, 속죄의식, 재판과 행정제도, 사회복지, 정결한 위생, 그리고 생활습관을 갖게 하기 위한 모든 것을 율법에 포함시키셨다(이준우, 1994).

당시 이스라엘 민족은 애굽에서 나온 지 채 1년이 되지 못하여 다신교와 근친상간을 비롯한 애굽의 생활표준과 종교적 습관을 지닌 자가 많았고 애굽 방식으로 교육받고 자란 순수·혼혈 애굽인도 섞여 있었다. 성경에서 출애굽한 무리를 '합비루'라고 부르는데 이는 민족적 개념이라기보다는 계층적 개념에 속한다고 한다. 또한 이들이 정주할 가나안은 우상숭배와 타락, 음란이 횡행하는 곳이었기에 이에 물들지 않고 올바른 신앙생활과 정결한 일상생활을 유지하기 위해서도 율법의 필요성은 더욱 절실한 것이었다.

따라서 여호와는 모세를 통해 율법을 세우시고 열방 가운데서 하나님의 백성에 합당한 생활의 표본을 정립하신 것이다. 이러한 율법을 어길 경우 여호와는 여러 가지 수단으로 정죄하셨고 이로 인해 장애는 죄의 결과 또는 거룩한 삶으로부터의 일탈에 대한 응징이라는 논리가 구약에 자리 잡게 되었다. 인간이 죄를 짓게 되고 그에 따른 결과로 빈번하게 나타난 것이 장애라는 것이다. 그러나 율법을 세우신 근본 목적이 장애를 발생시키려는데 있었던 것이 아님은 당연하다.

사실 율법의 중요한 일부분인 '정결법'(〈레위기〉 11〜15장)은 하나님의 거룩한 백성으로서 구별된 삶을 살도록 하기 위해 제시되었으나 한편으로는 수십 년간의 광야생활에서 이스라엘 민족에게 음식·질병·시체에 관한 위생적 규칙이나 병을 옮기는 바이러스의 존재를 발견하기 수천 년 전에 환자들을 격리하고, 전염병을 옮기기 쉬운 동물들과의 접촉을 멀리하게 하여 이로 인한 질병과 장애의 발생을 미연에 방지하는 역할을 하였다. 몇 년 전 심각한 위협으로 다가왔던 조류독감이나 광우병 그리고 한바탕 난리법석을 떨었던 '사스 공포' 같은 현상을 원천적으로 봉쇄하는 가장 확실한 방안이었던 것이다.

그럼에도 이렇게 비록 의도적인 것은 아니었다고 할지라도 율법은 죄 많은 인간들의 오해로 인해 장애를 유발시킬 수 있는 부정적 제재, 즉 권선징악적이며 인과응보적인 제재라는 인식을 내포하였다. 결국 이러한 장애발생은 '사랑과 용서라는 하나님의 속성'에 맞지 않는다고 여기는 경향이 생겨났던 것이다. 이는 하나님의 본래 의도와는 맞지 않았기에 신약시대에 율법의 구속과 부정적인 면을 극복하면서 하나님께서 추구하시고자 했던 복음의 기본 정신을 새롭게 구현할 메시아의 도래가 필요했던 것이다. 그런 맥락에서 하나님께서는 이미 구약의 선지자를 통해 이 모든 사실을 예언하게끔 하셨다.

(2) 구약에 나타나는 장애관

여호와는 인간에게 장애를 입게 할 수 있는 능력이 자신에게 속한 것임(〈출애굽기〉 4: 1〜17)을 친히 모세에게 보이시고 말하시며 실제로 미리암에게 그렇게 하셨다. 율법을 어긴 이스라엘 족속에 대한 여호와의 징계의 내용(레위기 26: 14〜17)을 보면 흉작, 열병, 전염병, 그리고 전쟁과 기근 등으로 장애를 일으킬 소지가 많은 것들이었다. 따라서 하나님의 형상을 따라 완벽하게 창조된 인간이 장애를 입는다는 것은 적어도 구약시대에는 '율법을 어긴 죄의 결과'라는 말이 죄로부터 자유로울 수 없는 연약한 인간들 사이에서는 성립될 가능성이 컸다.

또한 〈레위기〉의 율법내용 중 몇 구절(21: 16~24; 7: 19~21)에서 제사장 계급인 아론의 자손 중에 장애를 가진 사람은 제사를 드리지 못하며 몸이 부정한 사람은 제물을 먹지 못하게 하는 점 등은 이러한 생각을 더욱 강하게 한다. 많은 기독교인들에게 '장애 = 죄'라는 식의 관념이 생기기 쉬운 근본적 이유도 바로 여기에 있지 않나 싶다.

하지만 장애인이 과연 부정한 사람들인가? 그렇지 않다. 질문에 대한 답을 먼저 한다면 그것은 이스라엘의 모든 백성에게 요구한 규례가 아니라 제사장 직분을 맡은 자에 국한된 엄격한 기준이었다는 것이다(김홍덕, 2010).[2] 그렇다고 해도 왜 제사장에게 그러한 엄격한 기준을 요구하셨는가? 그럼 장애인은 제사장이 될 수 없었는가? 제사장들에게는 왜 장애인을 비하하여 하나님 당신의 뜻을 표현하고 있을까? 이러한 의문이 여전히 가시지 않는다.

김홍덕(2010)은 구약에서 제사장에게 왜 그런 요구를 하셨는지를 이해하기 위해서는 그 배경을 먼저 살펴볼 필요가 있다고 한다. 사실 제사장의 직분은 참으로 힘든 직분이다. 땅에 속한 존재로서 하늘의

---

2 〈레위기〉 21장 16~24절에 나오는 아론의 자손들(제사장)에게 명한 규례들을 꼼꼼히 살펴보면, 이 구절에 포함된 육체에 흠이 있는 자(지체장애인), 맹인(시각장애인), 다리 저는 자(지체장애인), 코가 불완전한 자(안면장애인), 지체가 더한 자(지체장애인), 발 부러진 자(지체장애인), 손 부러진 자(지체장애인), 등 굽은 자(척추장애에 의한 지체장애인), 키 못 자란 자(왜소증에 의한 지체장애인), 백내장(시각장애인), 습진, 버짐, 고환 상한 자가 있다. 이런 사람들을 향하여 "그는 그의 하나님의 음식이 지성물이든지 성물이든지 먹을 것이나 휘장 안에 들어가지 못할 것이요 제단에 가까이 하지 못할지니 이는 그가 흠이 있음이니라 이와 같이 그가 내 성소를 더럽히지 못할 것은 나는 그들을 거룩하게 하는 여호와임이니라(레위기 21: 22~23)"고 단호히 말씀하신다. 그뿐만 아니라 이 규례를 동물들에게까지 적용하였다. 흠 있는 동물(제물)로 눈먼 것, 상한 것, 종기가 있는 것, 습진 있는 것, 비루먹은 것, 지체가 더하거나 덜한 것, 고환이 상하였거나 치었거나 터졌거나 베임을 당한 것 등이다(〈레위기〉 22: 21~24).

영역을 만족시켜야 하는 중간지대의 역할을 해야 하기 때문에 그 자격을 엄격하게 한 것이다. 그래서 "흠이 없고, 혈통이 깨끗해야 하며 시체(죽음)를 만진 적이 없어야 한다"고 의식적 정결을 강조했던 것이다.

구약에서 제사장의 직분은 하나님과 인간 사이에서 그리고 하나님과 이스라엘(하나님의 백성) 사이에서 중보자의 역할을 했기 때문에 깨끗한 피와 흠 없는 몸을 요구하였다. 그런데 하나님의 거룩하심을 설명하려면 무언가 당시 사람들에게 피부에 와 닿을 만한 설명이 필요했던 것이다. 따라서 그 당시 문화적으로 사람들이 부정하다고 생각하는 장애인들을 예로 들어가며 부정함을 설명하게 된 것이다. 물론 그런 설명조차 장애인들에게는 유쾌한 것은 아니지만 제한된 인간의 문화와 언어를 사용해서 하나님의 깊은 뜻을 설명해야 하는 하나님의 고육지책이었던 것으로 보인다.

결국 레위기의 요구는 모든 백성에게 요구한 기준이 아니었다. 이 요구는 제사장 직분을 가진 사람에게 요구한 성결한 기준이었다. 그런데 재미있는 사실은 흠이 있는 제사장은 제사를 집전하지는 못했지만 성물을 먹는 것에서는 제외되지 않았다는 것이다. 이를 통해서 볼 때, 제사장이 육체적으로 흠이 있다고 해서 그 인격 자체가 부정하다는 뜻은 아님을 알 수 있다. 실제 그들은 예배와 코이노니아(친교) 그리고 공동체에서 배제되지 않았으며 여전히 제사장이 누릴 수 있는 모든 특권을 다 누릴 수 있었다. 또한 제사장과 그 가족들은 정결한 음식만을 먹어야 했다. 왜냐하면 이들은 하나님의 거룩하심을 나타내는 사람들이기 때문이다.

그러므로 〈레위기〉 21장에서 22장까지의 강조점은 신체적 부적격에 있는 것이 아니라 예식에 부적합한 의식적 부정함(*ritual impurity*)에 있다. 가령, 부정한 것을 만진 제사장은 신체장애를 가진 제사장보다 오히려 더 부정한 사람이 되는 것을 들 수 있다. 실제로 신체장애를 가진 제사장은 의식을 집전할 수는 없어도 성물을 먹을 수 있었으나 의식적으로 부정한 제사장은 아예 성물조차 먹지 못하였기 때문이다. 즉, 구약시대에도 신체적 장애를 가진 사람이 예배와 사회로부터 거부된 것은 분명 아니었다.

따라서 구약의 율법에서 '하나님의 정결'을 표현하고자 동원된 상징적 존재, 예를 들어 장애인, 동물, 시체 등과 같은 것들은 그 자체가 부정하다는 뜻이 아니었음을 말할 수 있다. 다만 정결한 의식을 위해서는 마음의 준비 상태가 중요함은 분명히 강조하는 것으로 보인다.

그러나 '공의의 집행자이신 여호와'는 예레미야를 통해 때가 되면 새로운 언약을 주실 것임을 약속하셨고(〈예레미야〉 31: 31~34), 그리스도의 임재를 통해 그 언약은 이루어졌다(〈히브리서〉 8장). 이스라엘 민족의 바벨론 유배는 이스라엘에 대해 하나님이 진노하셨음을 나타냄과 동시에 이스라엘이 국가적으로 엄청난 장애를 입게 되었다는 사실을 말해 준다. 실제로 이스라엘의 가장 심각한 장애는 다름 아닌 나라를 잃은 일이었다. 이는 단지 국가적 불행을 의미하는 것을 뛰어넘어 하나님과의 관계가 단절되었음을 말한다. 즉, 이스라엘이 하나님으로부터 버림받았다는 뜻이다. 이것이야말로 이스라엘이 겪을 수 있는 가장 큰 심각한 장애인 것이다(〈예레미야〉 25: 11). 하지만 하나님의 징계는 이스라엘을 영원히 버리시기 위한 것이 아니라 새로운 나라로 회복시키기 위한 것이었다(〈예레미야〉 29: 10).

따라서 아직도 구약의 율법에 얽매여 그리스도의 진정한 새 계명을 체득하지 못한 어리석은 기독교인은 여전히 장애가 죄의 결과라는 잘못 이해된 구약의 논리가 머릿속을 지배하고 있을 수 있다. 하지만 이는 비성경적인 것임에 틀림없다. 왜냐하면 바람직한 성경적 장애인관은 죄의 결과로서 장애가 주어진 것이 아님을 명백히 하고 있기 때문이다.

(3) 구약에 나타나는 장애인관

비록 율법을 어기거나 선·후천적 요인에 의해 장애를 입게 되었다 할지라도 율법은 분명히 장애인에게 이웃으로서 정당히 누릴 수 있는 권익을 보장한다. 또한 여호와는 정결법을 통해서 부당하게 장애를 입을 가능성을 예방하셨으며 광야생활 중 항상 위생을 청결하게 유지하는 방법을 제시하여 많은 장애의 발생을 예방하셨다. 더불어 율법 속에 완벽한 사회복지제도를 포함시켜 이스라엘 사회에서 소외계층에 속하는 가난한 자, 이국인, 장애인, 고아, 과부 등을 죽을 지경에 이르게 하지 말며 이웃 사랑하기를 자신의 몸을 사랑하듯이 하라고 명하신다. 또한 장애인에 대한 저주나 생활의 방해를 금하시며(〈레위기〉 19: 9~18), 〈신명기〉 15장에서는 가난한 자들에게 아낌없이 베풀 것을 율법으로 명시하셨다.

이렇게 여호와는 장애가 비록 죄의 결과로 인한 것이라고 오해될 수 있는 상황이라 할지라도 그들이 사회의 일원으로서 누려야 할 최소한의 복지는 반드시 적극적으로 보장되게끔 비장애인들의 의무를 율법에 규정하셨다. 가령, 미리암이 비록 여호와의 응징으로 장애를 입고 모세의 간구로 고침을 받은 후 7일 동안 진 밖에 갇혔지만 그가 다시 들어올 때까지 백성들은 광야 길을 행진하지 아니하였다. 이는 여호와가 '공의의 집행자'이신 동시에 '사랑의 실천자'이시기 때문이다.

또한 〈스바냐〉 3장에는 장애인을 다른 소외된 집단과 함께 주류사회에 포함한다는 내용이 담겨 있다. 즉, 공동체적 연합을 강조한 것이다. 구체적으로 살펴보면 장애인을 포함한 소외계층들이 개개인의 영적 회복을 먼저 경험함으로써 궁극적으로 공동체의 회복이 이루어진다는 것이다. 여기에서 구약의 예언서에서 초점을 맞추는 것은 장애인의 영적 회복과 더불어 장애인이 속한 공동체의 영적 회복이 궁극적인 목표라는 사실이다. 그리고 영적 회복은 하나님과의 언약이 회복됨을 말하는 것으로 이 회복은 하나님의 임재하심으로 실현된다.

나아가 여호와는 구약의 도처에서(대표적인 예로, 〈이사야〉 35: 5~
6) 장애로 인한 생활의 불편과 불이익을 하나님 나라에서는 장애의 온
전한 치유를 통해 사라지게 하실 것임을 약속하신다. 하지만 여전히
의문은 남는다. 그렇다면 과연 이스라엘에 대한 하나님의 징계가 다시
하나님의 섭리로 인해 완전히 회복되느냐이다. 실제로 이스라엘의 징
계가 하나님 나라의 회복을 완전히 보장하는 것은 아니다. 그런 만큼
어떤 다른 하나님의 계획이 필요했다. 왜냐하면 이스라엘이 받는 징계
가 언약에 명시된 징계 조건을 만족할 만큼 충분한 것이 아니었기 때문
이다. 아담과 하와가 언약을 깸으로써 에덴에서 쫓겨났지만 하나님이
세우신 또 다른 계획 속에서는 영원한 언약이 계속된 것과 마찬가지이
다. 결국 하나님은 메시아가 이스라엘의 징계를 대신 받고 고난을 겪
도록 하는 고육지책을 쓰실 수밖에 없었다(〈이사야〉 53: 2~5).

메시아의 고난은 개인적·육체적·사회적·영적·심리적·의학
적 모든 부분에 걸친 장애를 다 포함한다. 이는 메시아가 이런 모든
분야의 장애를 회복시키실 것임을 암시한다고 볼 수 있다. 메시아의
고난은 하나님 나라 공동체 치유를 위한 고난이기도 하지만 영원한
다윗의 나라를 세우기 위한 속죄양으로서의 희생이기도 하다.

또한 하나님이 이스라엘을 징벌하시고 또 회복시키시는 과정 역시
하나님과 언약 관계에 있는 이스라엘을 향한 하나님의 사랑이라는 관
점에서 이해하여야 한다. 즉, 하나님이 이스라엘을 징벌하시는 것도
언약에 충실한 행위이며 언약을 갱신하기까지 다시 회복시키시는 것
도 이스라엘을 향한 하나님 사랑의 표현인 것이다. 이스라엘의 입장
에서도 징계를 받아 생긴 장애의 흔적이 하나님께로 다시 돌아가게
하는 은혜의 흔적이 될 것임을 이사야는 강조한다(〈이사야〉 19: 22).

하나님이 징계하시는 목적은 그들을 고치시기 위함이라는 것이다.

〈이사야〉57장 15절부터 19절 역시 회복의 관점으로 하나님의 징계를 말한다. 여기서 우리는 잘못을 고치게 하기 위해서 징계를 결심한 아버지의 마음을 읽을 수 있다(〈이사야〉 57: 15~19). 〈예레미야〉30장 1절부터 24절까지, 그리고 31장 14절부터 17절도 같은 맥락이라고 할 수 있다. 결국 하나님이 이스라엘을 회복시키시고 갱신하는 과정을 육체적·정신적 장애를 고치시고 회복시킨다는 비유로 표현한 것이다.

하나님께서는 이스라엘의 죄를 용서하시고 진노를 거두신다는 자신의 마음을 비유적으로 나타내셨다. 바로 장애의 제거를 통해 육체의 회복과 함께 영적 회복이 온다는 것이다. 동시에 이스라엘이 언약 파기에 대한 징벌로 받았던 장애를 하나님께서 제거 또는 치유해 주심으로써 이스라엘은 회복을 얻게 되었음을 말한다(〈스바냐〉 3: 15, 19; 〈이사야〉 29: 18~19, 35: 5~6).

이런 이스라엘의 영적 회복은 하나님 나라의 창조질서가 총체적으로 회복되게끔 한다. 〈이사야〉29장 17절부터 21절까지의 내용은 이스라엘의 회복으로 저주받은 땅까지 비옥한 땅으로 회복되며 그렇게 됨으로써 가난한 자가 즐거워할 것이라고 말한다(김홍덕, 2010). 비록 이스라엘의 지도자들은 하나님의 무한한 능력을 믿지 못하여도 하나님의 치유능력을 볼 것이며 그런 후에 자연의 회복이 뒤따르며 동시에 장애인들이 치유받을 것임을 예언한다. 그러면서 이스라엘의 치유 영역을 말한다.

압제받고 눌린 자, 가난한 자들이 큰 기쁨을 경험할 것이며 교만한 지도자는 겸손케 되고 장애인은 고침을 받고 눌린 자와 가난한 자는 웃음을 되찾고 하나님을 찬양한다는 것이다. 사회적으로 소외된 집단과 사회적으로 군림하는 집단을 비교하면서 이들의 위치가 뒤바뀌게 될 것임을 선언한 〈이사야〉 29장 17절부터 21절까지의 말씀은 소외된 사람에게는 그야말로 놀라운 이야기임에 틀림없다. 그러나 이것은 동시에 무력한 사람에게는 자기 스스로는 이룰 수 없는 헛된 꿈일 뿐이다. 오직 메시아만이 이룰 수 있는 종말의 현실이다. 그러기에 소외된 사람에게는 오직 메시아만이 복음이며 소망이며 생명인 것이다.

특히 〈이사야〉 35장은 이스라엘의 회복을 예언한 것으로 시온에 돌아오는 길에 장애인들이 고침을 받음으로써 회복의 기쁨이 절정에 달할 것임을 말한다(〈이사야〉 35: 5~6).

본문을 좀더 구체적으로 살펴보면 그 내용은 다음과 같이 요약 정리할 수 있다. 하나님의 백성이 타락하였다. 이로 인해 사람들이 장애인(눈먼 사람, 못 듣는 사람, 다리 저는 사람, 말 못하는 사람)과 같이 되었다. 그들이 다스려야 할 땅도 저주를 받아 황폐하게 되었다. 즉, 광야, 사막, 메마른 땅과 같이 생산을 못하는 상태가 되었다. 이는 이스라엘의 총체적 장애를 말한다. 이처럼 이스라엘의 장애는 신체적, 물리적, 자연적, 사회적, 영적 등 모든 차원의 장애를 포함한다. 영적 장애는 이런 다차원의 장애를 유발한다. 이런 총체적 장애가 하나님의 회복 능력으로 말미암아 아름답게 창조되었던 원래의 상태로 돌아오리라는 것이 〈이사야〉 35장의 주제이다(김홍덕, 2010).

이스라엘의 영적 상태와 회복에 대해 은유적으로 비유된 장애는 '약한 손', '떨리는 무릎', '맹인의 눈', '못 듣는 사람의 귀', '저는 자', '말 못하는 자의 혀' 등이며 또 자연의 파괴된 상태가 '뜨거운 사막', '메마른 땅'으로 표현되었다. 이렇게 파괴된 상태에서 희망의 노래가 들려온다. 바로 회복의 나라에서는 장애인의 장애가 고침을 받고 자연환경도 회복될 것임을 말하는 것이다. 무엇보다도 하나님 백성의 하나님과의 관계 회복은 신체의 기능 회복으로 은유적으로 비유된다(〈이사야〉 35: 3~8).

즉, 시각의 회복은 '맹인의 눈이 밝을 것이며'로, 청각의 회복은 '못 듣는 사람의 귀가 열릴 것이며'로, 신체적 회복은 '저는 자는 사슴같이 뛸 것이며'로, 언어의 회복은 '말 못하는 자의 혀는 노래하리니'로 나타난다. 나아가 광야에서 물이 솟겠고, 사막에서 시내가 흐르고, 뜨거운 사막이 변하여 못이 되고, 메마른 땅이 변하여 원천이 되며(〈이사야〉 35: 6~7) 광야와 메마른 땅이 기뻐하며 사막이 백합화같이 피어 즐거워할 것(〈이사야〉 35: 1)이라고 극적인 반전을 예고한다.

이런 변화는 더 나아가 새 예루살렘으로의 완전한 회복의 예표이기도 하다. 이는 〈이사야〉 61장 1절과 2절에서 예고한 변화와 같은 맥락으로 볼 수 있다. 결국 이와 같은 놀라운 회복은 메시아의 본질적 사역임을 분명하게 나타내 준다. 즉, 하나님의 구원은 전인격적 구원임과 동시에 우주적 회복인 것이다. 그러므로 하나님의 관심은 이스라엘의 총체적 치유에 있다. 그럼에도 이런 총체적 치유는 이스라엘에 속한 백성 개개인이 개별적으로 치유를 받으면서 시작된다. 하나님께서 이스라엘을 회복하시는 과정에서 죽은 자를 일으키시고, 시각장애인의 눈을 뜨게 하시며, 농인의 귀를 듣게 하시는 것은 이스라엘의 영적 회복과 더불어 사회적·경제적·정치적 질서 회복을 포함한 하나님의 통치하심을 회복하시겠다는 신호탄이라 할 수 있다. 그러므로 〈이사야〉를 포함한 예언서 전반에 나타나는 개인적 치유는 이스라엘 전체의 치유를 전제한다(〈이사야〉 29: 17~19, 35: 3~6; 〈예레미야〉 31: 7~9; 〈미가〉 4: 6~8; 〈스바냐〉 3: 19~20). 이렇게 개인적 치유와 공동체적 치유가 함께 일어남으로써 이스라엘에 진정한 평화가 오는 것이다.

3) 신약에 나타난 장애와 장애인관

(1) 율법의 본질과 새로운 계명

그리스도의 탄생과 더불어 시작되는 신약시대에는 이스라엘 민족에게 주어졌던 기존의 율법이 땅에 거주하는 만민들에게 적용되는 새로운 계명으로 대체된다. 광야생활을 끝내고 젖과 꿀이 흐르는 땅으로 들어갈 때 여호와께서 새 생활에 합당한 새로운 율법을 여호수아에게 내리셨듯이 구약의 율법은 메시아의 도래라는 새 시대의 기원을 계기로 새로이 정립된다.

신약에는 옛 율법의 기본 정신이 계승된 새 계명의 시대가 시작되었음을 강조하는 구절들이 많다. 예컨대, 그리스도는 "율법의 마침"(〈로마서〉 10: 4)이시며 율법은 그리스도에게로 이끄는 "몽학선생"(〈갈라디아서〉 3: 24)으로 우리를 거스르고 우리를 대적하는 "의문에 쓴 증서"(〈골로새서〉 2: 14)로 장차 오는 좋은 일의 그림자이며 참모습이 아닌(〈히브리서〉 10: 1~15) 것으로 이해되며, 모세보다 더 좋은 언약의 중보이신 예수 그리스도의 새로운 계명으로 흠과 단점이 많은 첫 언약이 대체되었음을 선포한다. 예수님의 흠 없는 육신이 인간의 죄를 대속한 제물로 드려지므로 레위기의 피에 의한 대속 의식이 폐지되고 안식일의 율법이 사라지며 '여호와와 이웃에 대한 사랑'의 새 계명이 새로운 언약의 핵심이 되었다. 율법의 불이행이 재앙과 장애, 나아가 죽음까지 초래할 수 있었던 옛 율법과는 달리 새로운 언약은 '사랑과 용서'를 그 본질로 한다(이준우, 2005).

모세의 율법은 장차 없어질 것에 대해 이스라엘 민족이 주목하지 못하게 하려는 수건과 같은 것이었으나, 새로운 언약은 그 수건을 벗어던지고 거울을 보는 것과 같아서 주 안에서 우리를 자유롭게 한다고 바울은 적고 있다(〈고린도후서〉 3: 12~18). 또한 '날이 이르면 이스라엘 선조들이 손을 잡고 애굽에서 나오던 때에 세운 언약과는 다른 새로운 언약을 내리겠다'는 하나님의 예언(〈히브리서〉 8: 6~13)이 예수 그리스도와 더불어 성취된 것이다.

그리스도의 대속으로 고통어린 제사와 새로운 계명으로 인한 정죄의 율법은 사라지고, '사랑과 용서의 율법'이 약속의 시대를 이끌어가는 새로운 중심이 되며, 억압의 율법시대가 끝나고 '자유의 율법시대'가 시작된 것이다. 몽학선생 같이 처음부터 때가 되면 폐해질 운명이었던 율법은 사라지고, 새로운 계명은 '율법의 참된 완성'으로 신약시대의 모든 기독교인들의 종교와 일상생활에 지침이 되었다.

(2) 신약에 나타난 장애와 장애인관

율법의 올무에 매어 있어 이를 벗어나면 정죄받던 구약의 시대가 지나고, 새로운 약속의 시대에는 장애가 죄의 결과라는 논리는 원천적으로 사라진다. 신약의 시대에는 더 이상 미리암과 같이 징벌로서 장애를 입는 경우는 존재하지 않으며 장애의 치유에 대한 구약의 예언들이 예수의 행적 속에 표본이 되어 나타난다. 예수님의 말씀과 이적을 보면서도 죄를 짓는 사도들에 대해 예수님께서는 정죄보다는 용서의 미덕을 행하시며 형제의 잘못을 일흔 번씩 일곱 번이라도 용서하라고 말씀하신다.

예수님께서는 여리고에서 만난 맹인(시각장애인) 두 사람이 소리 지르며 '주여 우리를 불쌍히 여기소서' 할 때 그들을 민망히 여기시고 만져 주시니 그들이 보게 되었고(〈마태복음〉 20: 29~34), 또한 잔치를 베풀거든 차라리 가난한 자들과 몸 불편한 자들과 저는 자들과 맹인(시각장애인)들을 청하라고 하셨다(〈누가복음〉 14: 13).

신약의 장애인관을 극명하게 보여주는 대표적인 예는 〈요한복음〉 9장에 나타난다. 날 때부터 시각장애를 가진 사람을 보고 이것이 누구의 죄 때문이냐고 묻는 제자들의 질문 — 이 질문 속에는 이미 구약의 장애인관이 전제되어 있다 — 에 예수님께서는 단호하게 "누구의 죄도 아니며 그에게서 하나님의 하시는 일을 나타내고자 하심"이라고 선언하시고 그의 장애를 치유하신다. 장애에 대한 편견에 젖어 있는 바리새인들은 눈을 뜬 옛 시각장애인의 예수에 대한 찬양에 "온전히 죄 가운데서 태어나서 우리를 가르치느냐"(〈요한복음〉 9: 34)는 말을 하지만 예수님은 그들에게 맹인이 되었으면 오히려 죄가 없었으리라고 말씀하신다. 3년 동안의 지상 활동에서 예수님께서는 많은 장애인들에게 새로운 삶을 열어 주셨고, 이사야의 예언을 성취(35: 5~6; 61: 1~3) 하셨다. 그 과정에서 예수님께서는 그들의 믿음을 먼저 확인하시고 소외계층에게 진정한 복음과 자유를 전하기 위해 하나님께서 보내신 자의 뜻을 충실히 이행하셨다.

〈마가복음〉 2장(1~12)에서는 지붕을 뜯어내고 병상에 누운 채로 내려진 중풍병자의 믿음을 보시고 "작은 자야 네 죄 사함을 받았느니라"고 하시지만 그의 병을 곧 치유해 주시지는 않으셨다. 그러나 의심 많은 서기관들의 마음의 중심을 읽으시고 "일어나 네 상을 가지고 집으로 가라" 하시어 그가 일어나 나가니 비로소 모든 이들이 영광을 하나님께로 돌린다. 이 부분은 장애인복지선교의 본질이 육신의 장애에 대한 치유에 있는 것이 아니라 하나님과의 온전한 관계회복을 위한 죄로부터의 구원에 기초함을 보여주는 일례이다.

이와 같이 《신약성경》에 기록된 예수님의 행적에서는 시각장애인(맹인), 청각장애인(못 듣는 자), 지체장애인(저는 자) 등과 같은 장애인들에게 '돈 얼마를 자선하셨다'는 이야기는 찾아볼 수 없고 한결같이 그들의 육체적·정신적 장애를 근본적으로 해결해 주셨다고 기록되어 있다. 이는 장애인들은 생활능력이 없기 때문에 일시적인 자선, 구제도 필요하지만 이것이 그들을 인간다운 생활을 하게 하는 궁극적인 방법은 아님을 시사해 준다. 예수님께서는 이러한 장애인들을 근본적으로 치료함으로써 인간다운 생활에 정상적으로 참여할 수 있도록 해 주셨다.

일시적이고 간헐적인 자선과 구제는 그들을 정신적으로 나약하게 만들며 항구적 무능력자가 되게 한다는 사실을 생각하면 예수님께서 하신 장애인의 치료행위는 오늘날 우리에게 장애인 문제 해결의 근본적 방안이라 할 수 있는 장애인복지선교의 방향을 제시해 준다.

결론적으로 '장애는 곧 죄의 결과'라는 하나님의 의도와 상관없는 죄 많은 인간의 구약적 논리는 신약의 시대에 오면 완전히 사라지게 되었다. 예수 그리스도는 당신이 살던 사회에서 천대받던 사람들과 같이 식사하시며 복음을 전하셨다. 베다니의 시몬의 집에서 함께 식사하셨던 일은 새로운 시대가 시작되었음을 알리는 상징적 사건인 동시에 가장 그리스도다운 행위였다.

4) 장애인에 대한 예수님의 관점

(1) 열등함이 아닌 차이의 개념

하나님의 독생자에게 있어 장애는 죄의 결과로 인한 열등함을 의미하는 것이 아니었다. 예수님께서 보이신 장애 치유의 이적은 그 자체가 '죄 사함'을 의미한다기보다 비장애인에 비해 생활의 불편함이 많은 장애인에 대해 장애 치유를 통해 장애인의 전인적 구원을 완결하려는 것이다. 즉, 예수님에게 있어 '장애는 차별의 개념이 아니라 차이의 개념'이었고 장애인에 대한 우월의식이나 동정심이 아니라 '형제애와 실제적 평등'에 입각한 것이었다.

장애에 대한 비성경적 인식으로 생활의 불편함과 더불어 사회경제적 소외까지 감내해야 하는 장애인에게 장애의 치유는 무척이나 중요한 의미를 지닌다. 그러나 예수님께서 장애인에 대해 행하신 사역의 본질을 단순히 육체적 장애 치유에 한정한다면 그 진정한 본질적 의미, 즉 하나님과 이웃에 대한 사랑을 생활의 중심으로 삼고 살아가는 삶의 구현은 퇴색되고 말 것이다.

따라서 만약 장애인이 단지 기독교의 구휼 대상으로만 인식된다면 이것이야말로 장애에 대한 심각한 편견이라 할 수 있다. 물론 장애인은 영적·정신적·물질적·신체적으로 분명 비장애인에 비해 어려운 상황에 처해 있을 수 있다. 그러나 그렇다고 해서 무조건 구휼의 대상으로 인식해서는 안 된다. 그들도 그리스도의 능력으로 충분히 자립할 수 있고, 나아가 비장애인들이 할 수 없는 소중한 일까지 감당할 수 있음을 기억해야 한다.

(2) 예수님께서 주신 모든 계명의 충실한 적용

구약시대에는 이 땅의 많은 민족과 나라 중 유일하게 이스라엘 민족에게만 율법이 주어졌다. 그러나 신약시대에는 모든 민족과 남녀, 노소, 빈부, 장애인과 비장애인에게 차별 없이 적용되는 새로운 보편 규범이 정립되었다. 따라서 기독교인은 장애인의 성격이 괴팍하게 보인다거나 겉보기에 혐오스럽다든가 지적 능력(IQ)이 낮다고 해서 그들을 무시해서는 안 된다. 그것은 하나님께 대한 커다란 죄악이며 과거 신약시대의 바리새인들이 저지른 잘못을 반복하는 것이다. 진정한 그리스도인이라면 소극적이며 자선적인 장애인 돕기 차원에서 장애인의 인격존중, 한 걸음 더 나아가 장애인이 자신의 이웃으로 지내기에 합당한 모든 권리를 보장하는 실천적 삶을 살아야 한다.

이와 같은 사랑의 실천 근거는 예수님의 가르침과 사역에서 뚜렷이 나타난다. 예수님의 새 계명은 결코 소극적이거나 탁상공론이 아니라 가히 혁명적이었고 구약의 옛 계명을 보다 철저하게 만드신 동시에 극복하신 것이었다. "내가 너희를 사랑한 것같이 너희도 서로 사랑하라" (〈요한복음〉 13: 34)는 말씀은 "네 이웃을 네 몸과 같이 사랑하라" (〈레위기〉 19: 18)는 옛 계명보다 더욱 철저하다. 예수님은 십자가 위에서 죽으시기까지 우리를 사랑하셨다.

이 새 계명은 예수님의 사랑을 우리가 따라야 할 기준으로 제시한다. 그러므로 이 계명은 친구를 위하여 목숨까지도 버릴 수 있는 사랑을 요구하는 것이다(〈요한복음〉 15: 13; 〈요한일서〉 3: 16). 이 사랑은 정신적일 뿐만 아니라 구체적이다. "누가 이 세상의 재물을 가지고 형제의 궁핍함을 보고도 도와줄 마음을 닫으면 하나님의 사랑이 어찌 그 속에 거하겠느냐. 자녀들아 우리가 말과 혀로만 사랑하지 말고 행함과 진실함으로 하자"(〈요한일서〉 3: 17~18).

또한 "가서 네 있는 것을 다 팔아 가난한 자들을 주라"는 〈마가복음〉 10장 21절 말씀은 "너는 반드시 그에게 구제할 것이요 구제할 때에는 아끼는 마음을 품지 말 것이라"는 〈신명기〉 15장 10절보다 더 지키기 힘들다. 구약 율법은 그 요구하는 대로 쓸 것을 넉넉히 꾸어주라(〈신명기〉 15: 8)고 명령하지만 예수님의 가르침은 우리가 가진 것을 다 팔아 가난한 자에게 주라고 한다. 빌려주는 것보다 거저 주는 것이 더 힘들다. 그리고 우리가 가진 것을 팔아서 주는 것은 더더욱 힘들다.

그러나 오늘 우리의 현실은 어떠한가? 지역사회 내 장애인 관련시설의 입주는 '자녀교육에 나쁘고 집값이 떨어지기에' 안 된다는 지역주민들의 격렬한 반대에 부딪혀 삶의 터전조차 이룰 수 없는 장애인들의 문제는 지속되고 있다. 또한 장애인이기 때문에 결혼, 취업, 복음전도에 이르기까지 삶의 많은 영역에서 소외되는 문제가 지속적으로 나타나는 실정이다. 이것은 결국 하나님보다는 돈을 숭배하는 자본주의적 사고의 타락한 한 형태이며 율법의 올무에 찌들어 수건을 동여매고 거울을 보는 자와 같은 반기독교적 현실이다.

그리스도인은 지극히 낮은 자에게 한 일이 곧 예수님께 한 일이라는 〈마태복음〉의 구절(25: 31~46)과 형제의 약한 믿음을 상하게 하는 것이 곧 그리스도에 대한 죄라고 한 말씀(〈로마서〉 14장; 〈고린도전서〉 8장)을 잊어서는 안 된다. 장애인에 대한 온당한 시각과 품행에 입각한 장애인복지선교는 장애인에 대한 특별한 계명과 함께 모든 동료와 이웃에 적용되어야 할 계명을 수행하는 가운데서 완결될 수 있다. 장애인의 본질은 장애에 있는 것이 아니라 — 이는 특수성에 불과하다 — 바로 '인간'이라는 데 있기 때문이다.

(3) 사회적 인식의 개선

돈과 명예, 그리고 자신의 욕망을 향해 달리는 사람들이 넘쳐나는 이 세상에서 장애인들이 견뎌내야 하는 현실의 삶은 너무나도 힘겹다. 이윤 극대화를 추구하는 기업경영과 노동 생산성의 극대화가 고용의 기준이 되는 노동시장의 현실 속에서 장애인의 인간다운 삶을 위한 최소한의 조건들은 뒷전으로 밀려나고 만다. 장애인에 대한 의료·교육·직업재활의 노력은 양적·질적 측면에서 빈약한 상태에 있으며, 목전의 손익계산에 급급한 산업현장에서 환경오염과 산업재해로 인한 후천적 장애인의 숫자는 매년마다 크게 증가하고 있다. 장애인은 사회 곳곳에서 여전히 빈곤과 차별에 직면해 있고, 보이지 않는 음지에서 비장애인의 동정심에 호소하며 살아가야 하는 부담스러운 삶을 강요당하고 있다. 최소한의 인간적 자존심도 삶의 필요 앞에서 내팽개쳐야 하고 비장애인 위주의 사회제도 속에서 삶의 열정과 노력은 허무하게 꺾이는 경우가 아직도 발생하고 있다.

이러한 현실을 고려할 때, 지금 이 시대에도 장애인을 향한 예수님의 관점은 유효하다. 이 세상이 예수 그리스도의 본을 따를 수 있도록 그리스도인들이 노력해야 한다. 생활의 중심에 하나님과 이웃에 대한 사랑을 둘 수 있게 하는, 영혼의 구원뿐만 아니라 장애인의 신앙생활이 아름다운 그리스도의 지체에 합당한 제 역할을 담당하는 데 필수적인 사회적 여건을 마련하기 위해 노력해야 하는 것이다. 장애인의 쓰라린 현실을 외면한 채 저 세상에서 이루어질 달콤한 천국만을 얘기하는 것은 바람직한 복음의 본질이 아니다.

장애인을 향한 예수님의 관점은 하나님을 부정하는 장애인들을 하나님과 교제하게 함으로 그분을 경배하게 하고, 자기 비하로 인한 자기로부터의 소외를 극복하도록 도와주며, 건강한 비장애인들로부터 장애인들이 더 이상 소외되지 않도록 계몽할 뿐만 아니라 사회적·교육적·경제적 권리에서도 더 이상 소외당하지 않도록 그리스도인이 노력해야 한다는 것이다.

따라서 교회는 지역 내에서 소수에 지나지 않는 장애인들에게도 복음과 만날 수 있는 기회를 최대한 보장해 주어야 하며, 이웃으로서 누릴 수 있는 동등한 권익의 보장을 위해 솔선해야 한다. 더불어 장애인이 지역사회에서 살아가는 데 있어 장애로 인한 불편과 차별이 최소화되도록 성의 있고 조직적인 노력을 기울여야 한다. 교회는 정책의 사각지대 내지 기피지역인 장애인의 ─ 모든 사회적 소외계층의 하나인 ─ 문제에 대해서 올바른 성경적 관점에 입각해서 그들이 그리스도의 한 소중한 지체로서 설 수 있도록 모든 노력을 시도해야 한다. 단순히 자선이나 동정의 차원에서 연례적이고 자기만족적인 행사에 그치는 것이 아니라 '장애인과 더불어 살아가는 사회'의 구현을 위해 여타 사회부분보다 높은 관심으로 대책을 강구해야 한다.

구약의 많은 율법이 폐하여져도 〈신명기〉 15장과 〈레위기〉 19장, 〈고린도후서〉 8장(12~13절)으로 이어져 내려오는 주된 내용은 '이웃을 도울 때 아낌이 없어야 하며 자신의 몸과 같이 사랑하며 영원히

고기를 먹지 못할지라도 형제를 실족케 하지 말라'는 것이다. 특히 현대 사회의 빈곤 — 왜곡된 소득분배로 인한 풍요 속의 빈곤 — 이 여타 사회계층에 상대적 박탈감을 자극하여 이들의 삶을 더욱 고통스럽게 하는 현실 속에서 날로 커져가는 지역교회의 모습은 과연 그 지역 내 장애인들에게 어떻게 비쳐질까를 걱정하는 것에서부터 한국교회의 솔직한 반성은 시작되어야 한다.

구약과 신약을 읽어 내려가며 공통적으로 크게 감명받는 내용의 하나는 '성경 필자의 솔직성'이다. 보통 사람들은 자신이나 자신이 속한 단체의 실패나 실수를 감추거나 어떻게든 변명하려 한다. 그러나 모세는 〈민수기〉에서 하나님의 백성이 부족하다고 고백한다(13장). 므리바에서 갈증에 시달리는 이스라엘 민족에게 물이 공급되었을 때 자신과 아론이 이를 자신들의 능력으로 돌리고 여호와 하나님을 거룩히 여기지 않아 약속의 땅에 들어갈 수 없게 된 것을 솔직히 밝힌다.

또한 〈사복음서〉의 필자들은 한결같이 그리스도의 오른팔격인 베드로가 그리스도를 부인한 일을 기술하고 있다. 이러한 솔직성에 입각한 반성은 기독교에 흠이 되는 것이 아니라 오히려 계시된 성경의 진리성을 뒷받침하고 더 나은 발전을 위한 계기가 되었다. 기독교인은 자신의 생활과 선교활동의 현황을 평가함에 있어 이러한 솔직성을 견지해야 한다. 자신의 활동에 대한 합리화에 치중하거나 크고 작은 실수를 감추기에 급급하고 타당한 비판을 교회의 권위에 입각하여 경시한다면 결국에는 '경건의 모양은 있으나 내용과 능력이 없는 형식주의'에 치우친 신앙생활로 전락할 수 있음을 명심해야 한다.

(4) 복음의 완결

장애인에게 기독교의 복음은 과연 무엇일까? 장애인에게 있어 복음의 본질은 예수 그리스도를 통하여 장애로 인한 영적이고 육체적인 불편과 사회적 소외로부터 벗어나 자신이 속한 사회와 하나님을 사랑하는 자유로운 삶을 가능하게 하는 데 있다(이준우, 2005).

구약의 장애관을 볼 때, 모세의 율법에 얽매여 있는 바리새인과 같은 기독교인의 경우 장애는 죄의 결과라는 논리적 오류를 받아들이기 쉽다는 것을 확인할 수 있었다. 그리고 이러한 장애관이 성경 전체에 흐르는 장애관에 어긋나는 관점이며 기독교인들의 장애관에 대한 차별과 멸시는 고루한 자들의 반기독교적 언행과 다름 아닌 것을 살펴보았다. 율법을 어긴 죄의 결과가 장애로 나타나는 것이 사실이라면 이 땅의 모든 그리스도인을 포함하는 바로 우리 모두가 벌써 수백 번 장애인이 되었을 것이다. 왜냐하면 우리는 완벽한 존재가 아니며 또한 구체적인 삶의 현장에서 여호와와 이웃에 대한 사랑보다는 자신의 욕심과 희소한 것에 대한 집착에 빠져 죄를 짓는 경우가 허다할 것이기 때문이다.

기독교는 '그리스도의 지체'라는 말을 많이 사용한다. 〈고린도전서〉 12장(12~31절)은 하나의 완벽한 신앙공동체로서 갖추어야 할 요건들을 보여준다. 참으로 깊은 감명을 주는 부분이다.

몸은 하나인데 많은 지체가 있고 이뿐 아니라 허약해 보이는 지체가 도리어 요긴하고 우리가 몸의 덜 귀히 여기는 그것들을 더욱 귀한 것들로 입혀 주며 우리의 아름다운 지체는 요구할 것이 없으니 오직 하나님이 몸을 고르게 하여 부족한 지체에 존귀를 더하사 … 만일 한 지체가 고통을 받으면 모든 지체가 함께 고통을 받고 한 지체가 영광을 얻으면 모든 지체도 함께 즐거워하나니 너희는 그리스도의 몸이요 지체의 각 부분이라! … 교회는 더 약해 보이는 지체의 긴요함을, 아름답지 못한 지체의 아름다움을 바로 볼 줄 알아야 하며 한 지체의 고통을 자신의 고통으로 깊이 느껴야 한다.

장애인은 결코 동정의 대상이나 열등한 존재가 아니라, 하나님의 의를 드러내는 삶을 살아가라는 하나님의 뜻을 감당해야 하는 무척이나 소중한 지체인 것이다. 진정한 그리스도인에 의해 이루어지는 장애인복지선교는 장애인들에게 살아계신 하나님을 전하면서 예수 그리스도가 십자가에 매달리시면서 보여주셨던 희생과 사랑을 말과 행함 속에서 나타내야 할 것임은 물론 장애인을 친구로 받아들이고 함께 식사하고 교제하며, 서로의 아픈 부분을 함께 아파하며 서로의 가장 깊은 마음까지 나누려는 노력에서 비로소 완결된다.

제3장

교회사회복지실천의 개념

"교회사회복지실천",1 과거의 용어로 말하면 "교회사회사업"이 무엇인가에 대해서는 많은 논란이 있어왔다. 그렇기 때문에 교회사회복지실천의 개념을 정리하려고 할 때, 다양한 견해를 접할 수밖에 없다. 여기서는 그와 같은 여러 입장들을 살펴보면서 '교회사회복지실천'의 개념을 도출해 보고자 한다. 그런 후에 교회사회복지실천의 핵심이어야 할 '복지선교'와 '복지목회'에 대한 개념을 정리해 보겠다.

1. 용어 정리

그동안 한국교회는 교회의 대(對) 사회적 사역을 표현하는 용어 사용에서 많은 혼란을 겪었다. 기독교사회봉사, 기독교사회운동, 기독교사회복지, 기독교사회사업, 사회선교, 지역사회선교 등(빈민여성교육선교원, 1995)의 용어들이 사용되고 있고, 20세기 말에 와서 미국 루이

---

1 '사회사업' 대신 '사회복지실천'이 법정 용어가 되면서 '교회사회사업'이라는 용어도 '교회사회복지실천'으로 변화하였다.

빌의 남침례신학대학원(The Southern Baptist Theological Seminary) 갈
런드(Diana Richmond Garland) 교수로부터 시작된 '교회사회복지실천'
이라는 용어가 그 개념과 함께 널리 소개되었다(Garland, 1992). 이와
같은 용어들은 모두 각기 독특한 개념을 가지면서 '그리스도인'으로서
또는 '교회'가 사회문제에 참여하는 일체의 활동들을 지칭하는 데에 사
용된다(이삼열, 1992; Garland, 1995; 박종삼, 2000; 이준우, 2013).

1) 기독교사회봉사, 기독교사회운동,
　 사회선교, 지역사회선교

"기독교사회봉사"라는 용어는 그리스도의 말씀과 정신에 따라서 이웃
을 위해 하는 일체의 봉사를 말한다. 이 용어는 그 활동이 그리스도의
가르침에 근거한다는 동기를 강조한다고 할 수 있다. 즉, 기독교 정
신에 의해 지역사회에서 수행되는 다양한 봉사활동을 말한다. 그 형
태는 일반사회복지실천에서 다루는 자원봉사 활동과 거의 유사하다.
다만 그리스도인들이 기독교적인 사랑과 섬김으로 하는 자원봉사라
는 점에서 차별화된다.

　"기독교사회운동"이란 말은 기독교가 지향하는 이상적 사회(예: 평
등한 사회, 정의로운 사회 등)를 향하여 현실 사회의 문제를 해결하고
변화를 일으키기 위한 강력한 움직임을 가리킨다. 기독교는 단순히
개인 구원의 종교에 머물러 있지 않고 역사적이며 사회적인 구원을
궁극적으로 실현하기 위해 노력하는 종교이다. 그러므로 이 용어는
기독교의 보편적이고 초월적인 메시지는 역사의 현장 속에서 살아 움
직여 현실을 변혁하는 이데올로기적 동력이 될 수 있음을 전제한다.

　"사회선교"는 사회구원이라는 신학적 개념을 바탕으로 사회활동을
일종의 선교적 차원에서 이해하는 것을 말한다. 사회선교는 근본적

으로 성경 전체에서 나타나는 하나님의 창조 역사와 이스라엘의 역사, 특히 예언자들을 통하여 나타내신 하나님의 뜻과 예수 그리스도께서 선포하신 하나님 나라, 또 그의 가르침과 그의 삶, 그리고 그의 죽음과 부활에 기초하여 성령께서 역사 속에서 활동하신다는 증거에 근거한다. 그럼에도 실제 사회선교가 구현되는 모습은 기독교사회봉사와 거의 유사하다. 즉, 기독교 정신에 따른 사회봉사라고 할 수도 있다. 선교라는 말이 붙기는 하지만, 실제로 신앙을 가지도록 권하지는 않는다.

"지역사회선교"는 지역사회라는 실제적 공동체를 제시함으로써 사회선교보다 더 구체적인 현장성을 보여준다고 볼 수 있다. 그럼에도 실제 현실에서는 사회선교와 거의 구분되지 않는다. 그래서 사회선교와 지역사회선교는 대부분 혼용된다.

이렇게 기독교사회봉사, 기독교사회운동, 사회선교, 지역사회선교는 각기 다른 용어임에도 불구하고 실제 활동에서는 매우 유사하다고 할 수 있다. 다만 기독교사회운동은 보다 더 강력한 사회참여적 성향을 보인다. 교회사회복지실천은 '기독교사회봉사, 기독교사회운동, 사회선교, 지역사회선교'가 지향하는 활동의 이념과 내용, 방법과 기술 등을 창조적으로 융합한 것이라고 할 수 있다. 즉, 수용하되 보다 성경적이며 창의적인 패러다임과 전문적이며 체계적인 방법과 기술로 통합해서 새로운 형태의 개입 실천으로 개발된 것이라고 볼 수 있다.

2) 기독교사회복지, 기독교사회사업, 교회사회복지실천

사회복지적 관점에서 볼 때, '기독교사회봉사, 기독교사회운동, 사회선교, 지역사회선교' 등에 비해 '기독교사회복지', '기독교사회복지실천', '교회사회복지실천'은 보다 전문적이며 체계적인 개입활동이라고 할 수 있다. 교회사회복지실천의 개념을 분명하게 정리하기 위해서는 혼용되고 있는 기독교사회복지, 기독교사회복지실천, 교회사회복지실천에 대한 개념 정의를 꼼꼼하게 할 필요가 있다.

기독교사회복지, 기독교사회복지실천, 교회사회복지실천은 유사하면서도 동시에 다른 면이 있다. 그래서 먼저, 기독교사회복지와 교회사회복지실천을 구분해서 살펴보고, 다음으로 기독교사회복지실천과 교회사회복지실천을 고찰해 보면 공통점과 차이점을 이해할 수 있을 것이다.

기독교사회복지와 교회사회복지실천, 이 두 용어가 어떻게 다른 것인가를 설명하려면 첫째로, '기독교'와 '교회'의 차이를 설명해야 하고 둘째로, '사회복지'와 '사회복지실천'의 차이를 설명해야 한다.

먼저, 기독교가 종교적 신념체계라면 교회는 종교적 조직체계를 말한다(Moberg, 1984). '기독교'가 인간의 정신적 영역에 위치한 이념, 즉 추상적으로 체계화된 어떤 신념이라면, '교회'는 그것을 현실화시킨 구체적이고 실제적인 조직이다.

물론 이와 같은 기독교와 교회에 대한 정의는 사회과학적 입장에서 개략적으로 설명한 것이다. 앞서 살펴본 바와 같이 바울에 의하면 교회는 '하나님의 부르심을 받은 백성이며 가족이고 성전일 뿐만 아니라 그리스도의 몸이며 나아가 그리스도의 신부'라 할 수 있다. 성경에서는 기독교라는 말을 직접적으로 사용하지 않는다. 다만 이 땅의 교회들이 추구하는 이념과 가치들을 종교라는 이름으로 분류할 때, 부득이하게 기독교라고 하는 것이다. 그래서 기독교는 이념적 의미로 이해해야 하며 교회는 그 이념이 구현되는 삶의 현장이자 믿음이 양육되고 성장되어 표현되는 곳으로 보아야 한다.

이렇게 볼 때, 교회에 대한 이해는 매우 중요하다. 실제 인간의 삶과 밀접하게 관련되는 직접적인 현장이 교회이기 때문이다. 교회를 통해서 기독교를 알고 믿기 때문이다. 그렇다면 사회과학에서 말하는 교회에 대한 개념과 성경적인 교회에 대한 인식은 다른가? 교회의 개념을 정립하는 과정과 부분적인 내용은 다르다. 하지만 교회에 대한 핵심적 인식의 본질은 공통성을 갖고 있다. 이러한 공통성을 중심으로 교회의 개념을 간략히 정리하면, 교회란 공동체적 조직 혹은 유기적 사회적 기관이라고 할 수 있다.

동시에 교회는 조직 자체의 이익만을 위해 존재하는 공동체가 아니라 지역사회에 건전한 영향력을 발휘하는 사회적 공동체다. 더욱이 교회는 교회 공동체 내의 구성원들에게 생명력 있는 힘을 부여해 주고, 그 힘을 바탕으로 교회 공동체 밖을 향해서도 생명력 있는 힘을 나누어 주도록 하는 나눔 공동체다. 실제로 교회 공동체는 사람들이 필요로 하는 기본적인 생명 자원을 갖고 있다. 큰 교회든 작은 교회든, 교회는 하나님 나라를 확장시키는 전진기지로서 모든 사람에 대한 사랑과 이해와 섬김의 에너지를 끊임없이 만들어내고 그 에너지를 저장하고 나눠 준다.

사회복지와 사회복지실천도 역시 대립적이거나 이분법적인 개념은 아니지만 사회복지는 인간의 행복을 추구하는 인간 노력의 광범위한 분야로서 공적·민간적인 모든 사회적 노력을 의미하고, 사회복지실천은 그러한 분야들 중에서 하나의 전문적 활동 영역이라고 설명할 수 있다. 다시 말해, 사회복지는 사회적 시책에 의한 제도적 체계라면 사회복지실천은 전문적 서비스 실천에 의한 기술적 체계이고, 사회복지가 이상적인 면을 강조한다면 사회복지실천은 실천적인 면을 강조하며, 사회복지는 제도와 정책적 접근으로서 고정적 특징이 있다면 사회복지실천은 기관을 단위로 하는 지식과 기술적 접근으로서 역동적 특징을 갖는다고 구분할 수 있다(박종삼 외, 2002; 이준우·임원선, 2011).

이러한 차이들을 대입시켜 기독교사회복지와 교회사회복지실천의 개념을 설명하면, 기독교사회복지는 기독교적 세계관과 정신을 가진 사람 또는 기관이 기독교의 다양한 생명 자원들을 동원하여 사회적 취약계층을 돕고, 사회문제를 해결하며, 인간의 삶의 질을 향상시키기 위해 실천하는 일체의 활동을 말한다. 한편 교회사회복지실천은 교회의 원조 아래 진행되는 기술적이고 전문적인 실천이라고 설명할 수 있다(Garland, 1992: 9).

기독교사회복지와 교회사회복지실천을 공통점과 차이점으로 구분하여 비교해 보자. 우선 둘의 공통점을 살펴보면 첫째, 성경적 신앙으로부터 출발한다는 점과 둘째, 기독교인이 주체가 되는 것, 그리고 셋째, 일반사회복지실천 프로그램 전반을 기독교적 관점에서 활용한다는 것이다.

한편으로 기독교사회복지와 교회사회복지실천의 차이점을 정리하면, 첫째, 범위에서 기독교사회복지가 체계적이고 거시적인 접근인 반면 교회사회복지실천은 기관과 개인 중심의 서비스를 제공하는 미시적 접근이라는 특징을 갖는다. 기독교인으로서 기독교적 사상을 갖고 활동하는 모든 복지적 행위가 기독교사회복지이기 때문에 기독교사회복지는 교회사회복지실천을 포함하는 훨씬 큰 영역을 갖고 있다.

둘째, 기독교사회복지와 교회사회복지실천은 그 강조점에서도 차이가 있다. 기독교사회복지는 기독교적 신념체계를 중시하는 반면에 교회사회복지실천은 교회라는 현장체계를 중시한다. 기독교사회복지는 사회복지적 행위나 체계가 어떠한 신념과 동기에서 출발하느냐를 중요하게 생각하는 데 비해 교회사회복지실천은 사회복지적 활동이 어떤 현장에서 어떤 자원과 조직적 지원 아래 이루어지는가를 중요시한다.

셋째, 기독교사회복지는 복지 행위자의 신앙적 특징에 따라 결정되는데 반하여 교회사회복지실천은 사회복지실천의 행위자가 맡은 역할과 기능에 따라 결정된다는 점에서 차이가 있다. 이것은 강조점에 따라 각각의 성격이 결정됨을 의미한다. 그래서 사회복지사가 가진 신앙, 시설의 설립자가 소유한 신념이 기독교적인가 아닌가에 따라서 기독교사회복지는 결정되는데 반해 사회복지사가 소속된 기관이 교회인가 아닌가, 또는 사회복지시설을 설립한 주체가 교회인가 아닌가에 따라 교회사회복지실천이냐 아니냐가 결정된다.

넷째, 기독교사회복지의 환경은 사회복지 체제 내에 속해 있는 것과 달리 교회사회복지실천은 교회라는 자원 조직을 환경으로 한다. 또한 기독교사회복지는 전체 사회를 실천현장으로 보는데 교회사회복지실천은 교회를 둘러싼 지역사회를 그 주된 실천현장으로 삼는다.

다섯째, 기독교사회복지와 교회사회복지실천은 모두 기독교인이 주체가 된다는 공통점을 갖는 동시에 교회사회복지실천의 주체는 기독교인들로 구성된 교회라는 조직 체제가 주체가 된다는 차이점도 있다. 따라서 교회가 주체가 되는 사회복지사업에 비기독교인이 보조자로서 역할을 할 수도 있으나 주도적인 핵심은 교회 공동체와 그 구성원인 기독교인들이다. 반대로 기독교사회복지의 주체는 기독교인이 되는 경우가 빈번하지만 사회적 이슈에 따라서는 기독교인이 일반 사회복지 체계의 보조자로서 역할을 하기도 한다.

여섯째, 기독교사회복지가 동원하는 자원은 교회를 비롯한 사회복지 체계 내의 다양한 자원을 동원하는데 비해 교회사회복지실천은 교회의 자원을 주로 동원하여 활용한다.

일곱째, 기독교사회복지는 사회복지의 정신과 동기 또는 철학에 근거한 목적 등과 같은 주제들이 중요한 이슈가 되지만 교회사회복지실천은 자원의 동원과 서비스의 제공, 그리고 지역사회의 문제해결 등과 같이 구체적이고 실천적인 문제들을 주로 제시한다.

그러나 중요한 것은 교회는 기독교라는 종교적 범주 안에 포함된

영역이므로 교회사회복지실천은 기독교사회복지의 하위영역임에는
틀림이 없다. 따라서 기독교사회복지를 논할 때에는 언제나 교회사
회복지실천의 모든 내용이 기독교사회복지에 해당되는 것이므로 이
에 부합하도록 하는 것을 전제해야 한다.

한편 기독교인의 사회참여 활동을 보다 전문적이고 과학적인 사회
복지실천 방법론을 통해 실천한다는 의미를 포함하는 것은 "기독교사
회복지실천"(*christian social work*) 과 "교회사회복지실천"(*church social
work*) 이다. 종교적 차원에서 때로는 크게 때로는 작게 교회 역사상 끊
이지 않고 계속 펼쳐졌던 자선사업과 구제사업은 19세기 말과 20세기
초에 이르러 그 실용성에 대한 진지한 의문이 제기되면서 이에 대한
과학적 연구가 진행되었고, 그로 말미암아 현대 사회복지실천 방법
론의 전문성 확립과 그 영역의 확대를 이룩하게 되었다.

그런 의미에서 교회는 현대 사회복지실천 또는 사회복지의 어머니
라고 말할 수 있다(Garland, 1995: 475). 그러나 전문화된 사회복지실
천 방법론이 교회 안에서 활용되기 시작한 것은 최근의 일이다. 교회
는 사회복지실천을 낳아 놓기만 하였을 뿐이고 정작 그것을 키워나간
것은 학교나 병원, 그리고 사회복지시설과 같은 세속 또는 준세속기
관들이었다. 최근에야 교회는 늦게나마 현대화된 사회복지실천 방법
론을 받아들여서 효과적인 교회사회복지실천을 수행하게 된 것이다.
물론 이와 같은 성격의 교회사회복지실천이 교회의 본질을 반영하는
것인지는 별개의 문제이므로 따로 살펴보아야 할 것이다. 어쨌든 교
회가 과거의 구제사업 수준에서 벗어나서 보다 체계적이며 전문적인
사회복지실천을 하게 되었다는 측면은 고무적이라 할 수 있다.

그런데 여기에서 이 두 용어, 기독교사회복지실천과 교회사회복지
실천의 차이점을 조심스럽게 분석할 필요가 있다. 갈런드는 기독교
사회복지실천과 교회사회복지실천의 개념을 구분하여 기독교사회복

지실천을 "기독교적 신앙과 가치관을 가진 사람이 활동하는 사회복지실천"으로 설명하고, 교회사회복지실천은 "사회복지실천 전문가(혹은 사회복지사)가 교회나 교단을 사회복지실천의 현장으로서 삼고 활동하는 것"으로 말하였다.

그리고 사회복지실천이란 사회복지사 개인의 신념과 가치체계에 의하여 구분되는(specialized) 것이 아니라 그가 어떤 현장에서 일을 하느냐에 따라 구분되어야(그 예로서 기독교인 의사는 있어도 기독교 약품은 있을 수 없듯이) 한다고 말한다(Garland, 1995: 475). 이와 같은 설명을 따를 때에 논리적으로는 교회사회복지실천은 기독교사회복지실천에 포함된다. 하지만 현실 상황에서는 기독교사회복지실천은 기독교사회복지 영역에서 거의 대부분 이루어진다. 오늘날 기독교사회복지라는 활동은 실제로는 기독교사회복지실천의 행위와 유사하다고 볼 수 있다. 즉, 기독교사회복지실천은 이론적으로는 가능한 영역이지만 현실에서는 거의 존재하지 않는 것이다. 사실상 기독교사회복지실천은 교회사회복지실천에 통합되는 것이 바람직하다. 따라서 기독교사회복지와 교회사회복지실천, 이렇게 두 개의 영역으로 구분하는 것이 현실적이다.

2. 교회사회복지실천의 정의

김덕준(1985), 갈런드(Garland, 1992)와 박종삼(2000) 등을 비롯한 기독교사회복지학을 다루는 대부분의 학자들은 '교회사회복지실천'을 교회라는 종교적 조직의 원조(예: 영적·신앙적·물질적·정신적·경제적·교육적 영역 등에서의 원조) 아래서 이루어지는 사회복지실천이라고 정의한다.

이와 같은 경향에 따르면, 교회사회복지실천이란 교회가 지닌 독특한 교리와 신념, 그리고 가치들에 근거한 실천 강령들을 수행하기 위해 일반사회복지실천의 방법과 기술들을 활용한 개입 활동이다. 이를테면 의료사회복지실천과 학교사회복지실천이 병원과 학교라는 조직 안에서 그들이 가진 목적과 규칙에 따라 업무를 수행하는 것처럼 교회사회복지실천도 교회라는 조직 안에서 교회의 목적과 전통, 그리고 교회에서 채택하는 규칙들을 준수하면서도 실제적인 개입 실천의 내용과 방법은 일반사회복지실천의 그것들과 동일하게 된다.

1) 새로운 교회사회복지실천 개념 정립의 필요성

교회사회복지실천에 대한 기존의 전통적 개념에만 몰두하다 보면 교회의 본질, 즉 성경적·신학적·선교적·목회적 차원의 교회의 모습을 잃어버리고 자칫 교회라는 조직의 자원만을 활용하여 일반사회복지실천을 실행하는 활동을 하게 될 가능성이 높다. 실제로 우리나라의 교회 또는 기독교 기관에서 수행되는 사회복지실천의 대부분이 사실상 일반사회복지실천의 가치와 방법, 기술 등에서 크게 벗어나지 못하고 있다. 교회들이 막대한 자원을 동원하여 열심히 사회복지실천을 수행하고 있지만 세속적 또는 준세속적 기관들의 그것과 별로 차이가 없다는 것이다(유장춘, 2012). 이러한 기존의 교회사회복지실천에 대한 문제 제기는 상당히 타당하다고 본다.

이미 김기원(1998)은 일반사회복지실천의 내용을 거의 그대로 답습하여 단지 교회에서만 실행한다고 해서 그것이 교회사회복지실천이 되기는 어렵다는 견해를 피력하였다. 그러면서 그는 교회사회복지실천을 포괄하여 '기독교사회복지'란 기독교의 근본정신인 생명존중, 이웃 사랑과 봉사와 헌신을 통해서 세상 가운데 열악한 처지에서 살아가는 사람들의 물질적·신체적·정신적 고통을 양적·질적으로 완화시키고 생활상의 곤란을 개선시켜 줌으로써 그들의 삶의 질을 향상시키고 성경적 정의를 실천하며 상실된 하나님의 형상을 회복시키려는 기독교인들의 제도적이고 체계적인 노력이자 가치 체계를 말한다고 하였다.

기독교사회복지에 대한 이와 같은 김기원(1998)의 견해는 교회사회복지실천의 개념을 성경적·신학적·선교적·목회적 관점에서 재정립해야 함을 시사한다. 이렇게 교회사회복지실천을 교회와 신학의 영역 속에서 정리하게 되면 교회사회복지실천은 일반사회복지실천의 하위영역에서 개념적으로 벗어날 수밖에 없다. 정신보건사회복지실천, 장애인복지실천, 노인복지실천, 학교사회복지실천, 의료사회복지실천, 교정사회복지실천 등과 같은 일반사회복지실천의 영역과는 본질적으로 다른, 또 하나의 새로운 휴먼서비스(human service) 중의 하나가 되는 것이다.

대체로 주요한 휴먼서비스 분야로는 의학, 사회복지학, 상담학, 목회학, 심리학, 교육학, 선교학, 간호학 등을 들 수 있다. 즉, 인간을 다루며 인간을 대상으로 인간을 돕는 전문적 분야인 휴먼서비스들 가운데 하나로 교회사회복지실천이 자리매김되는 것이다. '일반사회복지실천'과 '기독교 목회학 및 선교학'과 유사하면서도 분명한 기독교적 정체성과 영성적 특성을 갖고 독자적 영역을 구축해야 진정한 의미의 교회사회복지실천이 되는 것이다.

2) 새로운 교회사회복지실천의 개념

교회사회복지실천은 현대의 과학적이고 전문적인 사회복지실천 방법론을 활용하되 '성경적·신학적·선교적·목회적 관점'을 토대로 하여 '교회라는 실천 현장'에서 개인과 가족, 집단, 그리고 지역사회의 욕구를 충족하기 위해 개입하는 전문적인 활동이어야 한다. 여기서 특히 중요한 것은 '선교적·목회적 관점'에서 사회복지실천이 이루어져야 한다는 점이다. 이렇게 '선교적·목회적 관점' 하에 이루어지는 사회복지실천이야말로 영성적 사회복지실천이라고 해도 무방하다.

교회사회복지실천은 일반사회복지실천의 가치와 철학, 이념 등과는 달라야 한다. 행위의 결과로 나타나는 다양한 선한 열매는 동일하거나 유사할 수 있을지 모르나 근본이 되는 실천의 토대는 일반사회복지실천과는 다를 수밖에 없다. 일반사회복지실천의 가치는 '인간에 대한 존엄성'과 '사회정의'를 실현하는 것으로 요약할 수 있다. 반면 교회사회복지실천은 기독교적 영성에 그 기초를 두고 있으며 하나님을 향한 영성을 실천하고자 하는 이념이 핵심 가치가 된다.

영성이란 하나님을 향한 신앙과 더불어 개개인의 삶에서 하나님이 뜻하신 계획하심을 찾아서 그대로 살아가려는 자세와 구체적인 노력이라고 할 수 있다. 이렇게 볼 때, 영성적 사회복지실천은 하나님의 뜻을 구현하고 그 뜻대로 살아가게끔 지원하는 활동이며, 하나님께서 가장 원하시는 행복한 삶을 사람들이 누릴 수 있게끔 전파하는 선교적인 삶을 살도록 이끄는 전문적 사역이면서 지속적으로 행복한 삶이 가능하게끔 지원하는 사역이기도 하다.

일반사회복지실천은 모든 사람이 행복해지게끔 사회복지라는 사회제도를 만들고, 그 제도 속에서 실천활동을 하는 것이다. 하지만 교회사회복지실천은 하나님께서 마땅히 여기는 것, 선하고 지혜롭다 여기는 것, 복되다고 생각하는 것을 추구한다. 즉, 교회사회복지실천의 동기는 하나님께서 기뻐하시게 하는 데에 있다. 사회복지실천을 할 수 있는 힘의 원천도, 목표도, 원칙도, 방향도, 하나님께서 기뻐하시게 하는 데에 있다. 하나님 앞에서 본질적인 것, 영원한 것, 하나님께서 기뻐하시게 하는 것, 지혜롭고 선하다 하는 것, 그것을 좇아 사는 것이 인생이며 사회복지실천인 것이다.

그런데 여기서 한 가지 큰 오해가 발생할 수 있다. 영성적 사회복지실천이라고 하면 사회복지실천을 복음전도(전도 내지 선교)의 도구로만 활용하게 되는 것이 아니냐는 인식이다. 그러나 성경적이며 영성적인 교회사회복지실천은 사회복지실천과 복음전도(전도 내지 선교), 이 두 사역이 서로 긍정적 영향을 미치며 상승효과를 가져올 수는 있겠지만 주종 관계가 있는 것은 아니다.

사회복지실천을 수단화하면 역효과와 부작용을 초래하기 쉽고, 성경적인 것도 아니다. 성경은, 고아와 과부와 나그네를 돕되 선교를 위해서라 하지 않았고, 이스라엘 백성이나 기독교인만을 대상으로 하라고 하지도 않았다. 사회복지실천에 대한 하나님의 특별한 관심을 보아도, 예수님께서 행하신 일과 사도들의 행적을 살펴보아도, 사회복지실천은 그 자체로서 중요하고 의미 있는 일인 것이다.

"예수께서 나오사 큰 무리를 보시고 불쌍히 여기사 그 중에 있는 병자를 고쳐 주시니라"(〈마태복음〉 14: 14)는 성경 말씀에서 알 수 있듯이 예수님께서는 딱한 사람을 보시면 불쌍히 여기시고 동정하셨다. 시각장애인의 눈을 만져 보게 하실 때(〈마태복음〉 20: 31~34)에도, 한센병 환자에게 손을 내밀어 깨끗하게 하실 때(〈마가복음〉 1: 40~43)에도, 죽은 나사로를 살리실 때(〈요한복음〉 11: 33~35)에도, 나인성 과부의 죽은 아들을 살리실 때(〈누가복음〉 7: 11~17)에도, '불쌍히 여기사' 그리하셨고, 때로는 눈물을 흘리기까지 하셨다. 선한 사마리아 사람도 강도 만난 사람을 불쌍히 여겨 자비를 베풀었다(〈누가복음〉 10: 33~34). 복음서의 이런 기록들을 볼 때, 예수님과 선한 사마리아인의 행위는 순수한 연민과 사랑의 발로(發露)였다고 볼 수 있다.

그렇다. 하나님께서 고아와 과부와 나그네를 배려하신 것은 그분의 긍휼하심과 사랑 때문이었다. 예수님께서 가난한 사람, 몸이 병든 사람, 마음이 병든 사람, 장애인을 고치시고 도우신 것도 그들을 불쌍히 여기셨기 때문이다. 선교를 위한 방편으로 삼으시거나 선교를 전제로 하신 것이 아니다. 그러므로 영혼 구원에 사용되지 않는다 해도 교회사회복지실천은 축복이다. 하나님의 특별한 관심사에 동역하는 영광스러운 실천이다. 교회사회복지실천은 어떤 은사보다 더욱 큰 은사이며 하나님께 칭찬받는 가장 좋은 방법이다.

사회복지실천은 선교의 수단이 아니며 선교의 자연스런 결과도 아니다. 사회복지실천을 열심히 한다고 해서 대상자가 예수 믿게 되는 것이 아니다. 사랑으로 섬기며 착하게 산다고 해서 예수님이 증거되는 것도 아니다. 영혼 구원은 전적으로 성령님의 역사이다. 영혼을 위해 기도하고, 성령님께 의지하여 복음을 전할 때에만 진정 구원의 길이 있다. 예수 그리스도의 복음을 듣고, 믿고, 자기 영혼을 그분께 의탁하여야 구원을 얻을 수 있다. 성령님께 의지하여 직접적으로 복음을 들려주는 방법 외에는 구원의 길이 없다. 사회복지실천이 사람의 영혼을 구원에 이르게 하지는 않는다.

3) 교회사회복지실천의 새 지평: 복지선교

현대교회의 중요한 사역(使役)은 인간과 사회를 동시에 포괄하는 다원적 차원의 선교(multi-mission)이어야 한다. 전통적으로 교회는 교인들을 위한 내적 사역과 사회와의 관계를 위한 외적 사역을 구분해왔다. 전자는 예배공동체로서 레이투르기아(leitourgia), 말씀공동체로서 케리그마(kerygma), 교육공동체로서 디다케(didache), 친교공동체로서 코이노니아(koinonia), 증거공동체로서 마르투리아(marturia), 그리고 치유공동체로서 데라포테(therapeute)를 포함하며, 후자는 섬

116

김과 복지공동체로서 디아코니아(*diakonia*)를 실현하는 사회봉사와 사회복지를 들 수 있다(이준우, 2010).

그러나 전통적으로 디아코니아는 그리스도의 복음과 사회봉사의 이원적 차원에서 추진해온 것이 사실이다. 다시 말하면, 전통적 디아코니아는 이분법적 사고방식에 의하여 영혼과 몸, 이 세상과 저 세상, 교회와 세계, 사람과 사회 등을 구분하여 선교의 대상으로 간주했기 때문에, 이 세상보다 저 세상을, 세계보다 교회를, 사회보다 인간구원을 더 중요하게 고려했다고 볼 수 있다.

그렇다면 선교는 어떻게 해야 하는가? 과연 선교는 필요한가? 선교는 무엇인가? 선교활동에서 복지적 요소는 무조건 배제해야 하는가? 교회사회복지실천을 통해 선교가 이루어지는 것은 어떻게 보아야 하는가? 이러한 의문들이 제기될 수 있다. 결론부터 말하면, 선교활동 속에 사회복지실천이 개입되는 것은 하나님의 섭리이자 은혜이다.

전도가 예수님의 복음을 전하는 것이고, 예수님께서 전하시고자 하는 복음의 본질이 '하나님 나라'라고 한다면 선교는 예수님께서 구원받을 대상자들에게 하나님 나라를 구현하시고자 직접 행하신 사역이라고 볼 수 있다(〈누가복음〉 7: 21~23, 17: 14, 18: 42; 〈마태복음〉 8: 3, 9: 30; 〈마가복음〉 7: 35, 8: 25; 〈요한복음〉 9: 7). 따라서 선교는 하나님의 모든 피조물이 온전한 평화를 누리며 하나님께 찬양과 영광을 돌리고 행복하게 공존하는 하나님의 나라를 실현하는 것이다.

하나님 나라는 성경의 중심 메시지이자 우리 주 예수 그리스도의 중심 메시지다. 실제로 예수님의 공생애의 핵심 주제는 하나님 나라의 구현, 즉 하나님 나라 운동이다. 하나님 나라가 눈물과 탄식과 고통이 가득한 이 땅에 온전히 구현되게 하는 것, 이것이 바로 메시아로 이 땅에 오신 예수님의 핵심 사명이다. 예수님께서 선포하셨던 하나님 나라는 죄와 사탄의 통치 세력이 무너지고, 공의와 사랑과 평화가 구현되는 하나님의 왕적 통치가 이루어지는 영향권을 의미하였다.

그리고 그 영향권이 확대되어 가는 활동이 바로 하나님 나라 운동이다. 그러므로 진정한 하나님 나라는 하나님의 샬롬(평화)으로 구현된 그 하나님의 사랑으로 하나님 나라 구성원들의 삶을 소망으로 연결시킨다. 인간은 그 소망 안에서 사회적 고립을 극복하여 장애인과 비장애인, 건강한 자와 병든 자, 젊은이와 노인, 남자와 여자들 간의 진정으로 하나 된 생활 공동체를 이룰 수 있다. 다시 말해서 하나님 나라에 대한 소망이야말로 인간적 공동체를 새롭게 갱신하는 근거가 되는 것이다.

실제로 복음이 전파되는 곳에 회복과 평화의 현실이 가시화되었고, 복음을 통해 우리는 구원받은 하나님 나라의 구성원이 된다. 예수님을 통해 이미 도래하였고, 주님이 다시 오실 그때, 완전히 이루어질 그 하나님 나라의 백성이 되는 것이다. 이때 거듭난 하나님 나라의 백성으로서의 삶을 사는 사람들은 영적 구원뿐만 아니라 세상에서의 행복한 삶을 위해서도 구체적인 노력을 기울일 수 있게 된다. 하지만 개인의 수고만으로는 그들이 원하는 진정한 행복을 얻기 어려울 수도 있다. 잘못된 사회제도나 미흡한 사회복지, 교육, 의료, 보건 등의 현실이 사람들을 고통받게 할 수 있다.

여기에서 영적 구원과 복지 문제(신체·심리·사회·직업 등)를 해결하는 전인적 복지선교가 나타나야 한다. 선교는 상호 연관되는 영적 구원과 복지, 이 두 개의 큰 축이 통합되는 순간 '복지선교'로 거듭나게 된다. 사람의 영적 구원과 신체적·물질적(복지) 욕구(needs)가 동시에 충족될 수 있는 길이 열리게 된다.

따라서 하나님 나라 운동으로서의 선교의 정의를 정리해 보면, "선교란 교회가 사람에 대해 복음전도를 함으로써 영적 구원의 기회를 제공하며 기독교적 안목으로 사회복지와 교육, 상담, 재활 등 회복을

위한 다양한 서비스를 제공함과 동시에 사회적 불평등 극복을 위한
옹호, 사회운동, 제도 개선 등을 해나가는 총체적인 활동"을 말한다.

　이와 같은 선교의 정의는 결과적으로 '선교'를 '복지선교'라는 용어
로 대체해야 할 필요를 제기한다. 왜냐하면 선교는 엄밀히 말하면 타
문화권이나 다른 삶의 현장에 있는 사람들에 대한 복음전도를 의미하
기 때문이다. 그런데 하나님 나라 운동으로서의 선교가 사람들에게
복음을 전하는 한편, 그들의 현실적 어려움을 나누는 교회사회복지
실천까지 포괄하는 개념으로 확대된 것은 하나님 나라를 지향하는 선
교의 독특성 때문이다.

4) 교회사회복지실천의 새 지평: 복지목회

목회적인 측면에서 볼 때, 교회사회복지실천은 담임목회, 교육목회,
음악목회 등의 여러 가지 목회적 영역들 가운데서 사회목회(*social
ministry*)에 해당된다. 사회목회는 교회의 힘을 사회를 향해 펼쳐내는
긍정적 특성이 있는 반면, 교회 내 교인들의 복지적 욕구나 돌봄에 대
해서는 설명해 주지 못하는 단점도 갖고 있다. 그러므로 사회목회는
보다 폭넓게 '복지목회'(*welfare ministry*)라는 개념으로 확장될 필요가
있다고 본다.

　복지목회는 하나님 나라의 틀 안에서 최후 승리를 하나님 손에 맡
기고, 하나님 나라에 비추어 고난과 역경을 겪으면서도 하나님께서
바라시는 삶을 살아가게끔 지원하는 교회 공동체의 실제적 활동이다.
복지목회는 십자가의 고난과 죽음을 당하면서도 죽음을 이기고 최후
로 부활하여 다시는 죽음이 없다는 선언에 따라 인내하는 활동이다.
또한 기쁨과 즐거움을 성취하고 나아가 다른 사람들과 더불어 살아가
는 기틀을 마련하며 그들이 복지가 보장되는 삶을 살도록 뒷받침하는

사역이다. 이러한 복지목회의 진정한 모습을 보여주신 분이 예수님 이시며 예수님처럼 살기 위해 노력하는 사람들이 살아가는 삶이 바로 복지목회를 실천하는 삶인 것이다.

(1) 복지목회의 의미

기존의 교회사회복지실천이 현대의 과학적이고 전문적인 방법론을 교 회라는 실천현장을 통하여 활용하는 것이라면 새로운 교회사회복지실 천은 복지목회를 핵심 패러다임과 그에 따른 방법과 기술로 활용한다. 그러므로 복지목회의 의미를 구체적으로 파악해야 할 필요가 있다.

복지목회는 "복음을 선포하기 위하여 하나님으로부터 부름받은 구 속된 사람들이 모든 사람을 위한 공의를 이루고 가난한 사람들을 돌 보기 위하여 행하는 활동이다." 이 정의는 복지목회가 일반사회복지 실천과 구분되는 몇 가지 특징을 설명한다.

첫째, 복지목회가 구속함을 받은 신자에 의하여 실천되는 활동이 라는 것이다. 일반 사회봉사와 일반사회복지실천의 경우 누구나 할 수 있지만 복지목회는 오직 하나님의 구속적 은혜로 구원받은 사람만 이 할 수 있다.

둘째, 복음을 선포한 후, 선포된 복음의 완성을 위한 독특한 돌봄 의 사명을 위하여 하나님의 부름을 받은 결과로서 나타난 활동이라는 것이다. 복지목회는 박애주의적 또는 인간주의적 동기의 결과로서가 아니라 하나님의 부르심과 그것에 대한 순종의 결과로서 나타난 것이 다. 그래서 복지목회의 동기는 대단히 강렬하고 지속적인 소명이라 할 수 있다.

셋째, 복지목회의 대상은 "모든 사람"과 "가난한 사람", "교회사회 복지실천을 필요로 하는 사람"으로 설정할 수 있다. "가난한 사람"과 "교회사회복지실천을 필요로 하는 사람"이 "모든 사람" 안에 포함됨에도 불구하고 구별한 것은 "가난한 사람"과 "교회사회복지실천을 필요로 하는 사람"이 그 사역의 일차적 대상이 되기 때문이다.

넷째, 복지목회의 내용은 하나님의 공의를 이루기 위해 도움을 필요로 하는 사람들을 정성껏 돌보는 활동이라고 할 수 있다. 하나님께 부름받은 사람들이 모두 똑같은 내용으로 일하는 것은 아니다. 말씀을 선포한다든지, 교육을 제공한다든지, 예술을 통하여 표현한다든지, 전도운동을 전개한다든지 등의 여러 가지 내용으로 일한다. 그중에 복지목회는 모든 사람을 위한 공의를 이루고 가난하고 도움을 필요로 하는 사람들을 돌보는 일을 그 활동의 내용으로 삼는 것이다.

따라서 복지목회란 하나님으로부터 부름받은 구속된 사람들이 전개하는 조직화된 돌봄의 과정으로서 신앙공동체 안팎에 있는 개인, 가족, 집단, 그리고 지역사회의 영적 · 신체적 · 정서적 · 정신적 그리고 관계적 복지를 향한 그리스도의 관심을 실현하는 것이라고 말할 수 있다.

이러한 복지목회에 대한 정의는 앞서 제시한 특징들 외에 몇 가지를 첨가하여 다음과 같이 내릴 수 있다. 첫째로 복지목회는 조직화된 과정 (organized process) 이라 할 수 있다. 이것은 복지목회가 전문성을 담보하며 이로써 복지목회가 효과적인 사역이 되기 위한 합리적이고 체계적인 활동임을 의미한다. 복지목회는 단순한 구제사업이나 자선사업이 아니다. 과학적이고 조직화된 기술을 활용할 수 있는 전문영역으로 발전해가야 한다.

둘째로 복지목회는 결과 중심이 아니라 과정 중심의 특성을 갖고 있다. 복지목회에서 가장 중요한 부분은 돕는 자와 도움을 받는 자 사이의 관계에 위치하기 때문이다. 최소한의 비용으로 최대한의 효과를 최단기간에 성과로서 산출해야 하는 일반사회복지실천과는 달리 복지목회는 비록 성과가 나지 않는다 해도 그 사역이 하나님의 뜻에 합당한 것이라면 해야 한다. 그러므로 복지목회에서는 서비스 전달과정이 결과보다 더 소중하며 동시에 서비스를 제공하는 사람과 서비스를 받는 사람 간의 관계가 중요시된다. 그리고 그 관계는 예수 그리스도의 사랑과 은혜가 풍성하게 드러나는 가운데에서 형성되어야 한다.

셋째로 복지목회의 대상과 서비스 영역이 교회 내에서만이 아니라 교회의 안과 밖을 모두 아우르는 것으로 설정되어야 한다. 즉, 복지목회의 대상은 교회 공동체 내의 교인들뿐만 아니라 교회 밖의 개인, 가족, 집단, 그리고 지역사회로까지 삼아야 한다는 것이다. 당연히 복지목회는 폐쇄적인 교회의 목회영역을 교회 밖으로까지 확대하는 특징을 가진다. 또한 복지목회의 서비스 영역은 단지 영적인 영역만이 아니라 영적 · 신체적 · 정서적 · 정신적 그리고 인간관계, 즉 사회적, 모든 영역에서 복지를 제공하는 것으로 말한다. 이것은 일반사회복지실천 서비스가 신체적 · 정서적 · 정신적 · 사회적 복지를 그 서비스 영역으로 삼는 것과는 달리 영적 복지를 첨가해야 한다는 것을 복지목회의 특징으로 보여준다.

넷째로 복지목회의 가장 독특한 성격은 그리스도께서 가지고 계신 관심을 사람들에게 나타내는 것에 있다. 일반 사회복지사는 그들이 일하는 기관이나 단체를 대표한다. 그리고 그 기관이나 단체가 가진 설립 목표와 정신이 사회복지사를 통하여 실현된다. 이를테면 정부기관에서 일하는 사회복지사는 정부를 대표하여 도움이 필요한 사람들을 돕는 것이다. 마찬가지로 복지목회를 담당하는 교회사회복지사[2]는 그리스도를 대표하는 사람이다. 문제를 가진 사람들에 대하여 예수님은 과연 저들의 아픔을 아시는가? 아신다면 어떻게 느끼실까? 그리고 그들을 위하여 어떻게 행동하실 것인가? 이와 같은 의문들은 복

---

2 교회사회복지사라는 공식적 제도는 현재 없다. 하지만 향후 교회사회복지실천을 전담하는 전문가는 반드시 필요하다고 본다. 이에 가칭 '교회사회복지사'라는 용어를 사용하고자 한다.

지목회를 통하여 구체적으로 설명되어야 한다. 이론으로서의 설명이 아닌 실천으로서의 설명으로 나타나야 한다는 것이다.

이상의 개념들을 기초로 하여 복지목회의 특징을 요약 정리하면, 첫째, 복지목회는 사람의 삶에서 인격적·환경적인 면 모두에 초점을 두고, 둘째, 신학과 사회복지실천을 훈련받은 목회자 혹은 교회사회복지사에 의하여 실행되며, 셋째, 문제에 처한 개인과 지역사회에 일차적으로 관심을 가지고, 끝으로 그리스도의 정신과 인격을 실현하는 것을 중심과제로 삼는다. 이와 같은 특징을 가진 복지목회는 하나님의 백성들을 돌보고 이끌어나가는 데 다른 목회적 영역들과 동등하거나 유사한 비중을 차지할 것으로 보이며, 일반적인 목회 영역과 연합하여 하나님께서 기뻐하시는 교회를 이루어 나가는 데에 크게 기여할 것으로 판단된다.

(2) 복지목회의 모형

앞서 다룬 복지목회의 의미를 바탕으로 복지목회의 모형을 다음과 같이 대략 3가지로 제시하고자 한다(맹용길, 1997).[3]

① '궁극적인 복지'를 추구하는 복지목회 모형

이 모형은 《신약성경》〈요한 3서〉 1장 2절 말씀에 기초한다. "사랑하는 자여 네 영혼이 잘됨 같이 네가 범사에 잘되고 강건하기를 내가 간구하노라." 복지목회는 영혼 또는 목숨을 우선으로 하여 잘되는 것을 중요하게 여기며 이어서 범사에 잘되는 것을 추구하며 건강까지 구하는 작업이다. 이것은 사회복지에서 고려할 수 없는 '궁극적인 복지'까지 추구하는 실천을 의미한다.

---

3 이는 맹용길(1997)의 견해를 토대로 하되, 본 저자가 다소간 수정·보완한 내용이다.

그러므로 궁극적인 복지를 추구할 때에는 일반사회복지실천과 구별되지만 범사에 잘되게 하는 것이나 건강을 추구하는 것은 일반사회복지실천과 함께 할 수 있다고 생각한다. 복지목회와 일반사회복지실천은 서로 충돌하지 않고 협력하여 활동을 하되 다만 영혼을 잘되게 할 때에는 협력 노선과 독자 노선 중 어느 편이 효율적인지 판단해야 할 것이다.

② '섬김의 복지'를 추구하는 복지목회 모형
이는 〈요한복음〉 13장 1절에서 20절 말씀에 기초한다. 예수님은 돌아가시기 전에 복지목회의 모형을 특이하게 보여주셨다. 즉, 예수님은 식사 후에 대야에 물을 담고, 제자들의 발을 씻기심으로 복지목회의 한 모형을 만드셨다. 이는 복지목회는 실천에 앞서 준비와 태도가 중요함을 나타낸다. 즉, 복지목회 실천을 이행해 나가기 전에 그것을 하려는 자신이 겸손해야 하고 그러한 사람들로 집단을 구성해야 한다.

예수님은 사실, 이를 위해 먼저 제자들을 불러 실습하게 하시고 여기서는 예수님이 직접 물로 제자들의 발을 씻기심으로써 본을 보이셨다고 밝히신다. 이러한 모형은 계속해서 실천되어야 할 것이며 할 수 있는 사람이 먼저 해야 한다. 이것은 위계질서를 세우는 것이 아니고 팀의 정신을 세우는 가장 민주적인 실천이다. 이것은 분명히 복이 있는 행위로 선언된다.

또한 이것은 복지목회를 하는 사람들의 정체성을 나타내는 것이다. 여기서 추가되는 중요한 행위는 영접하는 것인데 이 영접하는 행위는 예수님을 영접하는 행위이며 동시에 하나님을 영접하는 행위가 된다. 이렇게 해서 복지목회는 결국 하나님을 영접하는 행위로 나타나게 된다.

③ '대접하는 복지'를 추구하는 복지목회 모형

이는 〈마태복음〉 7장 12절 말씀에 기초한다. "그러므로 무엇이든지 남에게 대접을 받고자 하는 대로 너희도 남을 대접하라. 이것이 율법이요 선지자니라." 복지목회를 수행할 때에는 이 말씀을 생각하면서 해야 한다. 〈마태복음〉 7장 12절 말씀은 복지목회의 내용과 질 그리고 방향을 결정하는 것이다.

이러한 의미에서 이 말씀은 복지목회의 가치 체계를 형성하는 기초가 된다. 이 말씀은 단순히 취미나 관심을 갖는 정도가 아니고 복지목회 전체의 성격을 규정할 수 있는 '황금률'이다. 이 말씀은 적극적이고 긍정적인 표현으로 복지목회를 규정함으로써 대상자에게 용기를 주고 청결한 마음과 기쁘고 즐거운 마음을 갖게 하여 율법을 완성하는 것을 보여준다. 이 말씀은 대상자를 사랑하게 하며 상부상조를 서로 사랑하라는 이웃 사랑으로 완성하게 한다. 4

사도 바울은 구체적으로 대상자를 사랑하고 우애하고 존경하기를 먼저 하면서 열심으로 주님을 섬기도록 권한다. 5 복지목회를 수행하는 사람은 항상 주님을 사랑하고 섬기는 일과 이웃의 복지 추구, 즉 대상자의 복지 추구를 연결시켜서 그 정신을 벗어나지 않도록 한다. 이것은 일반사회복지실천과 구별되는 복지목회의 특성이다.

---

4 〈로마서〉 13: 8~10. "피차 사랑의 빚 외에는 아무에게든지 아무 빚도 지지 말라. 남을 사랑하는 자는 율법을 다 이루었느니라. 간음하지 말라, 살인하지 말라, 도둑질하지 말라, 탐내지 말라 한 것과 그 외에 다른 계명이 있을지라도 네 이웃을 네 자신과 같이 사랑하라 하신 그 말씀 가운데 다 들었느니라. 사랑은 이웃에게 악을 행하지 아니하나니 그러므로 사랑은 율법의 완성이니라."

5 〈로마서〉 12: 9~13. "사랑에는 거짓이 없나니 악을 미워하고 선에 속하라. 형제를 사랑하여 서로 우애하고 존경하기를 서로 먼저 하며 부지런하여 게으르지 말고 열심을 품고 주를 섬기라. 소망 중에 즐거워하며 환난 중에 참으며 기도에 항상 힘쓰며 성도들의 쓸 것을 공급하며 손 대접하기를 힘쓰라."

5) 복지선교와 복지목회

세상을 향한 현대 교회의 선교는 영혼 구원을 위한 단순한 복음의 전달뿐만 아니라, 현대인의 삶의 전 영역에 걸친 문제를 해결하는 구체적인 방법으로 실천되기를 요청받고 있다. 따라서 교회사회복지실천의 중요한 패러다임은 그리스도의 복음과 사회복지실천과의 창조적 결합으로 인간생명의 구원과 동시에, 사회복지실천이라는 공통과제를 실현할 '복지선교'와 '복지목회'가 되어야 할 것이다.

복지선교는 교회가 사회를 향해 선포하는 그리스도의 복음과 사회 속에서 교회와 성도들의 실천적 행위를 포함하는 사회봉사 내지 사회복지실천의 결합을 의미한다. 여기에서 그리스도의 복음이 세상을 향해 하나님의 생명을 선포하는 사건이라면, 교회의 복지선교는 세상을 구속하시는 하나님의 구속 사역에 참여하는 교회의 대사회적인 봉사, 즉 전문화된 '디아코니아'인 것이다.

이와 같이 그리스도의 복음과 사회복지실천의 결합이자 합류인 복지선교는 교회가 사회를 향한 실제적인 '실천'(praxis)임과 동시에 대사회관계에서 복음의 실천적 구현, 복음과 문화와의 교통, 사회 환경 및 자연생태계의 다양한 조건들의 성찰에 의하여 인간생명과 자연생명을 동시에 살리는 '생명 살리기'를 지역사회에서 실현하는 운동인 것이다.

복지목회는 하나님의 백성인 사람들의 생명을 살리고 유지하는 일에 관련된 문제들을 해결하는 데 도움을 주는 경영활동이다. 복지목회는 복지선교를 통해 발굴된 '사역'과 '대상자들'을 돌보고(care) 양육함으로써 '복지적인 상태'가 교회 공동체를 통해서 지역사회와 '대상자들' 가운데에 지속적으로 실현되게끔 하는 것이다.

특히 복지목회는 기독교가 강조하는 '영생'을 보장하는 신앙을 토대로 하여 사람들로 하여금 이 세상만이 아니라 저 천국까지 보게끔 해 주어야 한다. 또한 복지목회는 서로 사랑하고 더불어 살라는 도덕성을 실천하게끔 해야 한다. 나아가 복지목회는 하나님 중심의 세계관을 확립하고 삶의 의미를 되찾게 해야 한다. 인생의 한계와 허무함을 재인식하게 하고 세상의 주인이 하나님이심을 깨닫게 함으로써 겸손한 신앙인으로 양육하는 사역이어야 한다. 이를 통해 복지목회의 대상자들은 자유로운 공존, 정의로운 협동, 평화로운 동참을 실현해 가야 한다.

따라서 교회사회복지실천은 인간을 구원하고, 하나님의 뜻에 따라 그 사회구조를 변혁시키려는 사회참여와 사회봉사의 차원뿐만 아니라, 인간의 생명과 그 생명을 둘러싼 사회 및 자연환경 살리기를 포괄하는 통전적인 생명회복 운동을 의미하는 '복지선교'와 지속적인 돌봄과 양육의 활동인 '복지목회'가 창조적으로 융합된 성경적인 사회복지실천 개입인 것이다. 다시 말하면 교회사회복지실천은 성경적 관점에서 교회 공동체의 영적·물적·인적 자원을 기반으로 수행하는 영성적 사회복지실천이며 복지선교와 복지목회를 통해 구체적으로 실현되는 전문적인 교회 사역인 것이다. 이를 수학적 등식으로 표현해 보면, 다음과 같다.

교회사회복지실천(= 영성적 사회복지실천) = '복지선교' + '복지목회'
'복지선교' = 복음전도 + 사회봉사 및 사회참여
'복지목회' = 지속적인 돌봄(care) + 양육

이상의 내용을 토대로 〈그림 3-1〉로 교회사회복지실천과 관련된 용어들을 정리하였다.

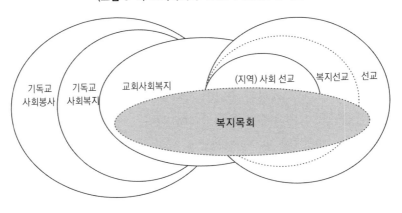

〈그림 3-1〉 교회사회복지실천과 관련된 용어들

기독교
사회봉사

기독교
사회복지

교회사회복지

(지역) 사회 선교

복지선교

선교

복지목회

3. 교회사회복지실천의 특성

교회사회복지실천의 특성을 다음과 같이 3가지로 살펴볼 수 있다. 이 3가지 특성이야말로 교회사회복지실천과 일반사회복지실천을 구별시켜 준다.

1) 활동체계의 차이

교회사회복지실천은 지역교회라는 활동체계를 통해 이루어진다. 지역교회라는 활동체계는 일반 사회복지시설이나 기관의 손길이 미치기 어려운 일부 사회적 취약계층이나 소외집단들에도 개입할 수 있는 자연스러운 환경을 제공해 준다. 실제로 지역교회는 어느 누구나 원하면 찾아갈 수 있기 때문에 일반 사회복지시설에 비해 서비스 접근성이 매우 높다. 그리고 교회야말로 어려움에 처한 인생의 시기에 가장 손쉽게 찾아가 도움을 구할 수 있는 현장이라는 사회적 인식도 보편적으로 형성되어 있다. 경우에 따라서는 그 어떤 위기개입보다도 효과적이고 즉각적인 도움을 제공할 수 있다.

대학생 연아는 개인적으로 심각한 위기를 겪던 중 마음이 고통스러워서 고민을 나눌 만한 목사를 찾아 지역에 있는 모 교회로 가게 되었다. 연아는 교회사회복지실천 업무를 맡은 목사에게 의뢰되었다. 당시 그녀는 자살하기 일보 직전으로 자기가 그날 자살하면 하나님은 어떻게 하실지 알고 싶어 했다. 그날 교회사회복지실천 담당 목사가 하나님의 따뜻하며 자상한 사랑을 확인시켜 준 덕택에 그녀는 자살예방상담을 받겠다고 동의했고, 지역사회 내에 있는 자살예방센터에 의뢰되어 자살예방상담 서비스를 실제로 제공받았다. 그녀 생애의 가장 위급한 시기에, 그녀는 교회로부터 실질적 도움을 받을 수 있었다.

이처럼 교회사회복지사는 지역주민들과의 그물처럼 얽힌 관계 속에서 지속적으로 도움을 제공하는 역할을 맡을 기회가 많다. 교회사회복지실천에서 수행되는 실질적인 사회복지실천은 다른 많은 실천현장에서보다 훨씬 비공식적이다. 일반 사회복지기관은 긴급한 위기상황에서도 서비스 개입을 실천하기 위해서는 여러 절차들을 밟아야 하기 때문에 그만큼 즉각적 개입을 하기가 쉽지 않다. 다행히 경기도의 경우 지난 2008년에 세워진 무한돌봄센터를 중심으로 위기개입 사례관리 서비스가 활발하게 제공되고 있다.

하지만 무한돌봄센터의 서비스도 한계가 있는 것이 사실이다. 특히 서비스 대상 범위에서 법적 · 제도적으로 벗어나는 대상자에 대해 서비스 개입을 하기란 여전히 어렵다. 하지만 교회사회복지실천은 서비스 개입 절차나 대상자 선정 등에 있어 탄력성과 자율성을 확보하고 있기 때문에 일반사회복지실천에서 다룰 수 없는 사각지대의 대상자들에게 효과적인 사회복지실천을 할 수 있는 특성이 있다. 물론 이 경우에 도움을 줄 수 있는 것은 교회사회복지실천 시스템을 갖추고 사회복지 분야에 전문성이 있는 교회사회복지사를 보유한 교회이다.

2) 신분과 직분

교회사회복지실천의 두 번째 특성은 교회사회복지사는 전문인으로서의 신분과 목사로서의 직분을 동시에 지닌다는 점이다. 교회사회복지사는 사회복지실천과 직업적 목회활동 양자의 지식 토대와 기술 및 가치 기준들을 종합해야 하는 도전을 받아들여야 한다. 교회사회복지사는 서비스 대상자에게 하나님의 대리자로 인식되는 경우가 흔하다. 실제로 교회사회복지실천 현장에서 "죄", "구원", 그리고 "용서" 등과 같은 익숙한 기독교 용어들이 빈번히 사용된다. 그래서 생활의 사건들을 서비스 대상자가 이해하고 인식하는 성경상의 언어를 사용하여 해석해 주는 것이 교회사회복지사의 책임이 되는 경우가 흔히 발생한다.

교회사회복지사가 목사로서 사회복지를 전공한 경우가 더 나은지, 아니면 신실한 그리스도인으로서 일반 사회복지를 전공한 전문가가 괜찮을지, 혹은 일반 사회복지를 전공하고 신학도 전공하였으나 목사 안수를 받지 않고 전문 교회사회복지사로 일하는 경우가 좋은지에 대해서는 아직까지 구체적으로 연구된 바가 없다.

중요한 사실은 교회사회복지사는 사회복지사로서의 역할뿐만 아니라 일정부분 목회자로서의 역할도 요구받는다는 점이다. 따라서 교회사회복지사의 가치와 윤리는 거의 성직을 맡은 목사의 수준에 이르러야 한다.

3) 광범위한 개입실천

교회사회복지실천의 세 번째 특성은 교회사회복지사가 교인을 대상으로 하는 실천의 초점이 매우 폭넓고 다양하다는 것이다. 이는 다양한 인간 욕구에 대한 즉각적인 반응은 물론이고, 적극적이며 선도적인 예방을 포함하여 일반사회복지실천 체계에서의 활동보다 훨씬 더 광범위하다.

그러므로 이와 같은 광범위한 교회사회복지실천을 감당해야 하는 교회사회복지사는 인간에 대한 전적인 하나님의 자애를 구현할 수 있는 헌신적인 전문가이어야 한다. 즉, 목사가 하나님으로부터 부여받는 소명과 맞먹는 사명감과 책임감, 성실함 및 정직함을 겸비하여야 한다. 또한 훌륭한 인격의 소유자여야 한다.

이렇게 준비된 교회사회복지사이어야만 교회사회복지실천의 일환으로 진행되는 복지선교와 복지목회 프로그램들을 자신의 사리사욕을 채우는 데에 이용하거나 복음전도를 위한 미끼로 사용하지 않을 수 있다. 오히려 복음의 내용을 몸소 삶으로 실행하기 위한 대안들을 교인들에게 제공해 줄 수 있다.

4. 교회사회복지실천과 기독교 영성

기독교 영성은 본질적으로 하나님과 깊은 관계로 밀착되는 것이다. 그래서 교회사회복지실천이 영성에 기반을 둘 때, 교회사회복지사의 실천은 기독교 세계관과 기독교 윤리의식에 기초하지 않을 수 없다. 기독교 세계관을 통해 조성된 가치체계는 이타적이며, 생명 중심적이고, 하나님 나라를 궁극적 가치로 설정한다. 그래서 진정한 기독교 영성은 사회복지실천을 위한 윤리적 기준을 제시한다. 일반적으로 영성이 충만한 교회사회복지사는 세속적인 일반사회복지사보다 더 높은 수준의 윤리의식을 갖추어야 한다. 실제로 기독교적 영성을 소유한 교회사회복지사는 "여호와를 의뢰하여 선을 행하는 것"(〈시편〉 37: 3)과 같이 사회복지실천을 수행하게 된다.

여기서 여호와를 의뢰한다는 것은, 첫째, 여호와께서 이루시도록 맡기는 것이며, 둘째, 길을 지도하시는 하나님을 인정하는 것이다. 셋째, 성령의 음성에 귀 기울이는 것이며, 넷째, 주목하여 훈계해 주시기를 바라는 것이다. 다섯째, 지혜를 구하고, 여섯째, 앞서 행하시기를 요청하며, 일곱째, '이 사람 앞에서 은혜를 입게 하옵소서!' 하는 것이다. 이렇게 교회사회복지실천을 감당하는 영성적 교회사회복지사는 철저히 자신의 이익을 최대한 배제하고 하나님의 뜻을 따라 이타적 사랑과 섬김을 실현하는 실천 개입을 한다(이준우, 2013).

그런데 오늘 한국교회에서 수행하는 교회사회복지실천이 세속의 일반사회복지실천의 윤리적 수준을 크게 뛰어넘지 못하는 것은 교회사회복지실천이 영성을 담아내지 못한 증거라고 보아야 할 것이다. 영성적 교회사회복지실천은 대상자 중심 서비스, 사회정의에 대한 통찰과 용기 있는 실천, 인간존엄성의 추구, 인간관계의 중요성 인지, 성실함을 동반한다. 뿐만 아니라 사랑, 진실, 정의 등 교회사회복지사의 윤리적 통찰력과 역량은 영성의 깊이와 정비례하는 것이다(유장춘, 2003).

또한 기독교 영성은 그리스도 중심이어야 하며 하나님의 말씀인 성경을 떠나서는 이해할 수 없다. 기독교 영성의 기본적 전제는 '그리스도 중심' 그리고 '성경 중심'이다. 이것은 사실상 하나의 내용을 말하는 것이다. 따라서 기독교 영성은 창조, 삼위일체, 성육신, 십자가, 부활과 종말로 구성되는 매우 독특한 '틀'(frame)을 갖고 있다. 이 골격은 기독교 영성을 형성하는 기본적 구조로서 영성에 근거한 사회복지실천과 밀접한 관계를 갖는다(유장춘, 2008).

1) 기독교 영성의 '틀'과 교회사회복지실천

(1) 창조의 영성에 기초한 감사로 행하는 교회사회복지실천의 구현

창조의 영성이란 창조주 하나님과 깊은 관계를 맺는 것을 의미한다. 이는 달리 말하면 이 세상 만물을 창조하신 분이 바로 하나님이심을 믿으며 그에 따라 이 세상에 존재하는 모든 생명체, 즉 자연까지 포함하여 그 모든 것들이 하나님의 섭리 속에서 운행된다고 보는 것이다.

하나님께서는 천체들을 비롯하여 다른 모든 것에 앞서, 빛을 가장 먼저 창조하셨다. 우주에 울려 퍼진 하나님의 첫 말씀이 바로 "빛이 있으라"(〈창세기〉 1장 3절)였다. 하나님께서 이 말씀으로 세상에 마련하신 첫 번째 창조물이 바로 빛이다. 그리고 하나님께서 보시니 그 빛이 좋았다(〈창세기〉 1장 4절)고 하셨다. 이렇게 빛은 세상 창조의 근본이다. 창조는 어둠과 혼돈(〈창세기〉 1장 2절)에서 질서와 생명을 불러일으킨 하나님의 업적이다.

그래서 빛은 하나님께서 이 세상에 내리신 모든 좋은 것, 행복과 구원, 특히 모든 선의 본질인 생명의 상징이 된다. 즉, "진실로 생명의 원천이 주께 있사오니 주의 빛 안에서 우리가 빛을 보리이다"(〈시편〉 36편 9절)라는 말씀처럼, 생명의 근원은 하나님이시다. 생명의 바탕이 되는 빛의 원천도 하나님이시다. 그리고 이러한 빛으로 인도하는 앞의 모든 것 역시 결국은 하나님에게서 오는 것이다. 사실 가장 먼저 창조된 빛은 다른 어떠한 피조물보다도 하나님과 더욱 밀접한 관련이 있다. 빛은 생명을 의미하고, 하나님을 의미한다. 그러므로 〈전도서〉 11장 7~10절에 나오는 "해를 보고 즐거워하라"는 말은 좀더 근본적으로는 하나님을 보고 즐거워하라는 말이 된다. 다시 말해 자연 만물에 깃든 하나님의 창조섭리를 보고 즐거워하라는 말씀이다. 살아 있는 생명을 즐거워하라는 말씀이다.

그러므로 하나님의 자녀는 자연을 보면서 즐거워하고 기뻐하는 소박한 마음을 가져야 한다. 그것이야말로 창조의 영성을 가진 사람만이 누릴 수 있는 진정한 축복이다. 실제로 창조의 영성이라는 시각에서 볼 때, 자연은 은혜의 수단이다. 자연은 그 속에 하나님을 알고 기뻐할 수 있는 아름다움과 메시지를 담고 있다. 창조의 영성을 소유한 사람은 자연 속에 감추어져 있는 아름다움과 메시지를 읽을 수 있는 신령한 눈을 가지고 있다. 창조의 영성을 가진 사람은 꽃 한 송이를 보고도 감사하고 감동할 수 있다. 하나님이 창조하신 자연 만물을 바라보면서 그의 사랑과 신실하심을 깨달을 수 있다. 어두움을 쫓아 버리는 저 찬란한 태양을 보면 저절로 하나님의 능력을 찬양하게 된다. 저 들판에 소박하게 피어 있는 들꽃을 보고, 평화로운 푸른 초장을 보면서 그 속에서 기쁨을 누릴 수 있다. 그 속에 하나님의 능력이 있음을 보게 된다. 아무리 허탈한 심정으로 길을 나섰던 사람도 자연의 위대함을 발견하면 기쁘게 웃으며 돌아올 수 있다. 그런 놀라운 능력이 그 속에 숨어 있는 것이다.

이렇게 하나님이 천지를 만드셨다는 사실은 교회사회복지사로 하여금 교회사회복지실천의 힘이 생명의 근원이신 하나님께 있음을 깨닫게 한다. 창조론은 교회사회복지실천의 존재론과 목적론을 하나님의 창조적 섭리의 관점으로 이해하게 하여 대상자를 돕는 과정과 방법에서도 창조의 영성을 활용함으로써 감사가 충만한 교회사회복지실천을 실행하게 한다.

즉, 창조의 영성을 갖춘 교회사회복지사는 감사하면서 열정적으로 교회사회복지실천을 수행할 수 있게 된다. 창조의 영성을 소유한 교회사회복지사는 모든 일, 모든 조건, 모든 상황이 나를 사랑하시는 하나님의 섭리 안에 있다는 것을 믿는다. 하나님께서 모든 것을 때에 따라 아름답게 하셨고, 모든 것이 제때에 알맞게 일어나도록 만드셨다는 것을 믿는다. 6 심지어 모든 것을 적당한 때에 적당하게 쓰심으로써 선을 이루신다는 것을 믿는다. 악조건까지도 선으로 바꾸실 것을 믿는다. 7 이 믿음이 있으므로 창조의 영성에 기초하여 실천개입을 하는 교회사회복지사는 진심으로 감사하게 된다.

(2) 삼위일체의 영성에 기초한 공동체적 교회사회복지실천의 추구

삼위일체는 하나님의 본질을 설명하는 가장 신비스러운 개념이다. 삼위일체의 하나님은 개별적이시면서 동시에 공동체적이시다. 이 삼위일체의 본질은 하나님의 형상을 닮은 인간의 삶과 사회의 기본적 원리이기도 하다. 인간은 개별성이 존중되면서도 공동체성을 가질 때에 행복할 수가 있다(유장춘, 2008).

사회를 바르게 이끌어가야 할 교회가 사명을 감당하지 못하고 오히려 사회로부터 지탄을 받고 있는 한국교회의 현실은 교회의 정체성에 대해 다시금 질문하게 한다. 교회는 개별성과 공동체성을 동시에 가진 삼위일체적인 영성 공동체이다. 흔히 공동체는 성령의 강림으로 이뤄진 초대교회 공동체에서부터 시작되었다고 생각하기 쉽지만, 공동체의 기원은 '삼위일체'이다. 하나님은 성부 하나님, 성자 하나님,

---

6 〈전도서〉 3장 11절. "하나님이 모든 것을 지으시되 때를 따라 아름답게 하셨고 또 사람에게 영원을 사모하는 마음을 주셨느니라. 그러나 하나님이 하시는 일의 시종(始終)을 사람으로 측량할 수 없게 하셨도다."

7 〈창세기〉 50장 20절. "당신들은 나를 해하려 하였으나 하나님은 그것을 선으로 바꾸사 오늘과 같이 많은 백성의 생명을 구원하게 하시려 하셨나니."

성령 하나님 삼위로 사역하시면서 동시에 한 공동체로 존재하시기 때문에 공동체는 하나님의 존재방식이다.

특히 삼위일체의 하나님은 인간들 속에 이러한 공동체를 창조하시려 했으며, 인간을 창조하실 때 남자와 함께 여자를 창조해 서로 사귀고 섬기도록 하고, 하나님의 공동체와 사람의 공동체가 함께 더불어 교제하는 '신인(神人) 공동체'를 지향하셨다. 또한 하나님과 예수님과 교회가 '완전히 하나 된 공동체'를 이루는 하나님의 경륜을 지상에서 맛볼 수 있도록 하나님이 그리스도 예수 안에서 드러내신 것이 '교회'인 것이다.

그러므로 교회의 핵심은 '서로 사랑함'에 있고, 교회가 진정한 '사랑의 공동체'가 될 때 이 땅에서 하나님의 경륜이 실현된다. 따라서 교회사회복지실천은 개인의 주체성과 집단의 공생성을 동시에 추구하는 방향으로 나아가야 한다(유장춘, 2009). 즉, 삼위일체적 공동체성을 향해 실행되어야 하는 것이다.

(3) 성육신의 영성에 기초한 대상자 중심 교회사회복지실천의 현장성 추구

예수님은 말씀이 육화되어 오신 분이시다. 그 중심 이념은 '내려가서 하나 되기'이다. 그래서 지옥의 흑암이 아무리 깊을지라도 십자가의 빛이 뚫고 들어가지 못할 만큼 어둡지는 않다고 할 수 있다. 왜냐하면 예수님이 우리를 위해 하늘 보좌를 버리고 인간의 몸을 입고 이 세상에 내려오셨기 때문이다. 그것으로 부족해서 우리의 모든 죄를 짊어지고 비참한 죄수의 자리에까지 내려가셨기 때문이다. 우리를 위해 내려갈 수 있는 데까지 내려가셨기 때문이다(〈에베소서〉 3: 17~19).

이러한 성육신의 영성은 사회복지의 가장 기본적인 태도인 이해(understanding)와 공감(sympathy)의 모범이 된다. 기독교 영성은 성육신하신 그리스도와의 깊은 교제를 의미한다. 성육신의 영성을 가진 교회사회복지사는 좁은 문으로 들어가기를 힘쓰는 사람, 낮은 자리, 험한 길로 다투어 달려가는 사람이 된다. 8

성육신의 영성을 소유한 교회사회복지사는 교회사회복지실천에 헌신했던 첫사랑과 뜨거운 가슴을 유지한 채 가장 현장적인 삶을 살아갈 수 있다. 평생 제일선(第一線)에서 어려운 사람들과 함께 울고 웃으며 성육신하신 영성으로 대상자들을 섬길 수 있다. 이렇게 영성이 주도하는 교회사회복지실천은 대상자(client) 중심, 대상자 우선, 그리고 대상자 참여의 교회사회복지실천 윤리와 가치의 기초를 견고하게 한다. 그리고 지금-여기(now & here)를 추구하는 교회사회복지실천의 현장성을 추구하게 한다.

(4) 십자가의 영성에 기초한 교회사회복지사의 자기희생

바울에 의하면, 인간은 십자가를 통해서만 하나님을 인격적으로 만나고 경험한다. 영성적 교회사회복지실천은 '십자가에 달리신 하나님'을 모범으로 삼는 사회복지실천이다. 즉, 교회사회복지실천과 세속의 일반사회복지실천의 극명한 차이는 십자가의 영성 위에 기초한 사회복지실천이라는 사실에 있다.

그러므로 교회사회복지사가 십자가의 영성을 소유하게 되면 대상자에 대한 비심판적 태도, 그들의 본질적 곤고함에 대한 수용, 이타성이라는 공통부분을 넘어 전적인 희생, 자기를 철저히 포기한 절대 헌신의 차원에서 사회복지를 실천하게 될 것이다(유장춘, 2008; 2009).

이를테면 바울의 고린도 서신, 특히 〈고린도전서〉 1장 17절에서 2장

---

8 〈마태복음〉 7장 13~14절. "좁은 문으로 들어가라. 멸망으로 인도하는 문은 크고 그 길이 넓어 그리로 들어가는 자가 많고, 생명으로 인도하는 문은 좁고 길이 협착(狹窄)하여 찾는 자가 적음이라."

5절까지의 말씀은 복음의 주제를 극명히 보여준다. 우리는 두려움과 떨림으로 가득 차 있는 연약한 설교자가 선포하고 사회적으로 멸시받고 사는 연약한 청중이 받은 '예수 그리스도가 십자가에 달리셨다'고 하는 지극히 연약한 메시지를 가지고 있다. 하나님은 연약한 십자가의 메시지를 고린도의 노동자 계층인 연약한 사람들에게 전하기 위해 바울과 같이 연약한 도구를 택하셨다.

(5) 부활의 영성에 기초한 교회사회복지실천의 헌신

십자가는 부활을 전제로 가능하다. 부활을 확신하는 사람만이 십자가를 질 수 있기 때문이다. 일반적으로 사람들은 우리의 현재가 미래를 결정한다고 생각하지만 실상은 우리의 미래가 현재를 결정한다고 보아야 한다. 대부분의 인간은 어떠한 미래를 갖고 있느냐에 따라서 현재의 삶을 어떻게 살아갈 것인가를 결정하기 때문이다.

그래서 부활의 영성을 가진 사회복지사는 사회정의를 위해 용기 있는 행동을 선택할 수 있다. 부활의 영성은 영원을 지향하고, 궁극을 지향하며, 가치를 지향하기 때문에 사회복지사로 하여금 오직 이타적인 목적을 위해 전적인 헌신을 가능케 한다(유장춘, 2003; 2008). 그러므로 영성적 교회사회복지실천은 부활을 전제로 하여 오늘을 살아가는 존재론적 사역이다.

(6) 하나님 나라를 전제로 하는 교회사회복지실천의 통전성

기독교인의 종말은 하나님 나라에 있다. 예수님은 "하나님의 나라가 (이미) 너희 안에 있다"(〈누가복음〉 17: 21)고 선언하셨다. 그리스도의 구속, 즉 하나님 나라는 통시적이며 통전적이다. 영성적 교회사회복지실천은 과거로부터 생긴 상처와 죄의식, 고통으로부터 자유를 얻게 하고, 현재 눈앞에 놓인 삶의 문제들을 해결할 뿐 아니라 미래를 절망으로부터 희망으로 변화시킨다(이준우, 2013).

또한 영혼·육체·관계·생태의 통전적 관여가 이루어져야 한다 (유장춘, 2008). 그것이 하나님의 창조의 완성이기 때문이다. 그러므로 영성적 교회사회복지실천은 복음적이며 동시에 사회적이다. 그리고 신비적이며 과학적이다. 개인과 가족과 집단, 지역사회 그리고 국가와 세계의 평안을 위한 전문적 개입인 동시에 하나님 창조의 완성을 위한 평화(샬롬)의 동역적 사역이다.

2) 영성적 교회사회복지실천의 특징과 인간성 회복

영성적 교회사회복지실천은 교회사회복지사가 절대적 또는 초월적 존재 앞에서 교회사회복지실천의 목적을 달성하기 위하여 활동하는 것이다. 이러한 실천개입에는 교회사회복지실천의 대상이나 현장, 여건 또는 자원보다 자신이 직면하고 있는 하나님이 더욱 중요한 이유와 목적이 된다(이준우, 2013). 그러한 영성적 교회사회복지실천 개입은 다음과 같은 몇 가지 중요한 특징을 갖게 된다(유장춘, 2008).[9]

- 문제해결이나 증세의 완화보다는 이상(理想)을 추구한다.
- 목적이나 결과보다는 과정을 중요시한다.
- 사회복지사 자신의 역량을 신뢰하기보다는 하나님과 동역한다.
- 완전을 지향하기보다 최선을 지향한다.
- 단순한 기술적 접근보다는 존재적(presence) 접근을 한다.
- 영성적 의미를 갖는 사안에 대해 민감한 통찰력을 갖는다.
- 매우 파격적 또는 급진적 변화를 추구한다.

---

9 영성적 사회복지실천을 구체적으로 제시해온 유장춘에 의하면 진정한 사회복지는 영성의 토대 위에서 수행될 때에만 가능하다고 할 수 있다. 본 저자는 바로 이와 같은 유장춘의 견해에 적극 동의하고 있음을 밝힌다.

또한 기독교 영성은 인간의 품성과 통찰력, 변화와 성장, 활동 등에 영향을 미친다. 즉, 하나님과 좀더 깊고 밀접한 관계로 나아가는 영적 성장 안에서 우리의 의지와 품성이 점진적으로 하나님의 뜻과 성품을 따르게 되면서 온전해지는데 그것이 영성의 기능인 것이다. 그리고 더 나아가서 영성으로 말미암아 나타나는 현상은 다음과 같을 것이다(박종삼, 2000; 유장춘, 2003 재인용).

"영성의 역동적 방향성은 내향적(inward), 외향적(outward), 상향적(upward)이다. 먼저 영성의 내면적 충전은 자기이해를 증진시키고 자기 삶의 의미와 목적을 분명하게 해 준다. 내면에 충전된 영성은 외부세계를 다른 차원에서 받아들이게 된다. 음악, 자연, 타인과의 관계에서 영성을 얻게 된다. 그리고 외부세계에 대한 자신의 책임이 무엇인지 묻게 된다. 인류애, 사회정의, 인류평등, 자유, 인간복지, 사회복지 등 영성은 모든 사람의 삶과 자기와의 관계를 보다 큰 그림 속에서 생각하고 느끼고 행동하게 한다."

영성은 인격적 변화와 삶의 질의 변화, 정신과 신체의 치료, 그리고 개인과 사회의 문제해결 등 사회복지가 목표로 삼는 다양한 영역에서 큰 성과들을 나타낼 것이다(유장춘, 2003; 2008; 2009).

(1) 영성적 교회사회복지실천과 자유의 회복

바울은 "주는 영이시니 주의 영이 계신 곳에는 자유가 있느니라"(〈고린도후서〉3:17)고 기록했다. 예수님께서는 "하늘과 땅의 모든 권세"를 소유한 자유로움이 있으셨다. 그리고 그 자유로움으로 "가난한 자에게", "포로 된 자에게", "눈먼 자에게", "눌린 자에게" 자유를 주시려고 기름부음을 받고 세상에 오신 분이셨다(〈누가복음〉4:18~19). 예수님은 그를 따르는 자들에게 두려움, 죄, 탐욕, 무지, 율법, 가난, 여론 등으로부터 자유롭게 하셨다. 그는 우리에게 영생을 주심으로 말미암아 죽음의 두려움을 극복하게 하신다(〈요한복음〉 3: 15, 3: 36, 6: 47; 〈누가복음〉 18: 30; 〈로마서〉 6: 23). 부활과 영생의 확신은 불의와 위협에 맞설 수 있는 용기를 갖게 한다(〈마태복음〉 10: 28). 그는 무한한 용서를 통해 죄와 저주의 결박을 풀고 자유롭게 하셨고(〈마태복음〉 26: 28; 〈누가복음〉 17: 4, 23: 34), 천국을 소유하게 하심으로 세상의 허탄한 욕심으로부터 해방시키셨으며(〈마태복음〉 3: 2, 16: 19; 〈요한계시록〉 11: 15), 진리를 중심으로 무지로부터 탈출시키셨다(〈요한복음〉 8: 32). 뿐만 아니라 "모든 병과 모든 약한 것들"을 고치셨고(〈마태복음〉 4: 17), 복음을 주셔서 율법으로부터 풀어주셨으며(〈누가복음〉 16: 16), 의를 주셔서 세상의 여론이나 핍박에 얽매이지 않게 하셨다(〈마태복음〉 5: 10).

영성적 교회사회복지실천이란 사회복지사가 예수님과 함께(with Jesus), 예수님을 위한(for Jesus), 예수님의(of Jesus) 사회복지를 실천하는 것이다. 그러므로 '예수의 가르침'이란 진리에 대한 순종이 실천되는 공간을 창조하는 일이라고 할 수 있다. 그 공간을 확보하기 위해서는 개방성과 경계 및 환대라는 특징을 조성해야 할 것이다. 공간은 자유로움의 넓이를 의미한다.

예수님께서 만드신 공간에는 진리를 추구할 수 있는 무한한 넓이의 자유로운 공간이 있다. 영성적 교회사회복지사는 대상자와 함께 그 공간으로 들어가 그 자유로움을 경험함으로써 그들의 주체성과 진실성, 유연성, 가치지향성, 그리고 이성의 통찰력을 확대할 수 있도록 돕는 사람이다.

(2) 영성적 교회사회복지실천과 사랑의 회복

기독교 영성은 사랑의 길로 통한다. "하나님은 사랑"이라고 성경은 선언하였다. 예수님께서 행하신 사역의 핵심은 사랑이었다. 사랑은 예수님께서 우리에게 명령하신 유일한 새 계명이다(〈요한복음〉 13: 34, 14: 15, 14: 21, 15: 10, 15: 12). 그러므로 영성적 사회복지실천은 사랑으로 시작해서 사랑으로 끝맺어야 하며 그 실천을 통해 사랑의 회복이 일어나야 한다.

나아가 영성적 사회복지실천을 통해 예수님의 사랑의 넓이와 길이와 높이와 깊이를 알고 배우는 것이 중요하다(〈에베소서〉 3: 18~19). 예수님은 사랑의 넓이를 가족이나 친구에서 세리나 창녀, 그리고 더나아가 원수까지 넓히셨다. 예수님은 사랑의 길이를 '끝까지' 늘이셨다(〈요한복음〉 13: 1). 그래서 예수님의 사랑은 중도에 포기하지 않는 영원한 사랑이다.

예수님은 사랑의 높이를 '하늘나라'까지 높이셨다. 그래서 "뜻이 하늘에서 이룬 것 같이 땅에서도" 이루어지게 하는 지고지순(至高至純)의 사랑이었다. 예수님은 사랑의 깊이를 십자가까지 내리셨다(〈빌립보서〉 2: 5). 그야말로 생명을 바치는 사랑이었다. 사도 바울의 표현은 더욱 강렬하다. 하나님의 사랑은, 우리를 향한 그의 사랑은 '죽기까지 사랑하는' 사랑이라고 했다. "우리를 사랑하사 우리를 위하여 자기 몸을 버리시기까지 사랑하신 사랑"이기 때문에 이 사랑을 끊을 자가 없다고 단언한다.

사도 바울은 하나님의 이 놀라운 사랑을 조금이나마 실감나도록 표현하기 위해 〈에베소서〉 3장 18절과 19절에서 '공간' 개념을 도입하여 주님의 그 큰 사랑을 고백했다. 바울은 로마 감옥에 갇혀 싸늘한 돌바닥에 무릎을 꿇고 엎드려, 3년 동안 함께 교회를 개척하며 눈물과 땀을 뿌렸던 에베소 교회 교인들을 위해 이렇게 기도하였다.

"능히 모든 성도와 함께 지식에 넘치는 그리스도의 사랑을 알고 그 너비와 길이와 높이와 깊이가 어떠함을 깨달아 하나님의 모든 충만하신 것으로 너희에게 충만하게 하시기를 구하노라."

바울이 말하는 하나님 사랑의 너비와 길이와 높이와 깊이라는 것은 4차원의 '공간' 개념을 염두에 둔 표현이다. 하나님의 사랑은 그 자체가 초자연적인 것이다. 그리고 그 사랑의 질과 양도 초자연적이다. 이 사실이 우리로 하여금 그 사랑을 설명하거나 이해하기 어렵게 만든다. 이제 초자연적 사랑을 우리가 눈으로 보고 손으로 만질 수 있는 공간을 만들어 그 속에다 한번 넣어 보자는 것이다. 그렇게 해서라도 우리가 하나님의 사랑을 알고 체험할 수 있어야 한다는 것이 바울의 의도였다.

교회사회복지실천은 이와 같은 4차원적 공간의 개념을 사용해도 다 표현할 수 없는 엄청난 사랑을 그나마 이 땅에서 실현할 수 있는 방법으로서의 영성적 사역이다. 일반 사회의 사회복지가 요구하는 전문가의 품성이 정직, 온정, 용기, 공정함, 근면함과 같은 것이라면 영성을 통하여 형성되는 "사랑과 희락, 화평과 오래 참음과 자비와 양선과 충성과 온유와 절제" 등의 품성들은 하나님의 은사임과 동시에 기독교 사회복지사들의 전문적 품성이다. 그리고 이러한 품성들이 전문적 관계 안에서 활용될 때 전문적 실천의 효율적 결과들이 만들어질 수 있다.

궁극적으로 영성적 접근은 당사자의 영적 성장을 이루어 영성적 품성들을 소유하도록 도움으로써 공동체성의 회복, 즉 사회적 기능을 회복시킬 것이다.

제4장

교회사회복지실천의 변천과정

1. 초기 한국교회와 사회복지실천

"복음이 전파되는 곳에 교회가 있고 거기에 성령이 거하며 바로 그곳에 생명의 빛이 임한다"고 했던 종교개혁자 칼뱅의 말은 적어도 초기 한국교회의 선교 역사에는 그대로 적용될 수 있다. 실제로 우리나라의 경우, 복음이 전파되는 곳에 생명과 빛이 전파되었다. 한국에 전파된 복음도 구령과 함께 새로운 사회건설에 기여하게 되었다. 한국에 전파된 기독교는 전통적인 종교와 가치관을 따르지 않고, 오히려그들을 대체하는 것으로 한국사회에 파고들었다(이준우, 2005).

만인형제 사상을 중심으로 한 기독교의 사회이념은 한국의 전통적인 종교이념과 부합되면서 보다 넓은 의미에서 사람 사는 냄새가 나는 아름다운 공동체성을 지역사회에 구현하는 데에 크게 기여하였다. 특히 초대 서양의 선교사들과 개신교인들은 기독교의 전래와 함께 이미 19세기말에 의료사업과 근대 교육사업을 시작하였으며, 이를 통해 소외되고 고통당하는 사람들에 대한 치료와 교육에 앞장서는 종교로서 기독교가 국민의 가슴에 인식되도록 하였다(이준우, 2010).

사실 복음이 한국에 처음 전파될 당시 전통적 종교는 그 한계를 드러내고 있었다. 유교는 조선왕조를 통하여 당쟁과 양반 우월의 계급주의적 사고, 그리고 형식주의로 인해 백성과 거리감을 좁히지 못했다. 그리고 불교는 억불숭유(抑佛崇儒) 정책을 따라 쇠퇴의 길을 걸어왔으며, 도교는 풍수도참(風水圖讖)화하여 민간 토속신앙으로 변질되었다. 결국 전통적 종교들은 한국의 근세 역사에서 능동적 역할을 다하지 못했다. 기독교가 기존의 유교, 불교, 도교와 같은 전통 종교들을 대신하여 민중에게 받아들여진 것은 복음이 갖는 사회·역사적인 변혁적 메시지에 기인하는 것이다. 곧 전통적인 유교, 불교, 도교, 그리고 민간 토속신앙이 갖지 못했던 새로운 사회를 향한 가치관을 소유했기 때문이었다(이준우 외, 2012).

한국에 복음이 처음 소개되었을 때, 그것은 한국사회에 새로운 각성을 일으키며 낡은 관습과 가치관을 변혁시키는 원동력이 되었다. 복음은 단순히 서양문화를 소개하는 것 이상의 의미를 지니고 있었다. 기독교는 불교나 유교 같은 전통적 종교들에서 발견할 수 없었던 새로운 가치관으로 우리 민족의 역사와 삶에 희망을 제시했다. 인간의 평등, 남녀평등권, 교육의 혁신, 과학의 발달, 그리고 역사의식의 대전환 등 이루 말할 수 없는 대변혁이 복음의 전파를 통해 이루어졌다(이준우, 2010).

1884년 미국 북장로회가 파송한 의료 선교사 알렌(Horace N. Allen, 安運)은 제물포(인천의 옛 이름)에 상륙하여 직접적인 '복음전도'(선교) 뿐만 아니라 간접적인 의료선교를 통해 살아 있는 그리스도의 사랑을 전파하였다. 알렌은 고종 임금의 신임을 얻어 1885년 2월에 정식으로 광혜원이라는 우리나라 최초의 국립병원을 개원했다.

또한 1894년 여선교사 홀(Rosetta Sherwood Hall) 여사가 평양에서 여성 시각장애인들을 데리고 복음전도와 의료선교, 구제사업을 실시했으며 후일 미국 선교사 포르가 1907년에 창설한 '평양맹아학교'와 합

병했다. 그 당시 우리나라는 모든 미신이 복술 맹인(시각장애인)들에 의해 만들어진 것이기에 이들에게 복음을 전하여 주고, 복술 위주에서 침구, 안마 등으로 직업을 전환시켜 주었던 것이다(최무열, 2008).

한편, 초기 선교사들의 복음전도는 매우 건전하고 복음에 충실한 것이었다. 하지만 그들 선교사들의 설교나 가르침은 이원론적 요소를 보였으며, 율법주의적 요소도 많았다. 그럼에도 불구하고 그들의 헌신적 선교활동과 경건한 삶의 모습, 이웃을 향한 이타적인 사랑의 자세는 많은 한국인들에게 깊은 인상을 주었다. 바로 이점에서 초창기 복음은 대사회적 영향력을 크게 발휘했다고 할 수 있다(이준우, 2010).

특히 한국교회의 평양대부흥운동은 영적 대각성 운동이었을 뿐만 아니라 한국교회가 민족을 치유하고 섬기는 공동체로 각인되는 결정적 계기가 되었다. 이 운동은 단순히 교회성장만이 아니라 한국교회를 특징짓는 자립, 자치, 자전, 사회개혁, 복음주의 연합 운동을 태동시키는 결과를 가져왔다(박용규, 2000: 22). 또한 일회적이거나 불연속적인 이벤트 성격의 집회가 아니었다. 민족의 급박한 위기를 타개하기 위한 영성적 사회운동이었으며 이후 한국교회의 백 년을 지탱하게 한 거대한 복음운동의 시작이었다. 이때의 한국교회는 민족의 고통어린 아픔을 가슴에 품고, 모든 소망의 근원되신 하나님 말씀에 집중하였으며, 진리 되신 말씀의 도전 앞에 순복하여 참된 회개를 애끓는 고백으로 실천하였다. 이러한 회개는 삶의 변화를 주도하고, 결과적으로 성도들을 전도와 사회개혁에 헌신하도록 이끌었다.

평양대부흥운동은 1903년 감리교 하디 선교사가 중심에 선 원산부흥운동의 회개로부터 시작되었다. 원산에서 지펴진 대부흥운동의 불꽃은 1907년 장대현교회에서 거대한 불길이 되어 평양 전역으로, 다시 한반도 전체의 영적 각성 운동으로 번져나갔다. 죄의 고백과 중생 체험을 바탕으로 하는 개인의 각성은 기독교 윤리 실천운동으로 나타났고, 미국과 캐나다를 중심으로 한 여러 갈래의 교단 선교부의 선교를 단일한 국내 교단으로 세워가는 교회 일치운동으로 승화되었다. 나아가 민족의 아픔에 동참하여 항일운동의 주체가 되는 민족 치유와 소망으로 자리매김하였고 1909년 백만인 구령운동을 통해 전도의 열정으로 타올랐다.

이렇게 한국교회 대부흥운동은 개인의 영적 각성으로 시작하여 교회일치, 갱신, 성장, 선교, 연합운동으로 이어졌으며, 민족의 아픔에 동참하여 헌신한 항일운동, 교육과 의료사업, 사회계몽 등의 사회개혁으로 이어졌다. 이러한 대부흥운동은 하나님께서 주도하시는 거대한 변화의 물결이다. 미국의 제1차 대각성 운동의 주역인 조나단 에드워즈가 이미 말했듯이 부흥운동은 결코 인간의 어떤 노력으로 만들어지는 것이 아니다(박용규, 2000: 16). 이것은 성령의 능력이 그리스도의 교회에 임재하시고 그 주권적 은혜의 역사를 행사하심으로 가능한 것이다.

결국 사회문제에 접근하는 것으로부터 시작된 한국교회의 초기 선교는 전략적으로 매우 성공적이었다. 선교사들은 서구인과 서구문명에 대해 강한 거부감을 가졌던 한국인들에게 다가가는 가장 가깝고 쉬운 길을 선택한 것이다. 그것이 비록 우리나라와 국민들이 가지고 있던 문제를 모두 해결할 수는 없었지만 보다 근본적인 것으로 나아가는 통로가 되었음은 분명해 보인다. 실제로 대부흥운동은 불완전하던 한국 선교를 완전하게 만들어 주는 계기가 되었다. 대부흥운동이 일어나면서 기독교사회복지와 교회사회복지실천이 더욱 발전하여 빛을 발하게 되었다. 대부흥운동으로 말미암아 복음전도와 사회봉사가 동시에 활발하게 이루어질 수 있었다는 것은 두 가지 사역이 교회의 본질적 활동임을 의미한다.

또한 대부흥운동은 그 운동을 통해 변화받은 사람이 삶으로 그리스도인 됨을 보여주었다는 점에서 큰 의미가 있다. 대부흥운동은 하나의 행사로 끝나지 않았다. 복음이 올바로 전파되는 곳에 진정한 그리스도인이 존재해야 한다면, 한국교회 초기 선교의 역사는 그것을 충분히 입증해 주었다고 본다. 대부흥운동을 통해 하나님을 사랑하는 것과 사람을 사랑하는 것에 한쪽으로 치우침이 없는 그리스도인이 탄생했던 것이다. 진정으로 변화되지 않은 사람이 남을 위해 행하는 봉사는 언제나 이기적인 욕심이나 환상을 충족시키는 방향으로 나갈 가능성이 있다. 교회사회복지실천의 측면에서 볼 때, 대부흥운동은 그리스도의 이름으로 봉사할 사람의 수를 더해 주었고, 봉사에 필요한 재정을 증대시켜 주는 결과를 가져왔다. 그런 의미에서 대부흥운동은 교회사회복지실천에서 무엇보다도 중요한 봉사의 원동력을 제공하였다고 할 수 있다.

초기 한국교회의 복음전도는 사회와 대중을 앞서 인도한 선구자의 역할을 감당하였다. 낡은 가치관을 바꾸고 민족의식을 일깨웠다. 복음전도라는 일이 바로 사회복지적 역할을 충분히 감당할 수 있었을 만큼 대체로 1890년에서 3·1운동 전까지 초기 한국교회의 복음전도는 그 자체에 사회복지적 성격을 내포하고 있었고, 사회변혁적이면서 동시에 문화변혁적이었다.

2. 3·1운동과 교회사회복지실천

3·1운동은 초기 한국교회의 사회복지적이며 사회변혁적인 성격을 개인주의적이며 내세지향적인 방향으로 변화시킨 하나의 전환점이었다. 3·1운동의 실패로 인해 많은 사람들은 민족독립의 소망을 잃었고, 조국의 현실에 절망하게 되었기 때문이다. 그 결과, 교회의 복음

전도와 교육, 그 외의 사역은 점차 내세지향적으로 바뀌었다. 이런 경향은 특히 목회자들의 설교를 통해서 나타나는 세상에 대한 인식에서 극명하게 드러난다. 정성구(2000)는 다음과 같이 지적한다.

"… 세상나라는 소망이 없기 때문에 영원한 하나님의 나라만이 민족의 소망이라고 외쳤던 김익두 목사의 설교는 영원한 하나님의 나라를 말하면서도 차세적인 관심과 민족구원을 힘차게 외친 길선주 목사의 설교와는 대조를 이룬다."

내세적인 교회의 사역은 병들고 상한 영혼을 위로하고 달래기도 했으나 현실도피적이란 점에서 많은 사람들에게 사회에 대한 봉사적 관심을 멀게 하였다. 그 결과 민족 구원의 희망을 갖고 교회로 들어온 많은 사람들이 교회를 떠났으며 일부는 사회주의 운동으로 전환하였다. 아마도 이것이 오늘날 보수적인 교단에 소속된 많은 한국교회가 교회 제도적 차원에서 사회복지를 하지 못하고, 교회 울타리 밖에서 의식 있는 성도들이 개별적 차원에서 사회복지를 하게 된 뿌리가 되지 않을까 싶다(이준우, 2010).

한편, 한국교회의 일각에서는 3·1 운동을 계기로 민족적 자의식에 눈뜬 그리스도인들이 앞장서서 고아원과 양로원을 개설하여 운영하기 시작했다. 또한 3·1 운동은 일본의 무단정치를 문치(文治)로 바꾸는 계기가 되었다. 이는 조선사회를 개방하여 또 다른 사상적 격류에 휩쓸리게 했다. 그 격류는 공산주의와 세속주의였다. 이로써 교회는 기독교를 통해 소개받은 서구문명보다 더 넓은 세계에 직면하게 되었다(이준우 외, 2012). 공산주의는 일본을 통한 지식인이나, 혹은 만주나 시베리아에 갔던 이들의 왕래나 귀향을 통하여 국내로 반입되었다. 뿐만 아니라 공산주의자들은 문서 탁송이 비교적 자유로웠던 선교기관을 통하여 공산주의 서적을 국내에 유입하였다. 사회주의 사상이 국내로 활발하게 유입되면서 이제 교회는 사회주의 운동과 스스로를 구별해야 할 시점을 맞이했다. 1924년부터 나타나기 시작한 사회주의에 대한 기독교의 경고는 1926년과 1927년에 이르러 절정에 이르렀다.

교회는 반기독교적 공산주의에 반대 입장을 분명히 했으나 그에 대한 반발로 반사회적 태도를 취하지는 않았다. 오히려 사회운동을 기독교화시키면서 성령의 역사로 거듭난 사람들이 사회개혁의 주역이 되어야 할 것을 역설하였다. 기독교의 사회적 이상이 공산주의의 그것과 다른 점을 밝히면서도, 다른 한편으로는 자본주의의 모순에 대한 지적도 서슴지 않았다. 특히 경제적 부분이라고 할 수 있는 '빈익빈 부익부'(貧益貧 富益富) 현상에 대하여 힐책하였다. 그러나 교회는 이러한 자본주의 경제제도에 대하여 반박하면서도 자칫 기독교 사회운동이 가져올 수 있는 이데올로기적 사회주의를 극복했다. 기독교 사회운동을 전개하면서도 복음의 핵심에서는 흔들리지 않았다. 이데올로기적 사회주의가 아닌 예수님의 이름과 예수님의 능력으로 새로운 사회 건설이 가능하다고 믿었다(이준우, 2005).

3. 한국교회 사회복지실천의 발전과 한계

초창기 한국교회의 교회사회복지실천의 특징은 사회변혁적 복음전도와 고난 속에 처한 민족을 향한 사랑의 실천 그리고 영적 부흥을 통한 치유에 있다. 이는 한국교회가 복음전도 그 자체에 민족과 이웃을 향한 섬김과 사랑의 나눔을 내포하고 있었음을 의미한다. 이러한 사회복지실천이 구체적인 모습으로 나타난 것이 의료기관을 통한 의료봉사와 교육기관을 통한 교육봉사였다. YMCA, YWCA, 보이스카우트, 걸스카우트 사업 등은 청소년복지 활동의 선구적 역할을 하였고, 고아원, 양로원, 인보관(사회복지관) 등 사회복지실천을 강력히 진행하면서 기독교는 사회의 공신력을 얻기 시작했다(이준우, 2010).

특히 한국 기독교가 한국전쟁을 기하여 제기된 여러 사회문제를 중심으로 사회복지 활동을 대부분 담당하였던 것은 큰 의미가 있다. 한국 기독교는 비록 물적 복지자원은 주로 외국원조에 의존하여 시작했지만 이후 선구적인 그리스도인의 헌신적 도움으로 인적 자원을 형성해 사회에 막대한 공헌을 했다(이준우 외, 2012).

그러나 1960년대부터 시작된 한국의 산업발전과 경제부흥은 외원의 삭감 내지 중단을 초래하여 기독교복지사업과 교회사회복지실천이 위축되기 시작하였다. 불행하게도 한국 기독교는 그때까지 외원에 의하여 진행되었던 기독교복지사업들을 교회적 차원에서 계승하지 못하고, 오히려 외면해 버렸다. 여기에는 근본적인 이유가 있었음을 고찰할 필요가 있다.

한국교회는 1960년대에 독립된 신앙노선을 정립하는 과도기를 겪으면서 교회의 모든 에너지를 내부 문제에 쏟아부어야 했다. 이 시기부터 진행된 신학논쟁과 교단분열은 대사회적인 섬김과 나눔을 실천할 힘을 약화시키는 촉매제가 되었다. 더욱이 1970년대와 1980년대를 거치면서 경제성장의 기적에 심취해 축배를 드는 사회적 분위기에 편승하면서 한국교회는 성장 중심의 자본주의에 젖어 기복적이고 성공지향적인 교회로 급변해갔다.

선교 백년 만에 세계 최대의 교회와 세계에서 가장 큰 장로교회, 감리교회, 순복음교회로 성장하는 쾌거를 거두었다는 허황된 자랑의 뒤안길에는 온갖 비리와 부작용과 폐해가 가득 차고 말았다. 대형교회들에서 연이어 터지는 재정비리, 세습, 성추행, 논문표절 등 낯 뜨거운 문제들은 한국교회를 나락으로 떨어뜨리고 있다(박영돈, 2013). 이렇게 한국교회가 천박한 자본주의가 지배하는 문화와 삶의 양식에 갇혀 버리게 되자 대다수 교회들은 선교 초기의 사회변혁적, 문화변혁적 모습을 잃어버리고 오로지 교회의 양적 성장만을 향해 달려가는 형국이 되었다.

물론 한국경제가 성장하면서 한국 기독교와 교회는 연륜을 쌓고 대내적으로 반성의 목소리도 높여갔다. 1970년대에는 몇몇 교회들이 한국교회도 유럽교회와 같이 사회적 책임을 각성할 것을 촉구하는 운동을 전개하기도 했다. 또한 일부 교회들이긴 하지만 몇몇 모범적인 중대형교회들을 중심으로 내부적으로 교회사회복지실천에 활용될 수 있는 인적 자원, 재정적 자원, 조직과 제도 자원, 시설 자원이 형성되기 시작한 점도 큰 의미가 있다고 본다.

1990년대 중반에 이르러 영등포의 도림교회나 신촌의 아현감리교회, 성북동의 덕수교회 같은 몇몇 교회들은 교회 자원을 토대로 교회사회복지실천을 적극적으로 수행했다. 그리고 2000년대에 들어서는 사랑의교회, 남서울은혜교회, 지구촌교회, 분당우리교회 등과 같은 대형교회에서 체계적이고 전문적인 교회사회복지실천이 이루어지고 있다. 더욱이 두 번에 걸친 "기독교 엑스포" 등을 통해 한국교회가 담당해야 할 다양한 교회사회복지실천의 사례와 모델이 제시되기도 했다.

하지만 딱 거기까지였다. 한국의 교회사회복지실천은 대형교회들이 자신들의 양적 성장과 성공 지상주의에 대한 사회적 비판을 면피하기 위한 도구라는 말을 들을 정도로 교회사회복지실천에 기울인 노력과 열정에 비해 사회적으로는 평가절하되는 기이한 현상을 접하게 된다. 이는 지나친 개교회 중심의 교회사회복지실천으로 인한 사회적 도전이 아닐까 싶다. 큰 교회와 작은 교회가 연합하여 교회사회복지실천을 수행하는 아름다운 모델을 시급하게 만들어내야 할 필요성까지 느끼게 한다.

이렇게 한국교회는 활용 가능한 엄청난 민간복지 자원으로서의 요건을 모두 갖추었으면서도 지혜롭게 활동하지 못함으로써 사회적 인정을 받는 데에 실패하고 말았다. 과거 한국교회는 앞서 살핀 대로 정부가 미처 소외계층에 대해 눈을 돌릴 여유가 없을 때 교육, 의료, 장애인, 아동, 노인 및 사회개발의 범주에까지 복지사업을 발전시켰고, 그로 인해 대사회적 신뢰가 높았었다. 주님의 교회가 아닌 목사의 교회라는 인식이 팽배해진 오늘 우리 한국교회가 회복되기 위해서는 다시 한 번 나눔과 섬김의 교회사회복지실천을 목회적이며 선교적인 차원에서 아무 조건 없이 헌신적으로 수행하려는 노력이 요구된다.

제5장

교회사회복지실천의 이론과 모델

1. 교회사회복지실천의 이론

생태체계 관점과 강점 관점은 일반사회복지실천의 가장 핵심적인 관점이라 할 수 있다. 그래서 모든 사회복지 전문가들은 귀가 따갑도록 생태체계 관점과 강점 관점에 대해서 들어왔을 것이고, 상당한 부분을 이미 알고 있을 것이다. 그러므로 생태체계 관점과 강점 관점을 새삼스럽게 또 설명하는 것은 시간 낭비가 될 수 있을 듯하다. 중요한 것은 성경에서 말하는 교회사회복지실천의 관점이 생태체계 관점과 강점 관점을 고스란히 반영한다는 사실이다. 그렇다면 어떻게 해서 생태체계 관점과 강점 관점이 성경적 교회사회복지실천의 관점이 될 수 있는가? 아니 성경적 관점과 이들 관점들이 어떻게 해서 합치될 수 있는가? 바로 이 부분에 대해 구체적으로 고찰하고자 한다.

1) 생태체계 관점

예수님이 지상에 머무셨던 시대에 유대사회에서 '나사렛 예수'라는 존재는 정통신학과 응용신학을 연결시켜 주는 핵심 가교였다. 예수의 처형을 주창하는 종교 당국자들의 손에 결국 그를 넘긴 것은 바로 그분이 응용신학과 손을 잡았다는 사실 때문이었다. 전통신학이 일반적인 유대교 선민사상을 옹호하는 것이라면 응용신학은 이 세상 모든 사람이 하나님의 자녀가 될 수 있다는 인식에 기초하는 것으로 볼 수 있다(유장춘, 2005). 결국 예수님은 편협한 유대주의와 맞섰고, 그 결과로 십자가에 달리신 것이다. 물론 이 모든 것은 우리 인간을 구원하시기 위한 하나님의 뜻이다.

이렇게 본다면 그리스도의 몸이라 할 수 있는 주님의 교회는 세상을 향해 나아가야 하며 세상과 유기적으로 연결되어 있어야 한다. 그러면서도 세상의 가치에 종속되지 않고 하나님 나라를 소망하면서 이 땅에 진정한 하나님의 나라를 구현하기 위한 변혁의 활동을 구체적으로 수행해야 한다.

왜 그렇게 해야 하는가? 교회는 사회로부터 유리된 것이 아니라 사회의 일부이기 때문이다. 교회는 사회 속에 있지만 사회의 지배를 받는 것이 아니라 하나님 나라의 영향권 아래에 있다. 생태체계 관점은 이와 같은 성경적 시각을 설명하는 데에 매우 유용하다.

실제로 지역사회에서 교회가 존재하는 목적은 그 사회적 환경 내에서만 성취될 수 있다. 교회사회복지실천의 시각에서 볼 때, 교회는 지역사회의 완전한 일부로서 이해되어야 한다. 교회 공동체와 그 속에 속한 믿음의 형제자매들이 서로 얽혀 짜인 사랑의 관계망은 교회가 세상으로부터 교회와 성도를 격리시키기 위한 것이 아니라 악으로부터 보호하기 위한 방편이다.

생태체계 관점과 그에 따른 생태체계 이론으로부터 일반 사회복지사들은 개방체계와 폐쇄체계 간의 차이를 인식하는 법을 배운다. 폐쇄체계의 특징은 통과할 수 없는 경계이다. 이러한 단단함이 체계들을 파멸로 몰아간다. 에너지를 자신들의 환경과 바꿀 수 있는 능력이야말로 폐쇄체계를 개방체계로 전환시킬 수 있으며 동시에 다양한 변화에 대처하며 건전한 상태로 남아 있을 수 있도록 허용해 주는 것이다. 교회와 사회 간의 효과적이며 효율적인 교류는 결국 에너지의 건전한 교류를 초래하며 교인과 비교인 모두에게 다 같이 이익을 준다. 예수님의 패러다임으로는, 기독교인들이 보다 나은 기독교인이 되는 것은 기독교인들끼리 교류할 때만이 아니라, 비기독교인 즉, 모든 인류와 교류할 때라는 것이다.

이런 맥락에서 볼 때, 교회를 두고 사용된 성경상의 은유들은 매우 계시적이다. 즉, 다른 사람이 누릴 수 있도록 밝은 빛을 비추는 등불(〈요한복음〉 5장), 세상의 소금(〈마태복음〉 5: 13), 사라질 것을 보전하도록 작정된 것, 즉 터 위의 집(〈에베소서〉 2: 20~22) 등을 말할 수 있다. 교회를 지역사회 전체의 순수한 일부로 봄으로써 우리는 교인들과 목사들이 다 같이 사회의 안녕을 증진시키고 참여할 의무가 있다고 기대할 수 있게 된다.

예수님의 시각에서, 교회는 하나님과 인류와의 상호작용을 용이하게 하는 하나의 도구이다. 다시 말하자면, 생태체계적 관점에서 볼 때 전체 사회에 영향을 끼치는 것은 신앙공동체, 즉 교회에도 영향을 끼치는 것이 틀림없다는 것이다. 설사 교회가 그것을 무시하고 부인하려 할지라도 말이다. 그때 교회의 임무는 생태체계적 성격을 갖추게 된다. 교회는 사람들 간의 그물망에서 가장 중요한 기반이 된다.

교회의 이러한 생태체계적 성격으로 인해 교회는 3가지 분야에서 적절한 유기체적 특성을 얻게 된다. '첫째, 역사, 둘째, 문화, 셋째,

사회'이다. 교회의 역사적 적절성을 생각할 때에, 우리는 시간과 공간 차원을 강조한다. 문화적 적절성은 교회의 도구적 차원을 강조한다. 사회적 적절성이라는 개념은 교회의 통합적 차원을 강조한다. 이러한 3차원적 차원은 지리적, 정치적 경계를 초월하는 교회사회복지 실천 개입을 위한 기초가 된다.

또한 신약에서 사용된 그리스어 '디아코니아'(*diakonia*)는 '봉사하다' 또는 '도움을 주다'의 뜻을 가진 동사인데 이 말에서 영어의 'deacon' (집사, 부제)이 유래하였다. 이 말이 함축하는 것은 인간의 욕구가 있는 곳에는 그 욕구를 기꺼이 충족시켜 주려 하는 누군가가 반드시 있기 마련이라는 것이다. 예수님께서는 자신의 사명이 섬김을 받으려 함(*diakonethenai*)이 아니라 도리어 섬기려 함(*diakonesai*)이라고 분명하게 밝히셨다(〈마태복음〉 20: 28).

예수님께서 기대하신 것은 교회가 내부적으로만 서로 도움을 주고받는 것이 아니라 사회적으로 소외된 대중에게 봉사하는 것이었다(〈마태복음〉 25: 44~46). 생태체계 관점으로 볼 때, 교회의 역할은 복지 관료체제에 의하여 제도적으로 무시당한 채로 있는 사람들에게 봉사하는 것이다. 가난한 사람들에 대한 이러한 공약은 가난한 삶들과 사회적으로 소외된 사람들과 관련하여 교회의 문화적 적절성을 의심하게 된 전통 신학자들이 주로 다루었다.

전문분야로서 사회복지실천은 공공서비스라는 개념에 뿌리를 둔다. 사실, 옛날에는 전문 사회복지사들이 공공서비스 분야에 배치되었다. 이 서비스 실천의 민간화를 뒷받침하는 이유가 무엇이든지 간에, 사회복지실천 초기의 가치관들은 사회적 소외계층에 대한 봉사에 견실하게 뿌리박고 있다는 사실에는 변함이 없다.

2) 강점 관점

진정한 변화는 긍정적인 미래상을 꿈꿀 때 가능하게 된다. 즉, 문제가 아니라 가능성에 초점을 두는 인식의 전환이 일어날 때 변화는 진짜 이루어진다. 하지만 솔직히 그동안 교회사회복지실천을 담당하는 전문가들은 서비스 대상자가 문제로 인한 고통을 극복하는 것에 주로 초점을 두었다. 이것 또한 마땅한 목표이지만 고통에서 단지 벗어나는 것만으로는 충분하지 않다. 그들은 보다 더 새로운 힘을 기르고 개인적 자원을 활용하고 갖추어 나가야 한다. 그렇게 하려면 목표로 삼을 수 있는 표상이 있어야 하는데 그것이 바로 '강점으로 바라보는 관점'이다.

이러한 강점으로 바라보는 관점이야말로 가장 성경적인 시각이기도 하다. 이스라엘 백성이 가나안에 들어가기 전 그 땅을 살펴보려고 12명의 정탐꾼을 보냈다. 그들 중 10명은 돌아와 이렇게 보고하였다. "정말 그곳은 젖과 꿀이 흐르는 땅이지만 그 땅의 사람은 강하고 성읍은 견고하다. 거기서 본 모든 백성은 키가 엄청나게 크고, 우리는 메뚜기 같다."

이렇게 보고한 사람은 위협과 약점 그 자체에 골몰하느라 그들이 가지고 있는 힘, 즉 하나님을 생각지도 못했던 것이다. 그러나 여호수아와 갈렙은 적이 얼마나 강한지, 그에 비하면 자신들은 얼마나 악조건을 가졌는지 생각하기보다는 자신들의 강점, 즉 하나님이라는 광대한 자원을 강점화하려고 하였다. 그래서 두 사람은 이렇게 선언하였다. "그들은 우리의 밥이다. 그들의 보호자는 그들에게서 떠났고 여호와는 우리와 함께하신다. 그들을 두려워 말라."

다윗과 골리앗의 싸움도 마찬가지이다. 이스라엘 사울왕의 군대는 적장 골리앗 앞에서 두려워 떨며 싸워 볼 엄두조차 내지 못했다. 골리앗 장수가 얼마나 크고 무서운 존재인지 상대편 조건에 대한 두려움에 너무 매몰되어 있었다. 그러나 소년 다윗은 골리앗보다 큰 하나님을 떠올리고 하나님의 힘을 자신이 가진 강점이라고 믿고 의지했다.

교회사회복지실천의 관점은 이와 같이 자신이 가진 강점을 우선시하는 시각이다. 그러므로 교회사회복지사는 서비스 대상자뿐만 아니라 모든 사람을 강점 중심으로 바라볼 수 있어야 한다. 하나님은 이런 교회사회복지사와 교회사회복지실천을 수행하는 교회를 크게 사용하신다. 하나님은 이들을 통해 수많은 사람들을 아름답게 변화시켜 가신다. 그런 맥락에서 지금까지 문제라고 보고, 그 문제를 확대시켜 약점이라고 단정하였던 그 모든 것들을 하나님의 시각에서 가능성과 소망 그리고 강점으로 바라보려고 노력하는 것은 교회사회복지실천의 첫걸음이라 할 수 있다.

2. 교회사회복지실천의 모델

이상에서 간략하게 다룬 생태체계 관점과 강점 관점을 기초로 하여 교회사회복지실천의 이론을 다음과 같은 '실천 모델'을 통해 살펴보고자 한다.

1) 교회사회복지실천 활동 유형에 따른 ABC 모델

교회는 이웃을 섬기기 위해 부르심을 받은 공동체이며 신도들의 모임이므로 그 안에는 다양한 사회적·경제적 신분을 가진 사람들이 있다. 뿐만 아니라 이렇게 많은 사람들이 한자리에서 예배드릴 수 있는 시설도 있고, 모이는 시간도 있으며, 전 교인을 구역으로 묶은 조직도 있으므로 교회가 가진 자원은 풍부하다. 이러한 자원을 물질적·정신적 및 정서적 복지요소라고 볼 수 있다. 복지요소란 사회복지실천을 수행할 수 있는 능력으로 작용하는 것을 말한다. 교회가 가진 사회복지실천적 능력이란 한마디로 교회 내외의 자원을 동원하고 이를 조직하여 활용할 수 있는 능력을 말한다. 박종삼(2000)은 교회의 자원을 다음과 같이 분류하여 설명하였다.

첫째는 인적 자원이다. 이는 교회 내부의 여러 교인들을 지역사회 봉사에 동원함을 말한다. 교회 안에는 의사, 법률가, 교수, 간호사, 약사, 사회복지사, 전문기술자 등 전문인력은 물론이고 일상적인 자원봉사를 할 수 있는 평신도들도 포함되어 있다. 그러므로 이러한 각계각층의 다양한 인적 자원을 동원하고 조직·훈련하며 활용할 수만 있다면 이 자원은 엄청난 위력을 발휘할 수 있을 것이다.

둘째는 물적 자원이다. 물적 자원은 재정에서부터 생활필수품까지 물질적 요소를 포함한다. 교인들은 이러한 물적 자원을 새것이든 쓰던 것이든 동원하여 적재적소에서 요긴하게 사용하도록 함으로써 자신의 소중한 일부를 이웃과 나누는 이웃사랑 정신을 실천할 수 있다.

셋째는 시설 자원이다. 교회는 지역사회를 위해 활용할 건물, 운동장 그리고 여러 다른 시설을 갖추고 있기 때문에 이 시설을 잘 활용하면 훌륭하게 사회복지실천을 할 수 있다.

넷째는 조직 자원이다. 한국사회에서 교회만큼 기능적으로 성원을 조직해 놓은 사회기관은 없다. 특별히 구역(셀) 조직은 곧 교회가 지역사회에 봉사하기 위해 흩어져 나간 강력한 기능적 조직이다. 그러므로 이와 같은 조직 자원을 사회복지실천에 체계적으로 동원할 수 있는 방법을 찾는 것은 매우 중요한 과제이다.

마지막으로 교회가 가진 자원은 지역사회로부터의 신뢰와 인정이 있다. 지역사회 주민들이 교회에서 계획을 세워서 실시하고자 하는 사회복지실천 프로그램에 대해 신뢰하고 이에 호응해 주는 것은 또 하나의 교회의 능력이 될 수 있다. 다시 말해, 교회는 종교기관이라는 그 본질적 특성으로 인해 지역사회로부터 전적인 인정과 신뢰를 얻을 수 있으며, 이는 교회와 일반 사회단체를 구별시켜 주는 가장 두드러지고 중요한 능력이 될 수 있다.

박종삼(2000)은 교회가 이러한 자원들을 활용하여 사회복지실천을 수행하는 양상을 다음의 3가지 모델로 나누어 구체적으로 정리하였다. 이 3가지 모델은 한국교회가 지역사회에서 사회복지실천을 통해 구체적으로 어떻게 일해왔는지를 연구하는 데 가장 기본적인 준거 틀이 될 수 있다.

- 첫째 모형(모델 A): 교회가 독립적으로 사회복지재단을 설립하여 시설을 갖고, 지역사회 내에서 사회봉사(복지)활동을 전개하는 모형이다.
- 둘째 모형(모델 B): 교회 자체 내의 여러 형태의 자원들(시설 자원, 인적 자원, 재정, 조직 등)을 이용하여 사회봉사를 실천하는 모형이다.
- 셋째 모형(모델 C): 교회가 직접 사회봉사 시설이나 프로그램을 갖지 않고, 교인들이 지역사회 내에서 자원봉사 활동으로 사회선교적 책임과 사회요원으로서의 사명을 다하도록 동기화하고, 훈련시키며, 봉사할 기회를 창출하여 제시해 주는 모형이다.

이 3가지 교회사회봉사의 모형들은 지역사회의 실정과 교회의 사정에 따라서 선택적 또는 종합적으로 활용될 수 있다. 교회사회복지실천의 모형은 첫 번째 그리고 두 번째 모델과 주로 관련성을 갖는다. 물론 세 번째 모델의 개입이 전제되지 않는다면 모든 모델의 개입실천은 불가능하다고 본다. 교회사회복지실천의 모형을 좀더 구체적으로 살펴보자.

(1) 모델 A

모델 A는 교회가 복지재단을 설립하여 지역사회 내에서 사회복지실
천을 수행하는 유형이다. 이 모델은 근대화되고 전문화되어 가는 지
역사회에서 복지욕구에 전문적으로 대처하기 위하여 교회가 재단을
설립하여 운영하는 경우로 국가의 보조를 받을 수도 있다. 이 경우 사
회복지실천에서 선교의 기능은 간접적 형태가 되고 복지기능은 사회
나 정부에 대해 책임을 질 수 있는 철저한 전문적·행정적 조치를 필
요로 한다.

이 모델을 활용할 경우 지역사회와의 통합은 필연적으로 이루어지
게 되며 특히, 지역사회 내 전문 사회복지기관과의 유기적 연계가 잘
이루어진다. 이 모델은 정부의 재정지원을 얻을 수 있는 장점이 있는
반면, 정부의 지도감독 하에 놓여 운영 자율권에 제한을 받을 수 있다
는 단점이 있다. 당연히 선교적이며 목회적인 사역을 직접적으로 하
기란 불가능하다.

모델 A를 통해 교회사회복지실천을 수행하는 대표적인 사례들로는
사랑의교회, 영락교회, 지구촌교회, 분당우리교회, 남서울은혜교회
등과 같은 주로 대형교회를 들 수가 있다.

(2) 모델 B

모델 B는 교회의 모든 자원(인력, 시설, 재정 등)을 동원하고 활용하
여 지역사회 내 봉사 대상자를 위해 교회가 자체적으로 사회봉사관을
설치하여 운영함으로써 교회사회복지실천 프로그램을 실행하는 유형
이다. 교회의 시설이나 재정 자원, 그리고 전문요원 등에 따라서 프
로그램의 선택이나 구성의 범위가 달라질 수 있다. 그러나 먼저 지역
사회 내 주민의 수와 특성 그리고 그들의 욕구들(의식주, 교육, 훈련,
의료, 보건, 취업, 수입 유지 등)을 조사하고 이를 반영하는 프로그램을

만들려는 노력이 필요하다.

이 모델을 활용할 경우 교회가 전적으로 투자하여 기관을 운영하기 때문에 재정적 부담은 크지만 교회의 자율권이 확보되어 교회사회복지실천의 일환으로 강력한 복지선교와 복지목회를 수행할 수 있다는 장점이 있다. 다만 수혜자의 범위가 교인이나 일정 지역 내 주민으로 제한될 가능성을 내포한다.

우리나라 지역교회의 경우, 이러한 모델 B를 사용한 교회사회복지실천 프로그램을 실시하는 것으로 추정되는 교회의 수는 대략 80～100여 개 정도로 추산된다. 이들 교회에서 실시하는 프로그램의 내용으로는 장애아동 조기교실 운영 (서울 초동교회 등), 주말학교 운영 (서울 영동교회 등), 장애인 선교기관에 대한 협력과 지원 (서울 광장교회 등) 등이 있다.

(3) 모델 C

모델 C는 교회가 직접 지역사회를 위한 복지 프로그램을 운영하지 않고 교인들이 지역사회 내 복지기관에서 자원봉사를 하는 실천모델이다. 이 모델을 활용하는 교회는 소형교회나 또는 교회의 시설이나 기타 자원에 한계성을 지녀서 직접 복지활동을 수행하기 어려운 경우가 많다. 대신에 교회는 지역사회 내 복지기관이나 단체, 그리고 지역사회 내 요보호 대상자 가정을 방문해서 자원봉사를 할 수 있도록 교인들을 훈련해 파송한다.

이와 같은 모델 C는 교회가 직접 사회복지시설이나 프로그램을 설계하거나 운영하지 않고 교인들이 지역사회 내에서 자원봉사 활동으로 복지선교적 책임과 사회봉사 요원으로서의 사명을 다하도록 동기화하고 훈련시키며, 봉사할 기회를 창출하여 제시해 주는 모형이다. 대형교회가 직접 진행하는 대규모 교회사회복지실천에 대한 비판과 부정적 시각이 팽배한 오늘날의 현실을 감안할 때, 이는 대안적 모델로 활용될 수 있다. 즉, 한국교회가 교회사회복지실천의 방만함을 반성하고 성숙을 지향하기 위해 더욱 확대되어 적용될 필요가 있는 것이다.

이러한 모델 C를 사용하는 교회는 많이 있지만, 아직도 교회 내에서 구심점을 찾지 못한 채 교인들이 교회와 관계없이 자원봉사를 하는 경우가 많다. 이러한 상황을 극복하고 이 모델을 적절하게 활용하기 위해서는 교회가 자원봉사자를 관리할 수 있는 최소한의 조직이 필요하다. 이것이 개교회의 입장에서 부담된다면 교회들이 연합하여 공동으로 관리운영하는 방안도 고려해 볼 수 있다.

이상에서 소개한 모델 A, B, C는 오늘날에는 좀더 세분화되어야 할 필요가 있다. 오늘날의 한국교회에서는 각 모델들이 조합되어 "A-B, B-C, C-A, A-B-C" 등의 다양한 형태로 나타나기 때문이다. 이뿐만 아니라 모델 A 내에서도 교회가 독립적으로 사회복지재단을 설립하여 시설을 가지고 지역사회 내에서 사회복지실천을 전개하는 별도 독립된 사회복지법인 운영 모델(A-가)과 정부나 지방자치단체가 설립한 사회복지기관을 위탁운영하는 별도 위탁운영 모델(A-나), 그리고 앞서 말한 'A-가' 모델과 'A-나' 모델이 통합되어 별도 독립된 사회복지법인을 운영하면서 동시에 위탁운영을 하는 별도 위탁운영 모델을 모두 갖고 활동하는 (A-가)+(A-나) 모델이 있다.

향후 모델 B와 모델 C에 대한 세부적 정리도 필요할 것으로 본다. 즉, 앞으로 모델 B와 모델 C도 보다 구체적으로 세분화되어야 할 것이며 이에 관한 연구와 논의도 지속적으로 이루어져야 할 것이다. 한국교회의 사회복지실천 모델에 따른 복지참여 형태를 간단히 살펴보면, 〈표 5-1〉과 같다.

구분	모델 A형			모델 B형	모델 C형
운영 모형	A-가 별도 독립법인 운영	A-나 별도 위탁운영	A-가 + A-나	자체 설치 운영	봉사동기고취 운영
운영 주체	교회가 직접 투자하여 독립법인 설립	정부 또는 지방자치단체가 설립하여 교회에 위탁관리	교회가 별도 독립법인과 별도 위탁운영 동시 운영	교회 프로그램의 일환으로 특별위원회에서 운영 위임	교회 내 사회봉사부 사업으로 교육, 훈련 및 파견 운영
주요 프로그램	사회복지시설의 전형적 프로그램	사회복지관 프로그램	전문 사회복지 프로그램	아동, 노인, 장애인, 빈민 지원 프로그램	사회봉사 교육, 훈련
장점	운영의 자율권 확보, 정부의 재정지원	재정 부담이 없음, 정부의 재정지원	정부의 재정지원, 다양한 사회복지 사업 가능	운영 자율권 확보, 자원동원 원활	재정 부담이 없음
단점	재정 부담, 정부 간섭	정부 간섭	재정 부담, 정부 간섭	수혜 대상의 범위 제한 가능성	교육과 선교 치중 가능성, 사회복지 참여 의심

2) 교회사회복지실천 내용에 따른 3S 모델

3S 모델은 도움이 필요한 대상자들을 위한 교회사회복지실천의 서비스 유형을 지지적 서비스(*supportive service*), 보충적 서비스(*supplementary service*), 대리적 서비스(*substitutive service*) 등 크게 3가지로 분류한 것이다(박종삼, 2000). 이상의 내용을 좀더 상세히 살펴보면 다음과 같다.

(1) 지지적 서비스

지지적 서비스는 도움이 필요한 대상자들이 가정 내에 보호자는 있으나 보호자와 도움을 필요로 하는 대상자 사이에 긴장이 내재하는 경우로, 개입되는 서비스는 보호대상자에 대한 개인 상담을 통한 접근과 가족기능의 회복과 가족원 간 관계강화를 위한 보호자에 대한 상담 및 교육을 통한 접근이 있을 수 있다. 예를 들어 설명해 보면, 지지적 서비스를 중심으로 한 교회의 아동복지 프로그램은 대체로 보호대상자의 욕구를 충족시키며, 보호자의 역할과 기능을 보완하고 능력과 기술을 개방하며, 보호대상자를 둘러싼 환경의 보완 및 개선에 관련된 분야가 될 것이다. 도움이 필요한 보호대상자들의 욕구 충족에 관련된 분야는 다음과 같다.

- 건강: 빈곤가정 보호대상자들의 신체적·정신적 욕구 충족을 위한 건강, 병원검진을 포함한 각종 정보, 자료의 보급을 포함한 건강지원 서비스
- 교육: 도움이 필요한 빈곤가정 보호대상자들의 인지발달 욕구를 충족시키는 흥미 있는 학습도구와 자료의 지원 및 교육 프로그램 개입
- 정서·행동개발: 도움이 필요한 보호대상자들의 기질, 성격, 행동의 변화와 발달 및 적절한 자아통제에 도움이 되는 상담
- 신변처리: 장애인 및 아동을 포함한 보호대상자들의 옷 입기, 식사, 목욕, 빨래, 투약 등을 포함한 독립적 신변처리 지원 및 돌봄 서비스

보호를 위한 보호자 능력 개발에 관한 내용은 다음과 같다.

- 기본적 보호: 신체적 욕구 및 의식주를 포함한 기본적 욕구에 관련된 보호자 교실 운영
- 안전보호: 위험하거나 위해한 시설이나 환경으로부터의 안전 보호, 장난감, 놀이기구, 교통안전 등에 관한 교육 및 용품 지원
- 자극: 인지력 발달을 위한 자극으로 창의적 놀이, 대화, 학습, 기타 도움이 되는 각종 자료 또는 프로그램 지원

(2) 보충적 서비스

보충적 서비스는 보호자는 있으나 보호자의 역할과 기능이 일시적으로 부재한 경우에 개입되는 서비스로 사회보험이나 공적 부조를 받을 수 있도록 안내 또는 알선 및 지원, 맞벌이 부모들을 위한 보육 프로그램, 모의 장기 입원 또는 보호자의 일시적 부재의 경우에 개입되는 재가복지(*home maker service*) 등이 있다. 보충적 서비스에 대한 이해를 돕기 위해 실제 프로그램 사례를 통해 설명하면 다음과 같다.

- 결식아동 지원사업: 교인 및 아동 1 : 1 결연사업, 학교 급식비 지원, 밑반찬 만들어 주기, 김장 담가 주기, 저녁도시락 지원사업
- 새싹가정 이모, 후견인 되어주기: 부모나 돌보아 줄 어른들이 없는 새싹가정 아동들을 위한 학습지도, 생활지도, 상담, 정서지도 등을 위한 이모 또는 외삼촌, 후견인 되어 주기 사업, 보호자가 없는 독거노인 또는 장애인들을 위한 후견인 되어 주기
- 방과후 교실 운영: 교회 교육관 등을 이용해 지역사회의 도움이 필요한 아동들을 대상으로 방과후 학습지도, 간식 주기, 기타 방과후 교실 운영
- 주간보호시설 운영: 낮 동안 돌볼 수 있는 보호자가 없는 대상자들에게 교회를 이용한 주간 보호시설 운영을 통해 건강보호, 급식, 이발, 목욕 등 서비스 제공
- 영유아돌봄사업: 도움이 필요한 부자가정의 영아 또는 맞벌이 부모들의 아동들을 위한 낮시간 동안 아기 돌보아 주기(*baby sitter*) 프로그램
- 홈트레이너센터(*Home Trainer Center*) : 아동의 기질적 특성, 질병, 인지력, 발달 지체 등의 필요의 충족을 위해 전문가를 아동의 가정에 정기적으로 파견하여 재가치료, 상담, 학습지도, 행동수정 등을 하며, 때로 일시적으로 어머니의 역할이 부재할 경우 이를 보충해 주는 프로그램 센터 운영
- 어린이 안전교육학교 운영: 가정이나 지역사회에서의 어린이 안전을 위한 학습, 훈련 등 안전교육학교 운영
- 안전 분만과 조산센터: 가정에서 아동을 분만하거나 병원분만의 경우 출산 및 산후 조리를 위한 지역사회 조산센터 운영

(3) 대리적 서비스

대리적 서비스는 도움이 필요한 대상자들을 위한 최후의 방어선으로 보호자가 없거나 보호자가 있어도 그 역할과 기능이 불능인 경우에 개입되는 서비스로서 가정위탁보호(foster family care), 입양(adoption), 시설보호(institutional care)에 대한 위탁가정 또는 시설을 통한 각종 서비스 개입 등이 있다.

대리적 서비스에 대한 이해를 돕기 위해 실제 프로그램 사례를 통해 설명하면 다음과 같다.

- 위탁가정 신청을 통한 가정위탁 서비스 지원 또는 해체가정 아동 및 위기가정 아동들을 대상으로 일시적으로 교인의 가정에서 양육해 주는 수양부모 되기
- 아동, 노인, 장애인 시설 방문을 통한 지역사회 내의 어려운 시설에 연간 예산을 책정하여 지원하거나, 특별헌금을 통해 지속적으로 지원
- 빨래, 청소, 김장 담그기 등 지속적인 교회의 자원봉사 활동 전개

3) 전인적 복지실천 실로암 모델[1]

교회사회복지실천의 모델로서 예수 그리스도의 사역 원리에 기초하여 정리된 실로암(SILOAM) 모델이 있다. 실로암 모델의 특징은 다음과 같다.

첫째, 《신약성경》의 〈요한복음〉 9장에 근거한다.

둘째, 예수님께서 자신의 사역 가운데에서 직접 행하신 모습으로

---

1 실로암 모델은 김성이·유순도·이창희·김종인·김광빈·황옥경·김병삼·박현정 (2005)의 《교회사회복지의 철학과 방법》을 중심으로 재정리했음을 밝힌다. 주요 모티브와 구조를 가져왔으며 각 세부 설명의 내용은 본 저자가 수정·작성하였다.

부터 도출해낸 실천모델이다. 예를 들면, 진흙을 이겨 눈에 바르시는 등 예수 그리스도가 몸소 행동으로 모범을 보여준 헌신과 자기희생의 원리에 기초해서 정리한 실천모델이다.

셋째, 하나님의 섭리와 뜻을 실현시킨 모델이다. 교회사회복지실천을 통해 이루고자 하는 목표점은 하나님의 섭리와 뜻을 이 땅에 실현하는 것이다. 이 모델은 복지실천을 통하여 기적을 이루시는 하나님의 섭리를 완성시킬 뿐만 아니라, 〈요한복음〉 9장 37절 "예수께서 가라사대 네가 그를 보았거니와 지금 너와 말하는 자가 그이니라" 라는 말씀에 근거해 궁극적으로 하나님과의 만남을 통한 영성을 추구하는 교회사회복지실천의 본질을 살펴볼 수 있다.

넷째, 교회 중심의 모델이다. 예수님은 "실로암 못에 가서 씻어라"고 말씀하셨는데, 실로암은 우리말로 번역하면 "보냄을 받았다"는 뜻(〈요한복음〉 9: 7)이다. 이 실로암 모델은 이미 보냄을 받은 자들의 모임, 즉 예수 그리스도의 몸인 교회를 통해 교회사회복지실천이 수행되어야 함을 의미한다. 여기서 교회의 범위는 선교회 등과 같은 파라 처치(para church)도 있고, 개교회인 로컬 처치(local church)도 있다. 즉, 이러한 모든 교회를 총칭한다.

이와 같은 실로암은 영육 간에 소외된 복지 대상자를 찾아서 그들의 존재 가치와 정체성을 찾도록 도와주고 하나님 안에서 그들 인생의 목표와 비전들을 갖게 해 주며, 교육과 훈련, 치료 등 다양한 기회를 통해서 복된 삶을 영위하도록 한다. 아울러 복지 대상자가 예수 그리스도의 제자가 되어 온 세상 끝까지 복음전파의 일꾼으로 사역하는 인간구원 운동이며 전인적 복지모델이다. 그러면 이 실로암 모델을 구체적으로 살펴보자.

(1) Search

실로암의 'S'는 Search의 머리글자로서 '찾다'라는 뜻이다. 교회사회복지실천은 우선, 복지 대상자를 찾아나서야 함을 말한다. "예수께서 길 가실 때에 날 때부터 소경된 사람을 보신지라"(〈요한복음〉 9: 1). 이처럼 잃어버린 한 마리의 양을 위해 찾아나서는 목자 예수님처럼 가난한 자, 병든 자, 소외된 자, 즉 장애인, 노인, 빈곤아동 등 요보호 대상자 등 복지욕구가 있는 자를 직접 찾아 그들의 욕구를 해결하는 것이 교회사회복지실천의 전형이라는 것이다. 따라서 교회사회복지실천의 행정과 서비스전달체계는 관료적 행정이나 탁상 행정, 전시 행정이 아니라 현장에 직접 찾아가서 문제를 찾고, 욕구를 분석하며, 이를 기반으로 문제를 해결하는 현장 행정, 방문 행정, 즉 찾아나서는 복지 행정이 되어야 한다.

(2) Identity

실로암의 'I'는 Identity의 머리글자로서 '정체성'이라는 뜻이다. 교회사회복지실천에서 가장 중요한 요소 중 하나는 복지 대상자의 정체성 확립에 있다. 전통적으로 우리 사회는 복지 대상자를 호칭에서부터 인간(human)으로 평가해 주지 않고, 차별했으며, 편견의식을 가져왔던 것이 사실이다. 이는 일상에서 사용하는 언어에서도 쉽게 찾아볼 수 있는데 바보, 언청이, 째보, 절뚝발이, 문둥이 등 접미사로 '보', '이'를 사용한 것은 그들을 정상적인 사람이 아닌 이질적 집단으로 생각했음을 보여준다. 그래서 옛날에는 이런 사람은 '사람이 사는 성' 안에서 살지 못하고 성 밖으로 쫓겨나가 살 수밖에 없었다. 다행히 우리나라에 기독교가 들어온 이후, 복지 대상자에 대한 정체성(identity)이 새롭게 세워진 것은 고무적인 일이라 할 수 있다.

　기독교적 관점에서는 장애를 약점(weakness)이나 결함(impairment),

무능력(*disability*), 불리(*handicap*)로 분류하던 것에서 장애를 또 다른 능력자, 또 다른 가능자(*the differently abled*)로 긍정적으로 평가하는 것이다. "하나님이 하시고자 하는 일을 나타내고자 하심이라"(〈요한복음〉 9: 3)는 말씀을 통해 예수님께서는 복지 대상자의 정체성을 새롭게 일깨워 주셨다. 이 땅에 태어난 모든 생명은 하나님의 영광을 위해 창조된 생명이라는 사실을 통해 '생명 존엄의 정체성'을 발견하게 된다.

더욱이 복지 대상자의 인권(*human rights*)은 하나님이 주신 당사자 주권(*consumer sovereignty*)이라는 점을 깨우치고, 행동으로 옮겨서 당사자가 교회사회복지실천의 객체에서 주체가 되도록 해야 한다는 것이다. 그러므로 이 세상의 모든 사람들은 예수 그리스도를 구주로 영접만 하면 하나님의 자녀가 되어 권세를 받는 자(〈요한복음〉 1: 12)로서 변화할 수 있고, 복지 대상자도 하나님의 자녀이며 형상이라는 정체성을 찾는 중요한 의미까지 내포한다.

(3) Lord map

실로암의 'L'은 Lord map의 머리글자로서 '하나님의 지도책'에 제시된 비전과 방법으로 복지 대상자를 인도하고 프로그램과 서비스를 전개한다는 뜻이 있다. 복지 대상자의 신체적·정신적 치유뿐만 아니라 영적 치유까지 포괄하는 전인적 치유(*holistic rehabilitation*) 이념을 사회복지 실천이념으로 설정해야 한다는 것이다.

또한 개별화된 재활 프로그램(*IWRP: Individualized Written Rehabilitation Program*)이나 개별화된 사회복지 프로그램(*ISWP: Individualized Social Welfare Program*), 개별화된 목회 프로그램(*IMP: Individualized Ministry Program*) 등 복지 대상자 개인의 특성과 욕구에 부응한 프로그램을 마련하는 것과 함께 중장기 계획과 전략을 수립하여 진행하는 것이 중요함을 의미한다.

　그리고 복지 대상자를 하나님의 품으로 이끌고 하나님 안에서(〈요한복음〉 15 : 5) 인생의 목표와 비전을 새롭게 찾도록 하는 데 실로암, 즉 교회가 어떤 구체적이고 전문적인 사회복지실천을 행동으로 보여야 함을 뜻한다. 다시 말해 교회는 로드맵(lord map)의 길과 방향을 밝히는 빛의 사명이 있는 것이며, 더욱이 실로암인 교회가 어떤 사회복지실천의 실제적 프로그램을 개발하여 운영하는 것도 복지 대상자를 하나님 안으로 인도하는 촉진제 역할을 한다는 것이다.

(4) Opportunity

실로암의 'O'는 Opportunity의 머리글자로서 '기회 제공'이 교회사회복지실천의 핵심적 요소라는 의미이다. 우선 굶주린 사람에게는 먹을 수 있는 기회, 병든 사람에게는 치료의 기회, 상처받은 영혼에게는 위로의 기회 등 근본적 욕구에 부응하는 기회가 제공되어야 한다는 것이다. 또한 이러한 기회를 통해 복지 대상자의 삶에 일대 변혁이 일어나 더 이상 복지혜택을 받는 대상으로 살지 않도록 돕는 진정한 의미의 기회 보장이 이루어져야 한다.

　이를 위해서는 교육 및 훈련기회, 직업훈련이나 직업재활, 자활의 기회 그리고 보호고용, 지원고용 등 다양한 고용 프로그램에 참여할 수 있는 기회 등과 함께 자립생활 및 사회에 복귀할 수 있는 기회까지 만들어야 한다. 특히, 복음을 들을 기회나 예수 그리스도를 만날 기회 등 모든 대상자에게 동등한 기회가 제공되어야 할 것이다. 예를 들어 청각장애인을 위한 수화통역 예배 실시라든지, 노인 성경공부 프로그램 개발 및 진행, 지적장애인과 자폐인을 위한 특화된 주일학교 운영, 지체장애인의 통합적 선교 훈련 등 기회 제공 방법은 다양하다. 사실, 궁극적으로 인간복지의 실현은 재활의 기회 제공에 있다는 이야기가 되는데, 재활의 기회는 두 가지의 방향을 모두 포괄해야 한다.

하나는 신체적·정신적 재활에 영적 재활(*spiritual rehabilitation*)까지 포함하는 전인적 재활(*holistic rehabilitation*)이고, 또 하나는 의료적, 심리·사회적, 교육적 재활에 직업적 재활(*vocational rehabilitation*)까지 포괄하는 통전적 혹은 통합적 재활(*total rehabilitation*)인데, 두 기회를 모두 가질 때, 명실공히 복지 대상자도 사회나 교회에 통합이 가능하게 될 것이기 때문이다.

물론 완전한 기회를 제공하기 위해서는 접근권 보장, 이동권 보장, 독립생활권 보장 등도 있어야 하고, 법과 제도적 측면에서도 완벽한 보장이 있어야 하며, 사회보장 체계도 마련되어 있어야 한다. 장벽제거운동(*free barrier movement*)이나 유니버설 디자인(*universal design*)도 평등한 기회 제공을 위한 또 다른 방법이다. 어쨌든 복지 대상자가 당사자(*consumer*)로서 '당사자주의'의 실현과 자기권익 옹호(*self-advocacy*), 자기의존(*self-reliance*), 정치적 세력화나 경제적 권리까지 포함하여 주체적으로 자신의 삶에 참여할 수 있는 기회를 보장하는 것이 무엇보다 중요하다.

(5) Apostle

실로암의 'A'는 Apostle의 머리글자로서 사도로서의 삶을 살아가게 하자는 의미이다. 즉, '사람 낚는 어부가 되리라'(〈마가복음〉 1: 17)의 말씀처럼 예수 그리스도의 제자로서 복음에 빚진 자가 되는 것을 뜻한다. 이를 통해 교회사회복지실천의 의미를 살펴보면 복지 대상자가 궁극적으로 재활, 자립하여 복지사회의 일꾼으로 성장하는 것은 물론, 복음전파의 사도로 변화하는 것과 함께 하나님의 증인이 되어야 한다는 것이다.

(6) Mission

마지막으로 실로암의 'M'은 Mission의 머리글자로서 제자로서의 삶, 즉 온 세상 방방곡곡 나보다 힘든 이웃들에게 빛과 소금의 역할을 담당하는 사역자로서의 삶을 실현시켜야 한다는 의미이다. 〈사도행전〉1장 8절 말씀처럼 세상 끝까지 복음의 빛이 되는 삶을 살아가는 사회의 선한 이웃이 되며 삶 자체가 선교의 메시지가 되도록 노력해야 한다는 것이다.

앞으로는 전문화된 복지선교를 통한 복음전파가 필요할 것으로 판단되며 이는 복지선교의 새로운 장을 열어가는 전문 선교(*professional mission*)의 방향으로 나아가게 될 것이다. 그리고 향후 선교의 핵심은 콘텐츠일 것이다. 즉, '인간 복지'라는 콘텐츠를 얼마나 개발, 시행하느냐에 따라 교회사회복지실천의 성패가 좌우될 것으로 본다.

제6장

교회사회복지실천의
방법과 기술

일반사회복지실천과 마찬가지로 교회사회복지실천의 방법과 기술도 매우 다양하며 전문적 개입으로 수행되어야 한다. 의사소통 기술과 사례관리, 교육훈련, 자원동원 등 일반사회복지실천에서 활용되는 대부분의 접근방법이 교회사회복지실천 현장에서도 충분히 적용 가능하다고 볼 수 있다. 하지만 기독교 세계관에 근거해서 일반사회복지실천 방법들을 재검토하여 다시 교회사회복지실천의 방법과 기술로 융합해내지 않으면 이는 결과적으로 교회를 현장으로 하는 일반사회복지실천의 한 형태에 지나지 않게 된다.

특히 교회사회복지실천의 방법과 기술이 단지 하나의 '사회복지실천 프로그램'으로 이루어지게 되면, 바로 그 순간 교회사회복지실천은 교회의 본질과는 상관없는 그저 일반사회복지실천을 기독교적 정신과 교회의 자원으로 수행하는 활동이 되고 만다. 실제로 교회사회복지실천의 방법이 프로그램의 형태로만 형성되면 교회의 사회복지실천이 전문화된다는 장점은 있다. 하지만 이때 발생하는 가장 큰 문제는 교회사회복지실천의 현장에서 실천개입을 하는 사람들을 주인공과 조연, 그리고 방관자로 계층화시킨다는 것이다.

177

당연히 주인공은 교회사회복지사 내지 교회사회복지실천을 담당하는 목사, 또는 교회 내 관련부서 임원들이 될 것이다. 조연은 프로그램에 직간접적으로 참여하는 자원봉사자나 물질적 후원자들이 되며 그 외의 사람들은 방관자가 될 것이다. 이렇게 되면 교회사회복지실천은 더 이상 교회의 본질적 사역이라고 말할 수 없다. 마치 중세에 구빈원이나 고아원, 시민병원 등 자선사업 기관이 생겨나기 시작하자 평신도들이 자신들이 참여해야 할 사회봉사를 교회의 자선기관과 그 기관의 직원들에게 떠넘기고 방관자가 되었던 것과 유사한 형태로 전락하고 만다.

솔직히 지금 우리나라 교회사회복지실천의 가장 큰 문제점이 여기에 있다고 판단된다. 교회의 본질적 사명으로 교회사회복지실천이 진행되지 못하고, 상당수의 중형, 대형, 초대형 교회에서 성장지상주의에 대한 사회적 반감과 비판을 상쇄하기 위한 도구로서 교회사회복지실천을 '프로그램화'하여 실행하는 것으로 보일 여지가 너무 크다는 사실이다.

또 하나의 커다란 문제는 교회사회복지실천의 방법과 기술이 '프로그램화' 되어 실행되면 그것 자체가 돕는 자와 도움을 받는 자로 철저히 '낙인화', '이원화' 시킬 수 있는 것이다. '프로그램화'된 방법과 기술은 자칫 욕구를 가진 사람들을 대상화하는 잘못을 범하기가 쉽다. 하지만 성경적 관점은 가난한 자, 병든 자, 멸시받는 자들이 무조건적으로 동정의 대상이 되는 것을 경계한다. 주는 자와 받는 자로 구분되는, 그래서 그 분열이 고착화되는 교회의 사회복지실천은 성경적 접근이 될 수 없는 것이다.

마지막으로, 교회사회복지실천의 방법과 기술이 '프로그램화' 되면, 교회사회복지실천은 막대한 자원동원의 부담을 갖게 한다. 이렇게 될 때, 작고 힘없는 교회들은 교회사회복지실천을 수행할 엄두조차 내지 못하게 된다. 동시에 교회사회복지실천의 방법과 기술은 교회의 본질적 사역을 실현하기 위한 목회가 아니라 교회의 양적 성장이나 이미지 개선만을 위한 경영과 마케팅 도구로 전락할 가능성이 높다.

그러므로 교회사회복지실천의 본질을 분명하게 드러낼 수 있는 가장 성경적이면서 동시에 가장 예수 그리스도 중심적인 교회사회복지실천의 방법과 기술이 개발되어야 한다. 이러한 실천 방법과 기술이 존재하고, 실제로 활용될 때, 이와 같은 것들을 기반으로 일반사회복지실천의 방법과 기술을 살펴서 기독교적 관점에서 창조적 '재활용' 내지 '융합'을 해낼 수 있을 것이다. 물론 이와 같은 작업은 결코 만만치 않은 커다란 과제라 할 수 있다. 그러나 앞으로 끊임없이 시도해야 하는 과제이기도 하다.

그렇다면 가장 '교회사회복지실천' 다운 실천 방법과 기술은 무엇인가? 우선적으로 교회가 이미 수행하고 있는 목회와 선교의 방법을 활용할 수 있다. 다음으로 일반사회복지실천의 그것들을 기독교적 시각에서 재해석하여 성경적 방법과 창조적으로 융합해야 한다.

이 책에서 일관되게 주장하는 것이 무엇인가? 그것은 교회사회복지실천이 영성적 사회복지실천이 되어야 하고, 이는 동시에 복지선교와 복지목회의 창조적 결합이어야 한다는 것이다. 여기에 우리가 찾는 해답이 있다고 본다.

1. 교회사회복지실천의 본질적 방법

1) 예 배

인간은 하나님을 예배하기 위해 존재한다. 그리고 하나님을 예배함으로써 인간은 가장 존귀하고 아름다운 존재가 된다. 교회는 이 영광스러운 직분을 부여받은 사람들이 함께 모이는 하나님의 기관이다. 기독교는 예배하는 종교이다. 예배 없는 기독교는 존재하지 않는다고 할 만큼 기독교에서 예배는 중요한 의식이다. 예배는 기독교의 생명과 같은 신비로운 은혜의 사건이다. 하나님은 언제나 예배 가운데 임하시어 인간을 만나시며, 대화하시며 은혜와 자비를 베푸시기를 기뻐하신다. 그러므로 교회의 가장 우선적인 사명은 예배이다. 그리스도인으로서 제일의 책무는 하나님을 향한 예배를 준비하고 보전하는 일이어야 한다. 즉, 예배는 교회의 의무이며 동시에 특권이다.

그렇다면 예배란 무엇인가? 예배는 하나님께 영광과 감사를 드리는 행위이며 하나님을 섬기는 구체적인 행동이다. 또한 하나님의 은혜를 기억하고 기념하는 상징적 행동임과 동시에, 하나님을 만나고 경험하는 현장이며, 그 하나님 안에서 살아가는 삶 그 자체이다. 따라서 예배는 기독교적 신앙과 삶의 총체적 표현이라고 할 수 있다. 결국 예배는 그리스도인의 삶에서 가장 중요한 요소이자 '그리스도인 여부'를 가늠하는 척도가 된다.

이러한 예배의 의미들은 바로 교회사회복지실천이 갖는 본질적 의미들이기도 하다. 먼저, 예배가 하나님을 영화롭게 하는 행위인 것처럼, 교회사회복지실천은 하나님을 향한 거룩한 몸짓이 되어야 하며 하나님을 영화롭게 하는 가장 아름다운 행위가 되어야 한다. 인간의 욕심과 욕구를 반영하기 위한 것이 아니라 하나님의 구원에 대한 감사가 동기가 되어 발생하는 행위가 바로 성도의 '사회봉사', 즉 '교회사회복지실천'이어야 한다.

다음으로, 예배는 하나님께 봉사하고 섬기는 행위이기에 그 예배를 통해 힘을 얻고 그 힘을 바탕으로 세상을 향한 하나님의 사역에 동참하는 섬김의 행위를 할 수 있어야 한다. 나아가 예배가 하나님의 은혜에 대한 기념인 것처럼, 교회사회복지실천은 하나님의 은혜를 기념하는 진정한 섬김의 실천이고, 그리스도의 십자가를 함께 짊어지는 행동이며, 이스라엘을 구원하시는 하나님의 부르심에 대한 응답임과 동시에 세상에 대한 빛과 소금의 역할이며, 인간의 어머니와 아버지로서의 하나님의 행동을 현대사회 속에서 재창조해내는 것이다.

뿐만 아니라 예배가 영적으로 하나님을 만나는 현장이라면 교회사회복지실천은 "지극히 작은 자"로 찾아오시는 예수님을 전인적으로 만나는 행위이며, 더 나아가 예배가 하나님 안에서 살아가는 삶이듯이 교회사회복지실천도 "정결하고 더러움이 없는 경건"(〈야고보서〉 1: 27)의 삶이어야 한다.

따라서 교회사회복지실천은 예배가 전제된 활동이어야 한다. 예배 또한 교회사회복지실천의 전제가 된다. 교회사회복지실천은 그 자체가 예배의 행위임과 동시에 예배는 그 자체가 교회사회복지실천의 행위가 되기도 한다. 더욱이 예배의 결과는 교회사회복지실천으로 나타나고, 교회사회복지실천의 결과는 예배로 더욱 나아가게 한다. 예배의 중심에 예수 그리스도가 계시듯이 성도가 실천하는 교회사회복지실천의 중심에는 그의 나라와 그의 의가 세워진다. 예수 그리스도는 교회사회복지실천의 동기이며, 모델이고, 목표임과 동시에 힘과 자원의 근원이시다.

그래서 예수 그리스도를 믿음으로 말미암아 드려지는 예배는 교회사회복지실천에서 말하는 핵심 주제와 분리될 수 없다. 이 둘의 근원은 똑같이 예수 그리스도로부터 출발하고 예수 그리스도로 말미암아 세워지며, 같은 목표인 하나님의 나라와 그의 의를 지향하기 때문이다. 예수님은 가장 '큰 계명'으로서 "네 마음을 다하고 목숨을 다하고 뜻을 다하여 주 너의 하나님을 사랑하라"는 명령과 "네 이웃을 네 몸과 같이 사랑하라"는 명령을 함께 내리셨다. 다시 말하면 하나님을 향한 예배적 사명이 이웃을 향한 사회봉사적 사명과 함께 제시된 것이다. 그러므로 예수 그리스도의 이름으로 드려지는 모든 예배는 복음적이어야 함과 동시에 봉사적이어야 한다. 이렇게 복음과 봉사적 사역이 함께 통합되어 온전히 하나님께 드려지는 예배의 모델을 개발하는 일은 교회사회복지실천의 매우 중요한 과제이다. 이와 같이 하나님이 기뻐하실 아름다운 예배의 모델을 다음과 같이 제안하고자 한다.

첫째, '사회통합적 예배'이다. 이는 외국인근로자 내지 다문화가족, 북한이탈주민, 노숙자 등과 같은 사회적 취약계층과 통합예배를 드리는 것을 말한다. 특히 '장애인과 장애아동을 위한 비장애 성도들과의 통합예배'는 '사회통합적 예배'의 가장 대표적인 예이다. 하나님께서는 장애인이라고 해서 따로 예배드리기를 원하지 않으신다. 장애인도 하나님의 형상대로 지어진 존엄한 인격체이므로 교회는 그들에게도 기회균등과 평등, 그리고 정상화(normalization)를 위한 통합예배의 기회를 제공해야 한다. 장애인도 비장애 성도들과 함께 예배할 수 있어야 한다. 또한 통합예배를 위한 준비가 물리적 환경뿐만 아니라 의식구조 속에서도 이루어져야 한다. 그래야만 하나님 나라의 구성원으로서 함께 하나님의 잔치에 초대받은 자가 되는 것이다.

둘째, '교회력에 따른 사회복지실천적 예배'이다. 이를테면, 성탄절에 드리는 '이웃과 함께하는 예배', 고난절에 드리는 '봉사를 위한 금식예배', 그리고 부활절에 드리는 '새로운 시대의 희망을 위한 예배' 등을 제안할 수 있다. 이러한 예배들은 예수 그리스도 중심의 교회력을 따르는 예배이며 동시에 각 절기의 의미와 일치되는 사회봉사적 개념들을 담은 교회사회복지실천적 예배라는 점에서 의의가 있다. 또한 이러한 예배들을 드림으로써 그리스도를 믿는다는 사실과 그의 명령을 따른다는 사실이 함께 입증되기 때문에 영적 예배로서의 가치가 있다.

셋째, '실천개입 현장에서의 예배'이다. 즉, 교회사회복지실천의 현장에서 실천개입 서비스를 제공받는 이들을 대상으로 예배하는 것이다. 복지 대상자들은 좌절과 낙심에 빠져 있는 경우가 빈번하다. 이런 그들에게 예배는 힘과 용기를 줄 수 있다. 안타깝게도 오늘날에는 예배를 종교의식과 동일시하는 경향이 있다. 주일 아침 교회에 가서 드리는 종교의식으로서의 형식을 갖춘 예배만 예배라고 생각하는 것이다. 하지만 그렇지 않다. 분명 이것은 예배 중에서 대단히 소중한 예배임에는 틀림없지만 성경은 예배의 개념을 좀더 폭넓게 보여준다. 〈로마서〉 12장 1절에 보면, "너희 몸을 하나님이 기뻐하시는 거룩한 산 제물로 드리라. 이는 너희가 드릴 영적 예배니라"라는 말씀이 나온다. 유진 피터슨이 쓴 《메시지》 성경에는 이 말씀을 이렇게 번역해 놓았다. "일상의 평범한 일들, 즉 먹고 자고 일하고 노는 일상의 모든 일을 하나님 앞에 제사로 드려라. 하나님이 당신을 위해 하시는 일을 감사하게 받아들이는 것이 당신이 하나님께 할 수 있는 최상의 보답이다."

이러한 맥락에서 예배의 개념을 생각해 본다면 예배는 언제 어디에서든 드릴 수 있다. 여기에서 '실천개입 현장에서의 예배'가 교회사회복지실천적 방법으로 활용될 수 있는 근거를 찾을 수 있게 된다. 복지 대상자로 하여금 노래하고 싶을 때, 하나님께 사랑과 감사의 노래를 불러 드릴 수 있게끔 예배를 통해 기회를 제공해 주어야 한다. 복지 대상자가 등산을 좋아하면 함께 산에 올라가 하나님과 이야기할 수 있도록 예배 드려야 한다. 하나님이 창조하신 자연의 아름다움을 둘러보며 감사할 수 있도록 예배드리는 것도 좋다. 글쓰기를 좋아하면 하나님께 시나 수필을 써 드리는 것도 예배가 될 수 있다. 손으로 만들기를 좋아하면 예배를 통해 하나님을 위한 무언가를 만들고 만든 그 무언가를 하나님이 원하시는 사람에게 주게끔 할 수 있다. '실천개입 현장에서의 예배'는 보다 자유로운 예배의 형식을 지향하며 무엇이든 하나님의 경이로움과 지존하심을 표현하는 데에 초점을 둔다.

2) 복음화

하나님 나라 운동은 예수님께서 선포한 하나님의 나라를 구현해 나가는 활동이며 다른 말로 '복음화'라고 할 수 있다. 사실 지금까지 교회에서 '복음화'란 이른바 보수적 신학 및 내세지향적 측면에서 복음의 원리를 기계적으로 내면화하는 과정으로 종종 이해되었다. 하지만 하나님 나라 운동을 '복음화'로 보게 되면, 복음화는 다음과 같이 새롭게 이해될 수 있다.

첫째, 기독교적 자아정체감의 형성을 말한다. 복음화는 예수 그리스도와의 인격적 만남과 관계성을 증진시킴으로써 신자로 하여금 기독교적 자아정체감을 형성하도록 해나가는 과정이다. 즉, 복음화는 예수 그리스도와의 인격적 사귐을 통해 세상 속에서 그리스도인의 자아정체감을 갖고 복음을 실천하도록 이끄는 것이다.

둘째, 세상을 향한 진군과 변혁이다. 복음화는 사람들로 하여금 신앙공동체 속으로 들어오도록 끌어들이는 데 그 목적이 있는 것이 아니라 오히려 신자들을 교회 밖 세상으로 이끌어내는 데 그 목적이 있다. 그럼으로써 신자들로 하여금 세상을 변혁시키는 주체가 되게끔 한다. 특히 종말을 선포하고 가르치는 종말론적 공동체로서, 다양한 은사를 가진 믿음의 사람들로 결속된 은사공동체로서, 세상의 악과 싸우는 해방공동체로서 교회와 신자는 세상을 하나님 나라로 변화시켜 가야 할 책임을 소명으로 부여받고 있다. 이 소명적 사명을 삶 속에서 실천하고자 하는 것이 하나님 나라 운동이며 바로 복음화이다.

셋째, 전도와 성숙이다. 복음화는 그리스도와 복음을 잘 모르는 사람들에게 복음을 전하는 것일 뿐만 아니라 더 나아가 이미 복음을 알고 있는 사람들로 하여금 더욱 깊고 높은 신앙의 성숙에 이르도록 격려하면서 동시에 그렇게 되게끔 하는 것이다. 특히 전도는 단지 구원의 확신을 체험한 사람들의 감격적 활동에서 그치는 것이 아니라, 성령이신 하나님의 직접적 역사이며 활동이고 하나님 나라의 확장 운동이며, 인간의 죄악으로 무너졌던 하나 됨을 회복시키는 종말론적 성취일 뿐만 아니라, 예수님께서 간절히 원하시는 구원의 사역을 이루시는 통로가 되는 하나님의 일이신 것이다. 그러므로 어느 누구라도 복음전도로부터 소외되는 일이 절대 있어서는 안 된다.

가령 교회사회복지사는 전도에서도 교인들에게 장애인 전도를 강조하고, 그 지역의 장애인들을 초청하여 복음을 듣게 하는 집회를 가질 수도 있다. 통상인구의 10분의 1을 장애인이라고 볼 수 있는 만큼 전도에 있어서도 장애인은 무시할 수 없는 대상이다. 사회 속에서 차별과 소외를 겪으며 어려운 현실 속에서 힘들게 살아가는 장애인들에게 여러 가지 물질적, 환경적 도움도 필요할 것이다. 그러나 무엇보다도 그들에게 예수 그리스도와 복음을 알게 하고 믿음으로 구원받아 그들이 절망과 좌절 가운데서 소망을 얻으며 어려움 가운데서도 승리하며 살아갈 수 있도록 신앙적 재활, 영적 재활의 길로 인도하는 것이 가장 중요하다.

한편, 예수를 영접하는 것은 일회적인 순간을 통해서 이루어질 수 있지만 성숙을 향한 성화의 과정은 마치 선승들이 화두를 붙잡고, 지속적인 번민의 과정을 거치듯이, 그리 쉬운 일이 아니다. 성숙은 점진적인 성화의 과정을 통해서 이루어질 수 있는 것이다. 하나님 나라도 성화와 같이 더디게 이루어져갈 수 있다. 어쨌든 하나님 나라를 이루기 위한 복음화는 전도와 성숙을 추구함으로써 점차 가능하게 된다.

3) 교회 교육

인간은 교육을 떠나서는 자신의 인간됨과 삶의 형성이 근본적으로 불가능한 존재이다. 전통적으로 교육은 성장과정에 있는 인간에게만 필요한 것으로 여겨졌지만, 오늘날의 교육은 인간 삶의 전 생애 동안 지속되고 동반되어야 할 일로 인식된다. 왜냐하면 교육이란 내재된 가능성을 밖으로 이끌어내는 것이며, 인간과 사회공동체의 성장을 위한 활동임과 동시에 공동체의 자기갱생을 위한 사회적 작용이기 때문이다. 그래서 교육만큼 교회사회복지실천에서 중요한 위치를 차지하는 분야는 없다. 교육은 교회사회복지실천의 방법이기도 하면서 내용이자 목표이기도 하다. 교회 교육과 교회사회복지실천의 만남은 예수님의 지상 명령으로부터 찾을 수 있다.

예수님의 지상 명령은 "제자를 삼으라!"는 말씀이셨다(〈마태복음〉 28: 19~20). 이 명령의 구체적 방법은 가서, 세례를 주고, 그리스도께서 "분부하신 모든 것을 가르쳐 지키게" 하는 일이었다. 예수님께서 "가르치라"고 하신 것이 교육이라면 교육의 내용에 해당하는 "분부하신 모든 것"은 사회봉사다. 즉, 교회사회복지실천이다. 예수 그리스도께서 명령하신 것은 기독교적 인간성의 회복이었고 이것은 본래 교회 교육이 지향해왔던 첫 번째 목표이다. 이것은 잃어버린 하나님의 형상을 회복함을 의미하며 결국 인간이 하나님을 사랑할 뿐 아니라 인간을 신뢰하며 이웃을 사랑하는 봉사자의 삶을 살아갈 수 있도록 가르치는 것이었다.

교회는 인간이 왜 살아야 하는지 그 삶의 목적이 무엇인지, 그리고 살아야 할 가치와 의의가 무엇인지를 인식시키고 어떻게 사는 것이 기독교 신앙을 갖고 사는 그리스도인에게 합당한 삶인가를 배우도록 해 주어야 한다. 교회는 "그리스도인이 어떻게 세상의 삶 속에서 그리스도인으로서 살아야 할 것인지에 대한 삶"을 교육을 통해 가르쳐야 한다. 그러므로 교회 교육의 가장 기본적인 목표는 신앙의 정체성을 확립하고 기독교 신앙 진리에 대한 올바른 통찰력과 분별력을 확립시킴과 동시에 사회봉사적 역량을 길러주는 데에 있어야 한다.

특히 교회사회복지실천의 대상자들 중에서 장애인들에게 교육은 바로 장애 극복 여부가 달린 매우 중요한 문제이며 생존의 문제이다(남서울은혜교회 장애우위원회 · 이준우, 2008). 교회에서 시행하는 교회 교육이야말로 장애인 개인의 구원과 인격적 성숙을 다루기 때문에 더더욱 중요하다. 그러므로 장애인을 대상으로 하는 교회 교육은 하나님의 말씀인 성경이 교훈으로 하는 인생의 목적을 일깨우고, 그 의의와 가치를 인식시키며, 하나님의 사람으로 변화되고 새로워진 가운데 창조주 하나님이 인간에게 부여한 온전한 삶을 살도록 하는 데 그 목적을 두어야 한다(이준우, 1995).

하지만 한국교회는 여전히 시혜적이고 구빈적이며 동정적인 차원의 장애인 선교로만 장애인에게 접근하고 있는 것으로 보인다(강창욱 · 김해용 · 이준우, 2007). 불과 10여 년 전만 해도 장애인들을 선교의 대상으로 삼고 장애인 부서를 설립한 교회가 전국적으로 20여 개 교회에 머물렀으나 2014년 현재에는 일반교회 내의 장애인 부서가 폭발적으로 증가하여 무려 208개에 이른다(한국장애인사역연구소 홈페이지, www. kmind. net, 2014).

그렇지만 이와 같은 양적 성장에도 불구하고 장애인을 신앙적으로 성숙시키고자 하는 교회 교육의 발전은 여전히 더딘 상황1이라고 판단된다. 특히, 장애 아동의 경우에는 미흡한 부분이 있음에도 어느 정도는 교회 교육적인 차원에서의 기본적 접근이 이루어지는 것으로 보이지만, 장애 성인의 경우에는 일반 교인으로 구성된 교구나 목장에도 들어가지 못하고, 장애인 부서에서도 나이가 많다는 이유로 속할 수 없어 결국은 교육의 대상이 아닌 자선의 대상으로 전락하고 만다. 이들은 주일 예배에만 참석하는 것으로 신앙생활을 영위하여야 하는 상황으로 내몰리고 있다(남서울은혜교회 장애우위원회·이준우, 2008). 이런 점에서 교회사회복지실천적인 교회 교육이 강력히 요구된다. 교회사회복지실천적 교회 교육은 사회적으로 소외되고 취약한 계층을 향한 생애주기별 신앙교육을 교회 교육의 현장을 통해서 수행하는 것이다.

한편, 교회사회복지실천적 교회 교육은 일반 교인들을 대상으로 하는 '계몽'의 기능도 갖추어야 한다. 가령, 장애인 문제 해결을 위한 교회의 역할에서 선행되어야 할 가장 중요한 것은 교회 내적·외적으로 장애인에 대한 그릇된 인식과 편견, 차별의식 등을 없애고, 장애인에 대한 바른 이해와 인식을 갖도록 힘쓰는 일이다. 교회는 이러한 장애인에 대한 의식 변화와 건전한 장애인관 형성 그리고 장애인 차별 폐지를 위해서 가장 주도적이며 선도적인 역할을 감당할 수 있어야 한다.

---

1 국내 유일의 장애인 선교 전문 연구기관인 한국장애인사역연구소(소장 김해용)에서 조사한 바에 의하면 예배 이외에 특화된 신앙교육 프로그램을 시행하는 교회는 208곳 중에서 30여 곳에 불과한 것으로 추정된다.

4) 설교

설교는 목회의 핵심이다. 설교는 예배의 중심이며 선교와 교회사회복지실천의 핵심이다. 그래서 목사와 교회는 그 무엇보다도 설교를 중요시해야 한다. 설교는 교인들의 인식을 성경적으로 변화시키며 인격을 성숙시키는 데에 크게 기여한다. 물론 설교의 본질은 예수 그리스도를 증거하는 것이다. 예수님을 온전히 전하고, 하나님의 말씀인 성경의 본문에 충실한 설교를 한다면 교회사회복지실천이 추구하는 것들과 합치될 수밖에 없을 것이다. 성경 본문에 충실하면서도 성령님께 사로잡힌 설교야말로 진정한 교회사회복지실천을 가능하게 하는 원동력이 된다.

이를테면 선포되는 설교가 교회사회복지실천의 주제가 되는 문제들을 분석하고 해결하며 그 문제들로 말미암아 발생하는 사람들의 심리사회적 욕구들을 성경 말씀에 근거하여 성령님의 조명하심 가운데에 충족시킨다면, 그리고 그 설교를 듣는 사람들이 교회사회복지실천에 대한 동기를 얻고, 교회사회복지실천을 실제로 수행하기 위해 노력하게 되었다면, 설교를 통한 그 말씀의 선포들은 교회사회복지실천적 성격을 갖게 되는 것이다. 이렇게 될 때, 설교는 교회사회복지실천의 유용한 도구가 되는 것이다.

이를테면, 교회사회복지실천을 담당하는 목사는 설교를 통해 장애인의 문제를 다룰 수 있다. 가령 '한 인간이 천하보다 귀하다'는 주제를 통해 장애인이 어떤 이유로도 무시될 수 없음을 강조하거나, 장애인을 잔치에 초대하는 것이 장차 천국의 표징으로 나타나는 예수님의 비유를 통해 장애인은 전도의 대상이며, 장애인과 비장애인이 한데 어울려서 교회를 이룸으로써 천국의 모습을 지상에서 나타내 보일 수 있음을 제시할 수 있다. 또한 성경에 나타난 장애인들의 사례나 관련된 말씀들을 통하여 장애인도 엄연한 하나님 나라의 일원으로서 복음과 하나님의 영광을 위한 도구가 될 수 있으며, 하나님 나라를 위한 중요한 역할과 기능을 할 수 있음을 인식시키고, 장애인에 대한 긍정적 인식을 일깨워 줄 수 있다.

한편, 설교를 통해 선포되는 말씀이 교회사회복지실천적 내용을 수용하려면 개인의 심리적 문제, 가족의 문제, 부부문제, 지역사회 문제, 범사회적 문제, 사회제도적이며 정책적인 문제 등이 성경적 정황(context)에서 어떻게 다루어지는지 설명하고, 성도들이 이러한 문제를 어떻게 해결해야 할 것인지 제시하는 내용을 담고 있어야 한다. 또한 성도들이 교회사회복지실천을 위한 헌신의 당위성과 소명을 분명히 인식할 수 있도록 성경적 근거를 제시해야 할 것이다.

그런데 그 무엇보다도 중요한 것은 설교를 선포하는 목사가 어떠해야 하는가이다. 즉, 어떤 목사가 설교하느냐가 대단히 중요하다는 것이다. 교회사회복지실천적 설교를 하기 위해서는 첫째, 복음을 체험하고 예수님을 진정으로 만나서 거듭난 설교자이어야 한다. 둘째, 강단 아래서도 성령님으로 충만한 설교자이어야 한다. 셋째, 자신의 설교와 삶을 일치시키고자 최선을 다하는 설교자이어야 한다. 넷째, 삶으로 설교를 준비하는 설교자이어야 한다. 다섯째, 사회적 취약계층을 포함하여 사람을 사랑하는 설교자이어야 한다. 여섯째, 말씀과 기도에 충실한 설교자이어야 한다.

5) 기 도

기도는 교회사회복지실천의 필수적이고 기초적인 방법이다. 여기에서 말하는 기도는 하나님과의 인격적 만남을 경험하는 행위이다. 또한 기도는 영혼의 호흡이며 맥박이고 우리의 메마르고 시든 마음속에 예수님을 모셔 들이는 일이다. 그리고 무력한 자가 마지막으로 의지하는 수단이다. 무엇보다도 기도는 하나님과의 대화로 개인적으로도 드리지만 예배에서도 드려진다.

공중예배에서 기도는 축원, 찬양, 감사, 고백, 탄원, 중보, 헌신 등 여러 형태를 취한다. 예배의 순서에 따라 분류한다면 개회기도, 참회기도, 중보기도, 봉헌기도, 설교 후 기도, 주기도, 축도 등이 있고 그 외에 성찬기도 등이 있다. 이러한 형태들은 각각 다른 방법으로 작용되지만 그들 가운데 있는 공통점은 창조자에 대한 피조물의 음성이라는 것이다. 하나님께서 성도들에게 성경과 설교를 통하여 말씀하시듯이 성도들 또한 하나님께 기도를 통해 말한다.

이러한 기도들이 교회사회복지실천과 연결될 때, 기도는 강력한 교회사회복지실천의 도구가 된다. 기도는 교회사회복지실천이 추구하는 봉사적 정신과 사상, 의지, 관심을 표명하는 가장 중요한 통로가 된다. 그리고 교회사회복지실천에 동참하게 하는 동기를 부여해 준다. 또한 기도는 대상자의 삶을 변화시키기 위해 하나님의 도우심을 바라는 간절한 표현이 된다. 더욱이 기도를 통하여 교회 공동체의 정체성과 교회사회복지실천의 책무를 확인하고 체험하게 된다.

수많은 사람들이 경험한 것처럼 기도를 통하여 기도 받는 사람이 위로를 얻고 용기를 얻으며 마음의 상처가 치유된다. 공중기도는 하나님께 기도하는 것이지만 모든 교인들이 공통으로 인식하고 협력하게 하는 결과도 가져온다. 이것은 하나님의 또 다른 응답의 형태이기도 하다. 따라서 교회는 교회사회복지실천적 기도를 하나님께 드려야 할 필요가 있다. 교회사회복지실천적 기도는 교회사회복지실천의 내용을 담은 기도, 교회사회복지실천 수행을 위한 동기를 부여해 주는 기도, 그리고 교회사회복지실천 대상자들을 위한 기도를 포함한다.

6) 헌금

예배에서 드려지는 헌금 또는 봉헌은 구약적인 제사제도에 그 기원을 두지만 신약에서의 연보는 기근이나 가난 등으로 고통당하는 교우들을 위한 구제비였다. 물론 구약시대에도 3년째 드리는 십일조는 구제를 위해 사용하도록 명령되었다.

교회사회복지실천이 힘 있게 수행되기 위해서는 헌금 가운데 교회사회복지실천적 목적을 위한 항목이 구체적으로 제시되는 것이 필요하다. 성도들은 이러한 항목의 헌금을 통하여 교회사회복지실천에 참여할 수 있고, 교회에서, 교회를 통해서 이루어지는 교회사회복지실천에 대하여 중요성을 인식할 수 있게 된다. 그러면 어떻게 하는 것이 좋은가? 교회는 교회사회복지실천을 위한 특별헌금이 거두어지도록 할 수 있다. 또한 교회사회복지실천을 위한 별도의 헌금봉투 내지 헌금하는 방법을 마련해 놓는다든지, 교회사회복지실천을 위한 지정 헌금을 제도화하는 것도 바람직하다.

7) 찬송

찬송은 성도의 존재양식을 표현하는 것이다. 모든 피조물은 하나님을 찬양하고 그를 영화롭게 하기 위해 존재한다. 〈시편〉 50편 23절에서 하나님은 "감사로 (찬양의) 제사를 드리는 자가 나를 영화롭게 하나니" 라고 말씀하신다. 감사의 찬송은 하나님의 은혜로운 존재와 행적을 고백하고, 하나님과 그분이 행하신 일들에 감사함으로써 하나님을 높이는 것이다. 이렇게 찬송의 목적은 하나님께 영광을 돌리는 것이지만 찬송의 기능과 영향은 훨씬 다양하다.

찬송을 부르는 그 자체는 음악치료적 기능이 있다. 동시에 심리사회적 기능을 향상시키기도 한다. 찬송은 그 자체가 하나님께 드리는 것이지만 때로는 독립적 기능으로서만이 아니라 기도, 가르침, 축복, 교제 등과 같은 것들을 행함에 있어 필요한 하나의 부가적 방식이되기도 한다. 예를 들면 과거 종교개혁자들은 예배 시에 〈시편〉을 통한 찬송과 성경 읽기를 통하여 찬송을 교육의 도구로서 동시에 매일드리는 예배의 주요 기능으로 삼도록 하였다. 그래서 많은 찬송가들이 신앙 교육적 목적으로 불렸던 것이다.

실제로 찬송은 그 본질적 아름다움을 통하여 사람들의 감정을 정화시킨다. 또한 건전한 사상과 정신으로 성숙한 인격이 되게 한다. 뿐만 아니라 진리를 깨닫고 사회정의에 대한 사명을 의식하게 하며 신앙 안에서 사회참여와 사회봉사에 능동적이고 적극적으로 행동하도록 의지를 갖게 하고 격려한다. 나아가 교회사회복지실천적 관심을 불러일으키고 자원을 동원하는 기능도 있다.

8) 심 방

교회는 전통적으로 목회의 방법으로 심방(가정 방문)이라는 활동을 효과적으로 사용해왔다. 심방을 통해서 각 교인 가정의 형편을 파악하고 그 상황에 맞는 목회적 개입을 한다. 무엇보다도 심방을 통해 가정예배를 드림으로써 심방을 받는 교인들의 심령에 위로와 힘을 하나님으로부터 부여받도록 한다. 또한 심방을 통해 어려운 상황에 놓여 있는 교인 가정을 영적으로, 경제적으로, 심리사회적으로 지원하기도 한다.

이렇게 지역사회와 가정을 찾아가는 심방은 중요한 교회사회복지실천 방법 중의 하나이다. 심방은 교회사회복지실천의 대상자들을 위해 그들의 가정이나 주거환경을 개선하거나 그들이 지역사회에 적응할 수 있도록 서비스와 정보를 제공하는 적극적인 활동이다.

9) 공동체로 함께 살기

일정한 지역에서 자립적 공동체를 건설하고 구성원들과 함께 공동으로 한 울타리 안에서 살아가며 서로 교류하는 것은 교회사회복지실천을 수행하는 한 방법이 될 수 있다. 이와 같은 교회사회복지실천 공동체는 지역이나 구성원에 의해 여러 가지 모습으로 나타날 수 있겠지만 기본적으로 그 구성원들로 하여금 하나님의 말씀 안에서 소유를 떠나 공동으로 노동하고 생활하는 영성적 복지 공동체를 지향하게끔하는 것이 바람직하다.

2. 일반사회복지실천을 적용한 방법

1) 지역사회 사정과 프로그램 수립 전략

교회사회복지실천 기술에서 가장 우선적으로 중요한 것이 있다면 바로 지역사회 상황을 있는 그대로 파악하는 일이며 이를 토대로 구체적인 교회사회복지실천 프로그램을 수립하는 것이다.

(1) 제1단계 : 지역사회 파악하기
교회사회복지실천을 준비할 때, 가장 먼저 해야 할 일은 지역사회의 문제와 어려움을 사정하는 데에 집중하는 것이다. 지역 내의 관련 사회복지기관과 시설, 병원, 그리고 종교기관 특히 교회사회복지실천을 수행하는 교회와 협력할 수 있는 여러 종교기관들을 살펴보고, 필요하면 방문해서 구체적으로 조사하여야 한다. 기관의 핵심적 직원들을 만나야 하고, 인구조사 자료를 수집할 필요도 있다.

지역 내에 대학교를 비롯한 학교가 있다면 방문하는 것도 좋다.

　그리고 가능하다면 지방자치단체장이나 시·군·구 의원 등과도 만나야 한다. 여러 만남을 통해서 기본적으로 해야 할 질문의 내용은 "어떤 유형의 교회사회복지실천을 귀하의 기관에서 하고 있나요?", "귀하가 기관 또는 프로그램을 돕기 위해 저희 기관이 무슨 일을 할 수 있겠습니까?", "귀하가 교회사회복지실천을 하도록 자격을 부여하는 것은 누구입니까?", 그리고 "이 지역에서 가장 시급하게 해결해야 할 문제는 무엇입니까?" 등으로 요약될 수 있다.

　이러한 조사와 파악을 통해서 기존의 교회사회복지실천과 새롭게 실행하고자 계획 중인 교회사회복지실천 간의 차이를 찾을 수 있으며 계획의 현실성을 담보하는 타당성을 파악할 수 있다. 효과적인 교회사회복지실천은 현재의 상황과 개입대상이 되는 어려움을 얼마나 정확하게 알고 있느냐에 따라 결정된다.

(2) 제2단계 : 자료분석과 문제판별

자료를 분석하고 문제를 판별하는 일은 시간이 오래 걸리며 어떤 기관이라도 감당하기 어려운 많은 문제들을 노출시킨다. 무엇보다 지역사회 문제들의 우선순위를 매기는 일은 고통스러울 수 있다. 똑같이 절박한 어려움 중에서 선택을 해야 하는 경우가 흔하기 때문이다. 지역의 어려운 일에 관한 정보는 세미나, 워크숍, 초청연사, 뉴스레터, 그리고 각 사회복지 단체들을 위한 설명회 등을 통하여 공유될 수 있다.

(3) 제3단계 : 실현 가능한 교회사회복지실천 방안 모색

지역사회의 문제에 대하여 어떻게 대응할 수 있을지에 대한 가능성은 주의 깊게 연구되어야 한다. 그 문제가 교회사회복지사의 사명으로 정하는 영역에 속해 있는가? 얼마의 경비가 들것인가? 교회사회복지사들이 자신들의 시간과 재원을 들여가며 응하여 주겠는가? 이러한 질문이 진지하게 제기될 수 있다.

(4) 제4단계 : 프로그램 설계
교회사회복지실천 프로그램 설계는 지역사회의 문제해결을 위한 활동에 합리적 기술을 제공해 주며, 교회사회복지실천에 대한 책임성을 높여 준다. 나아가 교회사회복지실천의 효율적 실행을 가능케 해준다. 효율성이란 목적을 경제적으로 달성하는 것을 뜻한다. 최소의 비용과 노력으로 서비스 목표를 달성하기 위해서는 사전에 치밀한 계획이 필요하다. 또한 효과성을 증진시키고 책임성의 이행을 돕는 데에도 프로그램 설계는 매우 중요하다.

(5) 제5단계 : 실행
프로그램 설계가 되면 그에 따른 구체적인 실행이 이루어진다. 특히 교회사회복지실천은 '교회사회복지사와 관련 사회복지시설'의 강점을 활용해 지역의 가장 절박한 어려움을 해결하는 데 초점을 모은다.

(6) 제6단계 : 평가
지역사회 내에 존재하는 문제와 어려운 일의 사정, 계획과 평가는 교회사회복지실천에서 기본적으로 해야 할 중요한 업무이다. 우리가 흔히 할 수 있는 잘못된 생각은 교회사회복지실천 활동 그 자체에 너무 관심을 쏟아 부은 결과 이를 위한 준비를 시간낭비로 여기는 것이다. 계획과 설계를 통하여 우리에게 사용하라고 주어진 자원들을 보다 능률적으로 사용할 수 있게 된다. 마찬가지로, 평가는 교회사회복지실천에서 전체적인 과정을 점검하고 오류를 수정하며 다음 목표를 설정할 수 있다는 점에서 중요하고 필수적인 단계이다.

2) 교회의 생명자원 동원과 활성화

교회는 구체적인 자원봉사 활동을 조직하여 훈련과 직접 봉사를 실시함으로써 생명자원을 동원할 수 있다. 그리고 이처럼 생명자원을 동원하는 자원봉사 활동이야말로 교회사회복지실천 기술에서 가장 중요하고도 실제적인 거시적 실천접근이라 할 수 있다(이준우 외, 2004). 이와 같은 자원봉사는 우리가 선포하는 복음의 실체이며 사회적 표현이고, 피할 수 없는 기독교인의 사회적 책임이다. 구체적으로 교회가 효율적인 교회사회복지실천을 감당하려고 한다면 '동기부여', '능력배양', '기회창출' 등 일련의 실천 전략과 기술이 필요하다(박종삼, 2000).

(1) 동기 (*motivation*) 부여

동기부여란 교회사회복지실천 대상자를 사랑하고 돕고자 하는 강한 동기를 교회 내에서 개발해야 함을 말한다. 즉, 성경공부, 설교, 기도, 토론, 훈련 등 신앙적 차원에서 동기개발을 하여야 한다. 사회복지시설이나 돕고 섬겨야 할 대상자의 가정을 방문하고, 그들을 돕는 전문요원, 비전문요원, 자원봉사자 등의 활동에 교인들을 노출시킴으로써 교회사회복지실천에 대해 의식화시키고, 대상자에 대한 교인들의 편견을 발견하고 시정해 주어야 한다. 그리고 대상자에게 교회사회복지실천의 이념과 그 가능성을 고취해 주어야 한다.

(2) 강한 동기를 뒷받침해 줄 능력(*capacity*) 배양

많은 교인들은 실제로 복지 대상자를 위한 생명의 교회사회복지실천을 하고 싶어도 어떻게 하여야 하는 것인지 방법을 몰라서 못하는 경우가 많다. 가령 장애인을 대상으로 할 경우, 지체장애, 청각장애, 시각장애, 언어장애, 뇌병변장애, 심장장애, 신장장애, 발달장애, 정신장애, 지적장애, 호흡기 장애, 장루 및 안면기형 등 여러 장애를 이해하기 위해서는 전문적 지식이 요구된다(이준우 외, 2004). 그러므로 조직적이고 체계적인 훈련이 이론과 기술 면에서 이루어져야 하는데 이를 위해서는 교회의 특별한 계획과 조직이 필요하다(Neuber, 1980).

이때 시설을 활용하거나 전문가나 시설에 종사하는 사회복지사들을 초청하여 할 수 있고, 또 그 시설에 직접 의뢰하여 교육을 받을 수도 있다. 근래에는 여러 공공단체, 민간단체에서 자원봉사 훈련이 정기적으로 개최되는데 이런 기회를 활용해도 좋다. 구체적으로 어느 기관에 가서 무엇을 할 수 있는지에 대한 철저한 사전계획과 훈련을 할 필요가 있다. 각 교단에서는 적어도 복지 대상자들을 교회적 차원에서 전문적으로 섬길 수 있는 교회사회복지사를 채용하여 각 교회를 돕도록 하는 것이 좋다.

이상과 같은 인력자원 동원 이외에도 교회는 장애인을 위한 기금마련, 후원자 개발, 장학금 확보 등과 같은 재정자원 동원, 시설자원 동원, 조직자원 동원 등을 할 필요가 있다. 지역사회 내에 여러 교회들이 연합체를 조직하여 사회적 취약계층의 가정과 사회복지시설들을 집중적으로 도와야 할 것이다.

(3) 봉사의 기회(opportunity) 창출

강한 동기개발이 이루어지고 훈련을 통해 유능한 능력이 갖추어진 후에는 반드시 실제로 봉사할 기회가 마련되어야 한다. 이를 위해서는 각 지역교회 교인들이 자기 지역사회 내의 복지 대상자 실태와 사회복지시설, 복지 대상자 가정의 위치 등을 정확히 파악해야 한다. 복지 대상자를 일선에서 돌보는 전문가들과 유기적 관계를 맺고, 봉사의 종류와 시기 및 봉사의 여러 가지 기회를 마련해야 한다. 이것은 일시적인 것이 아니라 지속적으로 사회복지시설이나 복지 대상자와 그들의 가정과 관계를 유지시키며 조직적이고 체계적인 봉사활동이 이루어져야 한다고 본다(Thomas, 1984).

복지 대상자들의 생명을 아껴주는 강한 사랑의 동기가 생기면, 그것을 섬기는 생활로 옮길 실력을 갖추려는 욕구가 생겨 자발적으로 교육과 훈련을 받게 될 것이다. 그리고 이러한 동기와 능력을 갖춤으로써 현장에 뛰어들어 생명과 생명이 맞부딪치는 선교와 구원의 기회를 얻게 될 것이다. 이런 현장에서의 감격스러운 체험은 보다 깊은 차원에서 하나님의 생명을 발견하게 되고, 이에 상응하는 실력의 배양, 그리고 이것을 활용하는 기회가 선교적 차원에서 이루어지게 할 것이다.

이러한 관점에서 볼 때 복지 대상자의 생명을 대하는 우리의 입장이 하나님의 생명과 그 생명이 필요로 하는 사랑과, 사랑을 나누어 주는 섬김이라는 관점에서 기독교인들의 교회사회복지실천은 기독교 신앙에서 핵심을 이룬다고 보아야 한다.

3) 사례관리

교회사회복지실천 방법과 기술의 영역에서 일반사회복지실천의 대표적인 방법들 중의 하나인 사례관리는 매우 유용하게 활용될 수 있다. 특히 사례관리는 긴급한 위기개입 시에 위력을 발휘할 수 있다. 공공적인 사회복지전달체계에서 소외되는 복지 사각지대에 있는 열악한 복지 대상자들에게 교회의 사례관리는 큰 도움이 될 수 있을 것이다. 실제로 교회는 사회복지실천을 통해서 빈곤, 장애, 노령, 이혼, 부모 사망 등으로 인해 사회적으로 열악한 처지에 있는 사람들이 겪는 고통을 덜어 주는 기능을 수행할 수 있는 능력을 보유한다.

이렇게 지역사회에서 살고 있는 교인의 가정을 대상으로 하는 구체적이며 실질적인 목회적 개입을 수행하는 교회는 어떻게 보면 이미 사례관리적 요소의 활동을 하고 있다고 보아야 할 것이다. 이러한 맥락에서 볼 때, 교회도 일반 사회복지시설이나 기관과 마찬가지로 사례관리 방법을 활용함으로써 지역사회 자원과 연계하여 도움이 필요한 사람들에게 도움을 줄 수 있다. 즉, 교회의 인적·물적 자원이 부족한 경우, 교회는 지역사회 안팎에서 이들에게 도움을 줄 수 있는 개인이나 단체를 파악하여 상호연계시켜 주고 양자 간에 필요한 재화나 서비스가 잘 전달되도록 도와주는 사례관리자의 역할을 할 수 있다.

그러면 교회는 어떻게 사례관리를 수행할 수 있는가? 교회가 교회사회복지실천의 방법으로 효과적인 사례관리를 실행하기 위해서는 무엇보다도 교회의 특성에 적합한 사례관리 방법을 적용하여 실행하는 것이 필요하다. 세부적으로 고려해야 할 사항을 살펴보면 다음과 같다(김기원, 2002; 이준우, 2013).

첫째, 사례관리 서비스를 제공하는 목적은 복지선교와 복지목회를 효과적으로 실현하는 데에 있음을 명확히 인식해야 한다. 사례관리 서비스를 제공받는 복지 대상자가 하나님의 사랑을 사례관리를 통해 느끼고 깨달아서 지금 현재의 어려움을 극복하기 위해서 필요한 자원을 받되, 향후에는 지원 없이도 스스로 자립하겠다는 강한 의지와 결단을 가질 수 있게끔 하는 것이 사례관리의 목적이 되어야 하는 것이다. 따라서 사례관리를 제공하는 목적을 이러한 관점에서 명확히 규정하고, 도움을 필요로 하는 집단을 확인한 후, 사례관리 서비스를 제공해야 할 복지 대상자를 선정해야 한다.

둘째, 사례관리 서비스를 제공해야 할 복지 대상자 집단의 욕구를 파악해야 한다. 사례관리 서비스는 복지 대상자가 필요로 하는 욕구를 충족할 수 있도록 제공되어야 한다. 교회에는 노인, 장애인, 소년소녀 가장 등의 교인들이 있고 이들 중 빈곤으로 인해 고통을 받는 대상자도 상당수에 이른다. 또한 교회가 위치한 지역사회 내에 공공복지의 혜택에서 소외된 사회적 취약계층도 거주한다. 따라서 사례관리를 수행하는 교회사회복지사는 서비스를 필요로 하는 대상 집단을 확인하고 사정을 통하여 이들의 욕구를 명확히 파악하는 과정을 밟아야 한다.

셋째, 사례관리를 실시하는 주체가 되는 교회 조직의 특성을 고려해야 한다. 즉, 조직의 유형과 규모, 전문적 기술의 수준, 동원할 수 있는 서비스 관계망 등에 근거하여 사례관리의 양과 질을 설계해야 한다. 교회사회복지사는 전문적 훈련을 받은 사회복지사로서 체계적으로 사례관리자의 역할을 수행할 수 있다. 한편, 교회사회복지사가 없을 경우에는 인근 지역사회에 있는 사회복지시설 종사자들 가운데에 크리스천 사회복지사를 연계하여 협력적으로 사례관리를 수행할 수도 있다. 중요한 것은 사례관리는 가능한 한, 비전문가에 의해서 수행되지 않도록 주의해야 한다는 것이다.

넷째, 사례관리를 통해 효과적인 '연대'를 실현해야 한다. 효과적인 실천이 되기 위해서는 기본적으로 교회사회복지실천 대상자와 신뢰관계가 형성되어야 한다. 이러한 신뢰관계를 기반으로 진정한 원조적 관계를 맺게 되며 참된 연대감에 기초한 끈끈한 관계망이 수립된다. 이와 같은 연대적 관계망은 다양한 삶의 문제를 해결하는 데에 큰 힘이 될 수 있다.

다섯째, 사례관리를 수행하는 가운데에 옹호해야 할 상황에서는 적극적인 옹호활동을 펼쳐야 한다. 옹호는 하나님의 모성적이고 보호적인 특성을 받아들이고 약자들의 고통을 함께 아파하며 뜨거운 감성과 열정으로 이를 극복하기 위해 노력하는 활동이다. 옹호는 복지대상자들이 받을 권리를 유지하도록 정책변화 운동에 적극적으로 참여하거나 지지하는 것이다. 이들 복지 대상자들이 직접 나서기 어려운 분야를 대신함으로써 그들의 권리를 지속적으로 보장받도록 하는 것이다.

여섯째, 사례관리를 통해 효과적인 위기개입을 하여야 한다. 위기 상황 아래 놓인 복지 대상자들에게 교회사회복지사가 일시적으로 개입하여 역경을 이길 수 있도록 돕는 것이다. 교회야말로 심각한 위기 상황에 처한 복지 대상자들을 효과적으로 도울 수 있는 공동체라 할 수 있다. 위기개입은 긴박한 상황에서 효과적인 해결이 가능하며 개인의 이익을 초월하고 타인의 입장에 설 수 있다는 면에서 영성적 특징을 갖는다.

3. 교회사회복지실천의 기본 기술

1) 만남의 10가지 기술[2]

교회사회복지실천을 효과적으로 수행하기 위해서는 교회사회복지사와 업무를 맡은 목사가 서비스 대상자들을 잘 만날 수 있어야 한다. 실제로 교회사회복지실천 기술 중 가장 기본적이면서도 중요한 것은 역시 교회사회복지사가 도움을 받는 대상자를 만나는 면담이다.

여기에는 물론 개별적 만남도 있지만 집단을 통한 만남도 포함된다. 교회사회복지실천은 어떤 면에서 본다면 끊임없는 만남을 통한 구체적인 개입활동이라고 말할 수 있다. 그래서 교회사회복지실천 기술을 활용함에 있어 가장 중요한 것은 어떻게 복지 대상자를 대할

---

2 '만남의 10가지 기술'은 이준우와 임원선 (2011)의 《전문 사회복지실천론》에서 제시한 '면접의 10가지 원칙'을 교회사회복지실천 현장에 맞게 수정·보완하였다.

지 정하는 것이다. 교회사회복지실천 기술에서 다루는 대상자와의
면담의 원리는 서비스를 주는 사람의 입장이 아닌 '서비스를 받는 사
람 중심 시각'에 기초한, '함께 문제해결의 과정을 밟아가는 면담'으로
말할 수 있다.

(1) 서로의 이야기에 집중하며 진지하게 듣고 감탄하기

자신의 관심사나 자신의 답 또는 해결책에만 집착하는 사람들은 자기
생각에 빠져 있어 상대의 이야기에 집중(*full attention*)하지 못한다. 상
대의 이야기를 건성으로 듣거나 자신의 답이나 해결책과 비교 평가하
며 옳고 그름을 판단하기에 급급하여 상대의 이야기를 있는 그대로
듣지 못한다. 이로 인해 상대가 좌절감을 느끼거나 무시당하는 듯한
부정적 경험을 하게 되어 방어적 자세로 마음의 문을 닫게 된다.

과정을 중시하는 면담은 주어진 순간에 충실하며 서로의 이야기
에 집중한다. 집중할 수 있고, 또한 집중한다는 사실은 인격적 존재
로서 상대방을 받아들인다는 것이다. 어려움을 갖고 찾아오는 복지
대상자들의 문제들 대부분은 '사람' 문제이다. 즉, 특별한 사람만의
문제라기보다는 모든 사람에게 일어날 수 있는 공통의 문제들이다.
살아가면서 부딪치는 모든 짜증스러운 특성들 그리고 오해에서 비롯
되는 모든 좌절들은 '사람'이기에 발생한다. 우리의 응답은 언제나 변
함없이 받아들임의 응답이어야 한다. 사람들을 그 모습 그대로 사랑
함으로써 받아들이는 것이다. 그렇게 되면 교회사회복지사는 복지
대상자의 말에 진정으로 집중할 수 있다.

서로의 이야기를 마치 들어보지 못한 새로운 이야기처럼 깊은 호기
심과 진지함으로 열심히 들으며 판단하고 깎아내리기보다는 종종 경
이감에 감탄하는 모습까지 보여야 한다. 상대 이야기의 독특성과 그
의미를 완전히 파악할 때까지 판단을 보류하고 마치 상대를 빨아들이

는(suction) 듯한 모습을 보여준다. 상대의 이야기를 들을 때 "모든 이야기는 새로운 이야기이며 모든 사례는 새로운 사례이다"(Every story is a new story, and every case is a new case) 라는 자세로 집중하는 모습을 보여준다. 모든 이야기를 다 이런 자세로 들을 수는 없겠지만 최선의 노력을 다한다. 그렇게 할 때, 교회사회복지사는 복지 대상자를 좀더 정확히 이해할 수 있게 된다.

(2) 한 번에 한 사람씩 나누기

'full attention'을 준다는 말, 즉 집중한다는 말은 '한 번에 한 사람씩 말한다'는 뜻이다. 한 사람이 어떤 화제나 나눔을 시작하게 되면 '이젠 됐습니다. 다른 사람이 이야기해도 되겠습니다'란 느낌이 들 때까지 그 화제와 그 사람에게 머물러 있어야 한다는 뜻이다. 던져진 화제가 끝날 때까지 가능하면 다른 주제로 확장하거나 옮겨가지 않는 것을 말한다. 서로의 이야기를 가로채지 않도록 조심하는 것이다.

그런데 간혹 교회사회복지사들 중에는 복지 대상자에게 속마음을 토로할 수 있는 충분한 기회를 만들어 주지 않는 사람들이 많다. 조금 대화하다가 다른 일이 생기거나 다른 사람이 업무차 오게 되면 집중하지 않고 건성으로 대하는 것이다. 필자의 경험으로 미루어, 가장 유익한 집중의 방법은 기관 내 식당이나 인근의 커피숍에서 프로그램 후 '커피나 차 마시는 시간'을 갖는 것이다. 서로 마주보고 앉아서 아무런 방해 없이 대화할 때에 대상자에 관해 많은 소중한 통찰을 얻을 수 있으며 특정한 욕구와 문제점들이 그 모습을 드러내어 이를 토론할 수 있다.

필자가 농인들이 자유자재로 사용하는 한국수화의 관용적 표현들을 배우고, 그래서 유창한 의사소통이 가능해지고 재미있게 이야기하며 동시에 농인 교회사회복지실천 업무능력을 증진시킬 수 있었던 것은 바로 이러한 '커피나 차 마시는 시간' 혹은 '함께 사우나(목욕탕) 하는 시간'에 편안한 분위기 가운데 한 사람의 농인 대상자에게만 집중해서 대화한 덕분이다.

(3) 가능하면 현재에 머물기

진행과정을 중시하는 면담은 현재에 초점을 맞춘다. 가능하면 '지금, 여기, 현재, 이 순간, 나, 너, 우리'에 머물며 집중하려 한다.

이 뜻은 무엇보다도 면담 자체가 주어진 현실이며 순간이기 때문에 모든 것을 내려놓고 오로지 면담에만 집중해야 한다는 것이다. 그렇지 않으면 모임 밖에서 일어나는 일들에 관한 생각에 빠져 서로의 이야기에 집중할 수 없다.

이것은 또한 현재 함께 있는 눈에 보이는 사람들에게 집중한다는 뜻이다. 현재 없는 사람들 이야기는 가능하면 피해야 한다. 그 대신 현재 자리를 함께하는 사람들, 즉 나, 너, 그리고 우리의 이야기를 한다는 뜻이다. 예를 들면, 우리는 때때로 한국사람, 세상사람, 한국 정세, 교육 현실, 한국 교계 현실 등을 이야기할 수 있다. 그러나 이런 '남' 이야기는 서로의 성장과 변화에 거의 도움이 되지 않는다. 함께 앉아 하루 종일 다른 사람들의 이야기를 할 수도 있겠지만 이는 서로의 관계나 개인적 성숙에는 별로 도움이 되지 않는 경우가 많다. 10년 동안 교제하면서도 서로의 관계에 별로 도움이 되지 않았다면 그동안의 만남이 '남 이야기하는 현상'에 있었기 때문이다.

이러한 맥락에서 대상자가 개인적 이야기는 도무지 하지 않고 계속 남의 이야기나 일반적 이야기만 한다면 이것이 어디서 비롯된 문제인지 생각해 보아야 한다. 과거 인간관계에서 깊은 상처를 입은 적은 없는지, 개인적 열등감 때문에 자신을 숨기고 싶은 것은 아닌지, 또는 자신이 감당할 수 없는 문제를 직시하는 것이 두려운 것인지, 교회사회복지사에 대해 신뢰감이 형성되지 않아서 경계하는 것인지 그 원인을 파악하고 해결해야 할 것이다.

(4) 개인의 사례를 일반화하지 말기

많은 교회사회복지사들과 복지 대상자들은 자신의 경험 또는 개인적 봉사 경험과 실천 지식의 적용 사례들을 마치 일반 진리인 것처럼 말하거나 강요하는 경향이 있다. 이런 사람들은 자신의 해결책에 집착하여 상대를 설득하거나 조종하려는 모습을 보이며 그렇게 되지 않을 때 상대에게 분노를 품고 은연중에 무시 또는 경멸하는 태도를 보이기도 한다. 이런 사람들은 '이렇게 되어야 한다', '저렇게 되어야 한다' 등의 당위성 언어나 강요성 언어를 많이 사용하는 경향이 있다.

그러나 과정을 중요하게 생각하는 면담에서는 대상자의 개성, 성숙도, 경험의 영역, 기본 권리 등을 존중해 준다. 상호 존중과 믿음, 사랑, 소망에 뿌리를 두고 서로의 감정, 의견, 생각, 가치관, 문화배경과 환경 등의 차이를 감안하며 서로의 성장속도를 존중해 준다(〈고린도전서〉 13장). 과정과 관계를 중요하게 생각하는 사람들은 성경적 일반 진리와 개인적 적용 사례를 구별하여 '자신의 개인적 경험이나 이야기'라고 정직하게 말한다. 또한 상대도 자신과 같이 개인적 이야기나 경험을 가질 수 있다고 인정하며 서로의 차이를 인정하고 존중해 줄 수 있다. 자신의 경험이 더 낫다거나 상대를 가르치려는 자세를 경계하며, 비록 유사한 경험을 했다고 해도 나의 사례와는 다를 수 있다는 사실을 인식하는 것이 중요하다.

(5) 자신에게 정직하고 성실하기

과정을 중요하게 생각하는 교회사회복지사들과 복지 대상자들은 정답과 해결책을 주기 전에 자신을 살펴본다. '과연 나는 어떻게 살았는

가?' 그에 비해 자신의 정답과 해결책에 집착하는 사람들은 자기과시
적이고 자기중심적이며 때로는 위선적인 모습으로 비쳐질 수 있다.
정답과 해결책에 급급한 사람들은 '살아야 할 삶' 또는 '해결 중에 있는
문제'를 마치 그렇게 살고 있는 것처럼 또는 다 해결된 것처럼 상대에
게 말하는 경향이 있다(〈욥기〉 9장). 이런 현상은 특히 자기도취적인
사람들에게 많이 일어나는데 이런 사람들은 자기의 성공 사례를 과시
하고 상대에게 고집스럽게 강요하며 상대가 이를 따르지 않을 때 거
절이나 무시당한 것에 분노를 느낀다. 이런 사람들은 정답과 해결책
에 급급하여 과정을 무시하는 경향이 있다.

(6) 서로를 존중하기

과정을 중시하는 교회사회복지사와 복지 대상자는 서로를 성숙한 개
인으로 존중한다. 고통과 어려움 중에 있는 대상자의 이야기를 마치
고통의 고름을 빨아주듯 열심히 집중하여 듣는다. 하지만 함부로 무
례하게 상대를 구해내거나 도우려 하지 않는다. 고통도 때로는 성숙
의 과정이란 진리를 의식하고 함께 그 고통 중에 머무르지만 쉽게 자
신의 방법과 해결책으로 구해내지는 않는다.

　돕는 것도 상대에게 반드시 의사를 확인한 후에야 상대가 원하는 방
법으로 돕는다. 이런 점에서 서로를 존중한다. 초대받지 않은 지나친
열심과 영웅주의적 태도가 오히려 상대에게 수치심과 거부감을 일으
킬 수 있고 부담을 줄 수 있기 때문이다. 고통을 호소하는 많은 사람들
은 그냥 들어주기만 바란다. 잘만 들어주어도 문제의 반은 해결될 수
있다. 그런데 해결중심의 사람들은 섣부른 충고나 구원의 손길로 상
대를 더 힘들고 움츠리게 만들 수 있다. 따라서 혼자 추측해 돕는 일방
적 열심보다는 상대의 의사를 파악하고 존중하며 돕는 열성적인 노력
이 더 바람직하다. 성경에서도 하나님께서 우리를 도우실 때 "찾으라,

구하라, 두드리라" 하신 것처럼 우리의 구체적인 도움의 소리를 듣고 돕길 원하신다.

때로는 도울 수 있다 해도 자제가 필요하다. 영웅주의적 교회사회복지사는 거의 반사적으로 이 사람 문제 저 사람 문제에 첨벙첨벙 빠져 꺼내주려고 하는데 이런 행동이 상대의 정서적, 영적 성숙에 방해가 될 수도 있다. 강박적인 영웅주의적 교회사회복지사는 상대가 자신의 인생에 책임져야 할 부분에 대해 무책임한 사람이 되게 할 수도 있고 성장이 정체된 의존적 사람으로 만들 수 있다.

함부로 돕는 영웅주의적 도움의 이면에는 옳지 않은 동기가 있을 수 있다. 예를 들면, 잘못된 영웅주의자는 돕는 것을 통해 사람들에게 인정을 받고 싶은 강한 욕구나 자신의 선함이나 의를 과시하며 다른 사람들을 정죄하고 의분을 터뜨리는 모습을 보인다. 이런 사람들은 남을 돕는 것처럼 보이지만 실제로 자신을 위해 남을 이용한다. 이런 관계에서는 도움을 받는 사람이 건강한 독립적 인격체로 자라는 것이 아니라 남에게 계속 의존하며 살아야 하는 미숙아로 남아 있게된다. 과정을 중시하는 사람들은 믿음, 사랑, 소망이 충만한 순례자의 자세로 고통 중에 있는 사람들과 함께 걷지만 초대받지 않은 영웅주의적 구제자의 역할은 경계한다.

(7) 자신의 문제를 소유하기

과정을 중요하게 생각하는 사람들은 자신의 문제는 자신의 문제라 말할 수 있는 사람이다. 예를 들면, 말하는 상대에게 필요 이상으로 강한 부정적인 감정을 느낄 때는 자신을 살펴본다. 혹시 상대가 내 마음에 해결되지 않은 무엇 (나의 상처, 나의 분노, 나의 해결되지 못한 문제, 상처 준 사람 등)을 건드리지 않았는지 확인하고, "○○○, ○○○의 이야기를 들으며 화가 나고 짜증이 났는데 가만히 생각해 보니 내 안

208

에 해결되지 않은 문제 때문에 그런 것 같아요"라며 깨닫는 사람은 자신이 가진 문제를 자신의 문제로 소유할 수 있는 사람이다. 그에 비해 자신의 문제를 소유할 수 없는 사람은 자신의 해결되지 않은 문제로 상대에게 정당치 않은 상처와 아픔을 주게 되고 자신과 상대방 모두를 자신의 문제에 갇히게 한다. 각자 자신의 문제는 자신이 소유하고 서로에게 정직하게 말하는 것이 바람직한 그리스도인의 모습일 것이다.

(8) 자신을 객관적으로 관찰하기

과정과 성장을 중시하는 사람들은 자신을 객관적으로 관찰하는 습관을 갖는다. 뜨거운 대화중에도 자신이 사람들과 어떻게 대화를 나누고 있는지 자신의 모습을 객관적으로 살펴보려고 노력한다. 열띤 토론 가운데서도 자신에게서 어떤 사람 냄새가 나는지 서로에게 어떤 냄새가 나는 사람인지를 조금 떨어져서 바라볼 수 있는 여유를 가진 사람들이다. 어떤 대화가 나의 마음과 서로의 마음을 어루만지고 열게 하는지 또는 마음을 닫게 만들고 답답하게 만드는지를 관찰하며 정답에 이르는 과정에서 일어나는 여러 현상들을 주의 깊게 볼 수 있는 사람들이다. 때로는 첨벙 물속에 뛰어들지 않고 강둑에 앉아 바라보고 관찰하며 배우는 사람이다.

반면에, 사람이 상황에 뛰어들어 풍덩 빠지게 되면 흑백논리, 옳고 그름, 잘 잘못 등에 빠지고 상대의 이야기를 들을 여유가 없게 되며 격한 감정으로 치닫는 경우가 많다. 뿐만 아니라 상대도 함께 빠지게 하는 물귀신 같은 역할을 하여 모임을 힘들게 할 수 있다. 이러한 잘못을 저지르지 않기 위해서는 늘 자신을 성찰하고 관찰하는 태도를 견지해야 한다. 열띤 토론 한가운데서도 조금 뒤로 물러나 자신의 모습과 행동, 언어 그리고 냄새를 보고 듣고 맡을 수 있고 자신에 대해 냉철하게 판단할 수 있는 과정 중심의 사람이 되어야 하는 것이다.

(9) 훈련된 언어생활 하기

과정을 중시하는 교회사회복지사는 훈련되고 세련된 언어생활을 한다. 다음은 건강한 생명을 낳을 수 있는 언어적 기술들이다.

첫째, 상대가 감정적으로 힘들게 보일 때는 공감적 반영을 한다. 공감적 반영은 '상대가 문제를 소유하고 있는 것처럼 보일 때' 상대를 문제에서 건져낼 수 있는 효과적인 대화술로 그 틀은 '이유 + 상대가 느낀다고 생각하는 느낌 표현'으로 되어 있다.

예를 들면, "○○○의 말을 듣고 보니 / 집사님을 보니 참 답답하게 느끼시겠어요"라고 말하는 것이다. 즉, 상대가 느낀다고 생각하는 감정을 반영해 주는 것으로 자신의 개인적 의견이나 생각, 또는 감정을 철저하게 배제한다. 공감적 반영이 잘될 때, 먼저 상대가 이해받는 느낌을 갖게 된다.

둘째, 자기표현은 공감적 반영과는 반대로 '자신이 문제를 소유하고 있을 때' 사용할 수 있는 효과적인 대화술이다. 그 틀은 '상대의 행동, 태도, 또는 말 + 그로 인해 자신이 받은 영향 + 그래서 현재의 기분'으로 구성된다.

가령, "아무도 내 말을 듣지 않는 것 같아 무시당한 생각이 들어서 기분이 참 그렇네요"라고 말하는 것이다.

셋째, 상대에 대한 느낌과 인상은 가능하면 피드백(feedback)으로 표현한다. 상대가 이야기할 때, 가능하면 직접적 충고, 방향 제시, 해석, 분석, 판단, 구해내기, 깊이 없는 농담, 대변 등을 피하고 피드백을 한다. 피드백이란 상대의 이야기를 들으며 내가 개인적으로 상대를 경험한 것을 전하거나 상대의 이야기를 들으며 내가 개인적으로 상대를 경험한 것들을 나누는 대화술이다.

예를 들면, 스스로 결정하지 못하고 다른 사람들의 충고나 지시에 의존해서 살아가는 모습을 반복적으로 발견하게 될 때 "○○○씨가 말씀하는 것을 들으며 제가 받은 인상은 당신은 스스로 결정하는 데 참 어려움을 느끼시는 것 같아요"라고 하거나 "○○○ 씨가 스스로 결정하시는 데 참 어려움을 느끼시는 것 같아요. 마치 내 모습을 보는 것 같아요"라고 말하는 것이 피드백을 주는 대화법이다.

넷째, 다음의 4가지 반응을 조심해야 한다.

- 격렬한 생체적 반응으로 면담을 시작해서는 안 된다.
- 일방적인 비난의 자세를 피해야 한다.
- 철저한 방어적 자세를 갖지 않도록 노력해야 한다.
- 벽을 쌓거나 거리를 두는 자세를 지양하기 위해 애써야 한다.

(10) 서로의 비밀을 존중하기

이 말은 면담 과정에서 나온 말은 가능하면 비밀을 존중해야 한다는 뜻이다. 그래야만 서로 신뢰하고 자기를 개방하며 좀 더 깊은 이야기를 할 수 있는 안전한 분위기가 형성될 수 있다. 또한 '진짜와 진짜가 만날 수 있는 분위기'가 되어 거룩함과 변화가 일어날 수 있는 진정한 교회사회복지실천 현장이 될 수 있다. 따라서 가능하면 교회사회복지실천 현장을 떠날 때 서로 극히 개인적인 이야기는 그 장소에 놓고 떠나는 마음의 훈련이 중요하다.

2) 더럽고 추잡스런 싸움기술[3]

복지 대상자와의 관계에서나 혹은 교회사회복지사의 인간관계에서 '실천개입'을 실패하고 싶으면 다음의 기술을 사용하면 된다. 이 말은 역설적으로 교회사회복지실천 개입에서 반드시 피해야 할 금기사항임을 의미한다.

(1) 시간대

상대방이 가장 행복해 하는 시간을 택해서 싸움을 거는 기술이다. 구체적으로 말하면, 논쟁을 위한 적절한 시간을 택하는 것이다. 즉, 늦은 한밤, 상대가 좋아하는 TV 프로그램을 보거나 컴퓨터 게임이나 여가활동을 할 때, 혹은 잠을 자려고 하거나 쉬려고 할 때, 그리고 상대가 일터에 나가기 위해 서두르는 시간 등 상식적으로 상대가 논쟁이나 싸움을 하리라 가장 기대하지 않는 시간대를 택하거나 상대가 가장 반응할 수 없는 시간대를 택하는 것이다. 특히 여행이나 즐거운 시간을 갖고자 할 때 심각한 문제를 화제로 삼고 확장시키는 기술이다. 이렇게 '시간대' 기술을 잘 활용하면 반드시 교회 내에서나, 가정 내에서나 확실(?)하게 갈등상황을 발생시킬 수 있을 것이다.

(2) 확 대

한마디로 '침소봉대'(針小棒大) 기술이다. 작은 문제를 최대한 크게 키워서 상대방의 인격까지 손상을 입히는 치명적 싸움기술이다. 이를테면 부부간에 서로 이야기할 때, 그 이야기의 화제에서 상대방이

---

3 '더럽고 추잡스런 싸움기술'은 이준우와 이화옥 그리고 임원선(2006)의 《사례와 함께하는 사회복지실천론》에서 제시한 '더럽고 더러운 싸움기술' 30가지 중 교회사회복지실천에서 꼭 피해야 할 기술 총 15개를 가져와 수정·보완하였다.

함께 살 만한 사람인지 아닌지 상대의 인격이나 인간성을 의심하는 사건으로 가능하면 빨리 옮겨가는 것을 말한다(상황 → 인격 → 관계 단절). 상대의 부족함이나 흠을 확대하여 불신의 증거나 행복한 관계의 불가능성의 증거로 해석하는 것이다.

(3) 나 열

가능한 짧은 시간에 많은 문제들을 상세하게 나열하는 것이다. 이야기를 꺼낸 원래의 주제에 연연하지 말고 가능한 생각할 수 있는 모든 문제 속으로 상대방을 던져 버리는 기술이다. 이야기를 현재 이 순간으로 제한시키지 말고 가능한 과거와 미래를 모두 꺼내서 상대방을 곤혹스럽게 하는 것이다. 상대가 더 이상 공격할 수 없을 정도로 궁지에 몰리면 몰릴수록 더 좋은 기술이 발휘된 것이다.

(4) 지나친 일반화

무슨 일이든지 과도하게 일반화해서 상대방을 공격하는 기술이다. 지나친 일반화 기술을 효과적(?)으로 사용하기 위해서는 가능하면 "당신은 항상 / 언제나 그래" 또는 "당신은 한 번도 ～한 적이 없어" 등과 같이 "언제나, 항상, 한 번도, 전혀"라는 단어들을 사용하는 것이 좋다. 상대를 이야기의 본래의 화제에서 그런 일반화로 분산시켜 초점을 잃게 하면 더더욱 효과적인 싸움기술이 될 수 있다.

(5) 불평 맞수

상대방이 한 가지 불평을 할 때마다 자신의 불평도 한 가지 꺼내 놓는 것이다. 상대가 불평할 때, 그 말이 다 끝날 때까지 기다려서는 안 된다. 가능한 한, 듣지 말고 계속 자신의 불평으로 맞서야 한다.

(6) 극단화

어떤 화제의 중요성을 다음과 같은 말들로 과장해 상대를 극단적으로 심각하게 만드는 것이다. 예컨대, 배우자에게 "만약 당신이 우리를 진정으로 사랑했다면, 처음부터 이런 일은 결코 안 했을 거야" 또는 "이것이 바로 당신이 우리에게 관심이 없다는 증거야" 심지어 "내가 사라지면 다 해결되겠네. 내가 확! 죽어 버리지 뭐!"와 같이 극단적인 말을 내뱉음으로써 상대방을 공격하는 것이다.

(7) 이유 / 원인 추궁

"왜 늦었어?", "왜 청소 안했어?" 등 이유를 캐물어서 상대방의 마음이 최대한 불편해지게끔 하는 기술이다. 이런 질문들은 상대에게 아주 큰 문제가 있음을 지적하는 것이다. 즉, 해결될 수 있는 어떤 단순한 문제행동의 차원을 넘어서 무엇인가 심각한 것이 있음을 상대에게 암시하는 것이다.

(8) 비 난

모든 문제가 전적으로 상대에게 있다는 것을 확실히 전하는 기술이다. 그리고 다시 한 번 자신은 결백한 희생양에 불과함을 주지시키는 것이다. 자신의 언행이 어려움을 일으킬 수 있었다는 소지를 조금도 인정하지 않는 것이다. 전적으로 상대가 먼저 바뀌어야 된다는 사실을 확인하는 특성이 있다.

(9) 흑백논리

모든 것은 흑이 아니면 백이다. 이것 아니면 저것이다. 흑백논리에 근거하여 절대로 상대방에 대한 이해와 용서는 없음을 상기시키는 기술이다. 이야기를 할 때마다 과거에 받은 상처를 들춰내서 상대에게 절망감을 느끼게 하기도 한다. 동시에 절대 타협하지 않는다. 상대의 말을 듣지 않고 한 치도 양보하지 않는다. 타협의 여지를 전혀 생각하지 않고 자신의 제안이 100% 받아들여져야 한다고 한다. 그렇지 않으면 이긴 것이 아니다. 상대의 생각이 조금이라도 반영된다면 그것은 정말 기분 나쁜 일이다. 오로지 상대방이 내 편인지, 아닌지만 생각한다.

(10) 머리싸움
누가 더 똑똑하고 논리적인가 따져가며 머리로 싸움을 하는 기술이다. 상대가 더 이상 대꾸할 수 없을 정도로 철저하게 그로기 상태까지 몰아간다. 코너에 몰아놓고 신나도록 두들겨 패서, 완전히 두 손을 들게 하는 것이다. 더 이상 찍소리 못하게 하는 것이다.

(11) 상처 주기
아직 해결되지 않은 과거의 일에 집착해서 상대의 감정을 완전히 무시하는 기술이다. 시원하게 해결되지 않은 어제의 일을 내일이고 모레고 풀어질 때까지 집요하게 물고 늘어질 뿐만 아니라 상대의 감정을 무시하고 자신의 생각이 옳다고 일방적으로 말함으로써 치유되기 어려운 치명적 상처를 상대방에게 안겨주는 기술이다.

(12) 개인화
모든 것을 나에 대한 평가로 받아들이고 반응함으로써 나는 전적인 피해자고 상대는 전적인 가해자란 입장에서 대화를 계속하는 기술이다.

(13) 파국으로 인도
절대 타협이나 사과, 용서 등을 하지 않는 것이다. 가능한 오랫동안 원한을 품고 있어야 한다. 과거에 싸울 때 상처 준 것들을 다시 사용하는 것도 좋은 방법이다. 상대에게 복수하는 것이다. 이를 위해 최종적인 단어들을 사용하는 것이 효과적이다. 상대의 행동에 초점을 맞추지 말고 상대의 인격이나 존재 자체를 언급하면 더욱 좋다. 예를 들면, 방이 치워지지 않아 속상하면 상대에게 "이 얼간아!" 혹은 "이 얼빠진 것 같으니!"라고 말하거나 "당신 같은 지독한 인간은 처음 봤어!"라고 말해 보는 것이다. 또한 욕하거나 주먹질을 할 수도 있고, 당위성으로 명령이나 강요를 하기도 한다. 반드시 이렇게 해야 된다. 또는 당연히 이렇게 되어야 한다는 생각의 틀에서 이유 여하를 막론하고 명령하고 강요하는 것이다.

(14) 충고하면서 퍼붓기
상대에게 어떻게 생각하고, 어떤 의견이나 가치관을 가져야 한다고 가르치고, 어떻게 느껴야 한다고 충고한다. 이렇게 하는 한 자신이 상대를 도와주려고 한다는 인상을 주면서도 상대적으로 우월한 위치를 고수할 수 있다. 그런 후에 뒤에서 퍼붓는다. 상대에게 직접 말하지 말고 가능하면 돌려서 말한다. 부모나 친척에게 말하고 이웃이나 친구에게 말하되 절대로 본인에게는 직접 말하지 않는다. 앞에서는 듣는 척하고 뒤에서 뒷담화를 확실하게 한다.

(15) 염장 지르기
무슨 말이든지 곱게 하지 말고, 비꼬아서 상대방의 염장을 지르는 것이다. 건성으로 듣고 무시하는 것도 좋다. 무슨 말을 해도 무반응으로 건성으로 무시하는 것이다. 상대방을 짜증의 극단으로 몰아붙일 수 있다. 거의 자폐 수준으로 혼자서만 반응을 유도할 수 있다. 혹시 불리한 상황이 되어도 너무 쉽게 사과해서는 안 된다.

이상의 싸움기술은 다시 한 번 말하지만 해야 되는 것이 아니라 하지 말아야 할 것을 정리한 내용임을 강조한다.

제7장

교회사회복지실천이
나아가야 할 방향

교회는 예수 그리스도를 나타내는 영성적 공동체이다. 예수님은 하나님의 형상을 보여주는 영성적인 참사람이다. 진정한 인간성은 예수님의 성품과 삶을 닮는 것이며, 교회사회복지실천은 이러한 영성의 '외연화'된 활동이라 할 수 있다(유장춘, 2008). 하나님의 형상으로서 인간은 삼위일체 하나님의 개별성과 공동체성을 닮아야 한다. 개별성은 자유의 문제로 주체성, 진실성, 유연성, 가치지향성, 그리고 이성적 소양을 포함하고, 공동체성은 사랑의 문제로 초월성과 도덕성, 자기절제와 공생성 그리고 민감하고 섬세한 감정이입적 참여를 요구한다.

놀랍게도 우리 믿음의 선배들은 이미 이와 같은 영성적 교회사회복지실천을 선교와 목회의 구조 속에서 구체적으로 실천해왔다. 복음의 씨가 우리 민족의 마음 밭에 뿌리내리기 시작했을 때, 그리스도인의 삶에서는 복음전도의 열정과 불우한 이웃을 위한 사회복지실천이 활발히 전개되었다. 그 결과로서 주님의 몸 된 교회가 세워짐과 동시에 고아원, 학교, 병원, 양로원, 장애인 시설 등 기독교 정신에 기초한 사회복지시설과 기관이 한반도에 퍼져나갔다. 복음전도가 전국 방방곡곡으로 확산되면서 사회복지 활동도 널리 확대되어 갔다.

일제 강점기하에서 동포들이 억압받고 신음할 때, 한국전쟁으로 강토가 불바다·피바다가 되어 수많은 목숨이 죽어가고 그들의 가족들이 고아가 되고 과부가 되며 장애인이 되어 폐허가 된 도시의 길거리를 헤매고 있을 때, 교회는 복음의 소망과 사랑의 손길로 상처받은 동포와 형제의 아픔을 어루만져 주었다. 그때 교회를 통한 구호의 손길이 없었다면 우리 민족은 어떻게 그 고통을 참아낼 수 있었을까? 모든 이들이 방관하거나 무심할 때에도 예수 믿는 사람들은 그 참혹한 세상 속에 마지막까지 계속 남아서 백성의 아픔을 치유하는 활동에 동참하는 그리스도의 사역을 지속적으로 수행하였다.

그런데 불행한 일들이 교회 내에서 일어나 복음의 참된 정신을 흔들어 놓기 시작했다. 국가적으로 경제가 발전하면서 교회도 성장을 지향하게 되었다. 교회는 그 성장의 속도와 양을 극적으로 증가시키기 위해 교회성장 운동을 전개하며 전도에 온 힘을 기울이게 된다. 그 결과 사회나 이웃에 대해 봉사할 수 에너지는 제한되었고 심지어 교회는 전도만 하고 사회복지실천은 하지 않아도 된다는 기독교의 본질을 왜곡하는 인식이 퍼지기 시작했던 것이다.

교회는 성공이라는 우상을 숭배하고 이것을 모실 성전을 건축하는 것이 하나님의 사명이라고 하나님의 뜻을 철저히 왜곡하였다. 대형 교회들이 경쟁적으로 수백억, 수천억 원을 들여 성전을 건축한답시고 교회 건물을 지었다. 예수 그리스도는 십자가에서 돌아가심으로써 인간이 지은 탐욕의 성전을 폐하시고 인간 자신의 거룩한 성전을 심령 속에 저 천국의 성전을 사모하면서 세워가도록 하셨다. 그런데도 많은 교회들은 예수님께서 그토록 싫어하시는 눈에 보이는 성전을 짓기 위해서 건물을 건축하는 것이 주님이 가장 기뻐하시는 일이라고 속여서 가난한 교인들의 헌금까지도 받아내는 무서운 죄악을 서슴지 않았던 것이다.

하지만 다시 한 번 똑바로 기억해야 한다.

선교 초기의 한국 교회와 교인들의 인격과 삶에서는 복음전도와 사회복지실천의 열매를 쉽게 찾을 수 있었다. 그들은 예수 그리스도를 주님으로 전파하면서 주님이 섬기신 것 같이 헐벗고, 굶주리며, 병들고, 소외된 사람들 속에서 봉사의 생활을 활발히 전개하였다. 복음전파자들의 삶에서 복음전도와 사회복지실천은 매우 자연스러운 삶의 기본 자세였다. 그리고 그와 같은 복음전도와 사회복지의 통합적 실천 양상은 초기 한국교회의 대표적인 신앙생활의 양상으로 정착되었다. 그런데 지금은 왜 이런 모습인가?

결코! 안 된다!

한국교회는 선교적이며 목회적인 토대 위에서 바람직한 성경적 사회복지를 실천함으로써 기독교와 교회의 본질을 되찾아야 한다. 참된 교회의 모습을 회복해야 한다. 진정한 기독교를 설파하는 종교기관 본연의 자세로 되돌아 와야 한다. 그렇게 될 때, 한국교회는 시급한 복지문제를 가졌음에도 불구하고 사회에서 소외된 불우한 형제들을 찾아서 그들을 도울 수 있다.

성경은 교회사회복지실천을 부차적이고 이차적인 것이 아니라 교회의 본질적 과제라고 말하고, 선택이 아니라 필수적인 사역임을 천명한다. 즉, 교회사회복지실천은 교회가 감당해야 할 하나의 부수적인 사역이 아니라 하나님의 일, 즉 그리스도의 몸 된 교회의 건강성을 회복시키기 위한 하나님의 일이다. 따라서 교회사회복지실천은 교회의 가장 핵심적인 사역 중의 하나일 수밖에 없다. 한국교회는 초창기 선교 때부터 사회복지적 선교로부터 출발하였다. 이제 그 본래의 선교 정신을 온전히 회복해야 한다. 그것이 한국교회를 살리는 첩경인 것이다.

1. 복지선교적 과제 달성

이제 한국교회는 영혼 구원이라는 본래적 복음전파 활동과 함께 교회 사회복지실천의 새로운 활동과 범위를 구체적 과제로 설정하고 추진 해야 한다.

1) 교회 자원을 통한 '인간사랑' 실천

교회사회복지실천은 정부의 지원에 의존하기보다는 교회의 모든 자 원을 동원하는 순수한 '인간사랑'으로 실천되게끔 더욱 적극적으로 노 력해야 한다. 교회가 수행하는 사회복지실천은 인간의 생명을 사랑 하는 경건성과 순수성으로 이루어져야 한다. 즉, 영성적 토대 위에서 수행되어야 한다.

이를 기반으로 세상에서 육신적으로, 정신적으로, 영적으로, 그리 고 다른 사람들과 환경에 의해 상처를 입고 있는 많은 사람들을 치유 하며 고통을 해결해 주어야 한다. 동시에 교회사회복지실천의 인 적·물적 자원은 가장 귀하고 소중한 '사랑의 선물'로 선별하여 지원 하여야 한다.

실제로 교회사회복지실천을 위하여 교회의 1년 예산 중 40% 이상 을 책정하여 수행하도록 하여야 한다. 교회사회복지실천의 궁극적 목적은 영혼의 구원에 두고 있지만, 그것을 교회의 의도적 전도와 양 적 성장의 수단으로 활용하지 말아야 한다. 그러므로 교회사회복지 실천은 개인의 영적 문제뿐만 아니라 실제적 삶의 회복과 향상을 위 한 활동에 초점을 두어야 한다.

2) 다양한 욕구와 필요에 기반한 포괄적 실천

교회사회복지실천은 인간의 다양한 욕구의 영역인 사회적·경제적·문화적·육체적·심리적·윤리적·영적 범주를 포괄해야 한다. 실제로 교회는 복지 대상자들의 실제적 욕구와 필요가 무엇인지 이해하는 것이 중요하다. 교회는 그들의 욕구와 필요에 대해 충분히 조사하고 그것을 충족시킬 수 있는 프로그램을 개발하여야 한다.

교회는 영적 구원과 영적 치료뿐만 아니라, 전인적 치료를 위한 다양한 생활영역에 관심을 두어야 한다. 왜냐하면, 인간은 누구든지 사회와 환경에 의해 존중받아야 할 내적 존엄성을 가지고 복지의 삶을 선택할 권리와 생존의 가치를 가지고 있기 때문이다. 다시 말하면, 인간의 삶의 가치는 재산소유의 풍요로움이나 부족함에 있는 것이 아니라(〈누가복음〉 12: 15), 인간의 존엄성과 권리에 그 근거를 두어야 한다. 이를 위해서도 앞서 말했듯이 마찬가지로 영성적 토대 위에서 교회사회복지실천이 진행되어야 한다.

3) 종속적 관계를 벗어나는 실천

교회사회복지실천에서는 복지 대상자들을 일방적 도움의 대상으로 간주하지 말아야 한다. 교회가 일방적으로 그들을 도움의 대상으로 생각한다면, 교회는 항상 도움을 주고 복지 대상자는 항상 도움을 받는 종속 관계가 형성되어 양자는 화해할 수 없는 쌍방의 이기적이며 배타적인 관계로 전락하게 될 것이다.

다만 교회사회복지실천의 관심은 그들로 하여금 그들의 능력과 잠재력을 계발하여 사회 환경에 적응할 수 있도록 도와주어야 한다. 그리고 복지 대상자들을 일방적으로 교회로 불러들이는 것도 중요하지만, 그들이 있는 곳으로 직접 찾아가서 서비스를 제공하는 것이 최선의 방법이 될 수 있다.

4) 평신도 참여에 기반한 실천

교회사회복지실천은 평신도의 적극적 동원과 참여가 요구된다. 초대교회에서 교회의 복지사업과 그 활동을 관리하고 협력했던 주체가 평신도(〈고린도전서〉 12: 28)였던 것과 같이, 현대교회에서도 전문적 복지사업 및 사회봉사 교육을 받은 평신도의 전문성을 효과적으로 활용해야 한다. 동시에 교회는 평신도의 전문성을 활용하여 국가공공기관과 사회단체의 제도적 문제점을 개선하는 일에도 적극적이어야 한다.
　　교회사회복지실천은 활동의 범위와 영역을 분명히 정하고, 교회사회복지실천에 참여할 수 있는 평신도들을 선정하여 훈련시켜야 한다. 교회는 교회의 내적 사역을 통하여 계발한 평신도의 영성과 주어진 삶의 터전과 직장생활을 통하여 계발한 전문성 양자를 교회사회복지실천의 바람직한 자원들로 활용하여야 한다.

5) 협력과 연계 중심의 실천

교회사회복지실천은 지역사회의 복지기관들과 협조하여 교회를 중심으로 지역단위와 지역공동체에 이르기까지 점진적으로 확대되어야 한다. 교회는 사회복지실천을 위해 지역사회 공동체의 질서와 욕구를 만족시키는 공공기관 및 사회복지기관들과 협력해야 한다.
　　먼저 지역사회의 복지기관들과 긴밀한 관계를 유지하면서 다양한 영역의 복지 대상자들, 정신 및 신체장애인, 다양한 질병환자(폐결핵·간질병·각종 암 환자, 알코올 중독자 등), 소년소녀가장, 노숙자 및 실직자, 이혼자, 고아 및 과부, 고령자 및 독거인, 외국인근로자 및 불법 체류자, 다문화 기혼자, 다문화가정 자녀, 북한이탈주민, 청소년 범죄자들을 개인적으로, 혹은 집단으로 보호하고 지원하는 일에 솔선해야 한다.

나아가서 교회는 지역사회 공동체를 대상으로 원활한 교회사회복지실천을 위해 지역사회 복지기관들과의 유기적인 연계를 통하여 중요한 정책결정에 깊이 참여할 수 있어야 한다. 지역사회 공동체와의 협력관계는 지역주민들에게 양질의 복지서비스와 함께 가장 효과적인 간접적 복음화 운동이 될 수 있을 것이다.

6) 교회연합운동으로서의 실천

교회사회복지실천은 교단 및 교파를 초월하여 지역교회의 교회연합운동으로 수행되어야 한다. 지역단위의 교회사회복지실천을 위하여 지역교회들이 범교단적 공동 프로그램을 개발하여 진행하여야 한다. 교회사회복지실천의 연합활동은 군소 교회들의 부족한 복지예산과 인력문제 등을 해결할 수 있다는 장점이 있다.

만일에 동일한 지역에서 다양한 교단 및 교파별, 혹은 각 교회단위로 교회사회복지실천이 추진된다면, 하나님 나라를 지향하는 신학적 차별성뿐만 아니라, 교파 및 교단이기주의와 독선적 자기합리화에 빠지는 위험을 초래할 수 있다.

7) 문화수준 향상을 도모하는 실천

교회사회복지실천은 복지 대상자들의 문화수준 향상을 위해 힘써야 한다. 현대사회에서 교회사회복지실천의 정책과 교육의 성패는 쌍방간 — 공급자와 수요자 — 의 문화의식에 달려 있다. 다시 말하면, 교회사회복지실천 공급자는 수요자의 일방적인 필요와 욕구를 충족시키기 위해 복지자원을 제공하는 것만이 아니라, 그 자원을 활용하여 장기적 재활을 할 수 있도록 합리적으로 통제하고 현실적 상황을 충분히 고려해야 한다.

반면에, 교회사회복지실천의 대상자는 자신의 필요에 의해 제공받은 복지혜택을 다시 사회에 환원하는 방안과 다른 대상자들에게 또 다른 차원의 혜택을 공급할 수 있는 의식의 변화와 전환이 선행되어야 한다. 이러한 쌍방 간의 문화수준 향상을 위해 지역사회의 전통과 문화적 특수성을 주의 깊게 관찰하고 연구하여 그것에 상응하는 추진계획을 과학적으로 수립해야 할 것이다.

8) 지속적이고 장기적인 실천

교회사회복지실천은 지속적이고 장기적인 사업으로 추진되어야 한다. 이것을 위해 교회는 사전에 교회사회복지실천을 위한 면밀한 검토와 연구를 통하여 체계적으로 계획을 수립해야 한다. 또한 교회는 사회복지실천을 추진하는 과정에서 예상되는 모든 사태를 사전에 준비하고 계획하여야 한다. 교회는 지역사회의 전통과 문화적 특수성을 주의 깊은 관찰과 연구를 통해서 교회사회복지실천의 한 분야를 선택과 집중에 의해 추진하는 것이 필요하다.

또한 교회사회복지실천의 대상자들이 국가공공기관 및 사회단체가 제공하는 사회보장과 연금혜택, 각종 보험으로 경제적 보호를 받을 수 있도록 적극적으로 도와야 한다. 교회는 복지 대상자들이 사회보장제도와 각종 보험혜택을 보장받게 하기 위해 국가공공기관과 사회단체와 긴밀히 협조하는 '공동 네트워크'(*cooperative network*)를 형성해야 한다.

9) 지역화와 세계화를 추구하는 실천

교회는 교회사회복지실천을 위한 '지역화'와 '세계화'를 능동적으로 추진해야 한다. 교회사회복지실천을 위한 지역화의 과제는 교회와 지역사회를 연결하는 지역사회 네트워크를 구축하여 지역사회가 요구하는 프로그램을 개발하여 제공하여야 한다. 동시에 교회사회복지실천의 세계화를 위해 특성화된 교회사회복지실천 교육 프로그램을 개발해야 한다. 가능하다면 지역 내에 있는 대학과의 연계 협력도 필요하다.

이렇게 특성화된 교육 프로그램을 통해 아시아, 아프리카, 러시아를 비롯한 동유럽 출신의 지도자들을 교육하여 해당국가에 파견하는 한편, 현지 국가에 교회사회복지실천의 교육제도와 프로그램을 수출하여 현장 지도자들을 양성하는 방법을 도입해야 한다. 나아가서 교회사회복지실천의 지역화를 위해 '지역사회 센터'(*community center*)를, 그리고 세계화를 위해 '세계화 센터'(*global education center*)를 설립하는 것도 바람직할 것이다.

10) 복지선교 패러다임을 확산시키는 실천

'복지선교'가 새로운 선교의 패러다임으로 정립되고 교육되어 한국교회에 널리 확산되어야 한다. 교회사회복지실천은 그 자체가 하나님의 뜻이며 의미 있는 사역이다. 그래서 교회사회복지실천이 '예수 믿고 구원받으라!'는 구호적 전도 내지 영혼 구원만을 강조하는 전도의 도구가 되어서는 안 된다. 하지만 앞서 언급한 대로 선교를 하나님의 '샬롬'을 실현하며 하나님 나라를 완성하는 것으로 보게 되면 교회사회복지실천은 선교와 '통전'적으로 통합될 수 있다.

이렇게 선교를 정의하면 선교는 이제 '복지선교'로 재인식되어야 하는 것이다. 복지선교의 개념을 이와 같이 정리할 때, 교회의 사회복지를 실현하기 위한 최적의 수단이자 매개가 복지선교(social welfare mission)라고 볼 수 있다. 왜냐하면, 교회사회복지의 사명이 교회 자체의 복지 구현뿐만 아니라, 그 사명을 사회와 세계로 확대하여 관계를 맺게 할 통로가 곧 복지선교가 되기 때문이다.

복지선교는 교회의 사명인 인간과 인간 사이에 먼저 인간화를 이루고, 인간과 자연 사이에 파괴와 훼손 대신에 질서와 조화의 관계를 이루며, 나아가서 인간과 하나님 사이에 순종과 화해의 관계를 회복하게 하는 목적을 가지고 있다. 교회는 복지선교를 통하여 이 땅에 하나님 나라의 복음을 선포하며 교회의 사회복지를 구체적으로 실천하기 위한 예수 그리스도의 대행자(agent)로서의 사명을 감당해야 한다.

따라서 사회와 세계에 하나님의 지상명령인 복지선교를 대행할 지도자들을 체계적으로 교육하며 그들이 미래 교회와 사회를 위해 공헌할 복지선교의 과제를 설정하는 것은 매우 중요하다. 이 일은 신학대학원이나 기독교대학 내에 있는 사회복지학부 및 대학원 과정을 통해서만 이루어질 수는 없다. 교회사회복지재단과 대학이 연계하거나 아니면 교회사회복지재단이 보다 주도적으로 구현해가야 가능하다. 왜냐하면 복지선교는 교회의 선교적 사명으로 수행되는 과업이기 때문이다. 그래서 복지선교 교육은 어떤 식으로든 교회를 통하거나 교회와 연계되어 수행되어야 하는 것이다.[1]

더욱이 복지선교의 교육은 학생들로 하여금 일반 사회복지 교육에 비해 더 큰 소명감과 신뢰감을 요구하고 있으며, 더욱 성실하고 능동

---

[1] 이런 측면에서 최근 산학연계 모형인 대학 및 대학원 교과과정에 개설 가능한 '계약학과'는 하나의 새로운 모델이 될 수 있다. 가령 기독교 대학 내 실천신학대학원 내지 사회복지 전문대학원과 교회사회복지재단이 '복지선교'학 석사·박사 과정을 계약학과로 개설하는 것을 말할 수 있다.

적인 그리스도인으로서의 역할을 다음과 같이 강조한다.

첫째, 복지선교의 교육은 사명감을 가지고 능동적으로 하나님의 '소명'을 실현하는 인간성 함양 교육이 되어야 한다. 복지선교 교육은 기계 기술자와 같은 기능인을 양성하는 좁은 의미에 국한하는 것이 아니라, 참인간성을 계발하고 새로운 가치를 형성시키는 기독교적 교육이어야 한다. 나아가서 근원적이며 다양한 사회문제에 대한 적극적인 책임의식을 가지고 그것을 해결하기 위해 다른 사람들과 자연 생명체, 그리고 하나님과의 원만하고 인격적 관계성을 유지하면서 사회행동가로서의 역할을 성실히 수행할 수 있는 성숙한 그리스도인을 양성하는 일이어야 한다.

둘째, 복지선교의 교육은 영성을 배양하는 신앙교육이 되어야 한다. 영성은 인간의 특징적이고 생동적인 원리로서 하나님을 향한 인간의 노력과 자신을 초월하는 하나님과의 경험적 관계성이기 때문에, 영성은 삶을 포용하며 즐기고 찬미하는 생활방식과 다른 사람에게 생명을 주는 생활방식을 제공한다. 따라서 영성은 하나님과의 관계뿐만 아니라, 인간과 환경과의 긴밀한 관계를 유지하면서 복지선교의 기존질서와 건전한 발전을 활성화시키고 사회정의를 실현하는 능동적 요소로서 작용한다.

셋째, 복지선교의 교육은 전문성을 갖추게 하는 교육이어야 한다. 실제로 지금까지 한국의 교회사회복지는 자선사업이나 구제사업의 수준에서 실천해왔기 때문에, 대부분의 교회에는 복지선교를 전담하는 전문가가 고용되어 있지 않고 거의 목회자가 담당하는 실정이었다. 따라서 각 교회마다 복지선교의 활성화와 능동적 추진을 위해 '사회복지사' 뿐만 아니라, '복지목사'(minister of social welfare) 등을 초빙하여 목회 현장과 환경조건에 적합한 고유의 복지선교 프로그램이나 사업 등을 개발할 필요가 있다.

넷째, 복지선교의 교육은 '자원화'를 위한 교육이어야 한다. 한국의 각 교회와 교단에는 인적, 물적, 시설 및 조직적 자원이 풍부하기 때문에, 복지선교를 위해 이들 자원을 조직하고 활용할 수 있는 체계적인 교육이 요구되고 있다. 복지선교의 자원화를 위해서는 현재 교계가 보유한 물적 자원, 인적 자원, 시설 자원에 대한 파악과 동시에 전문인력과 교회조직을 동원한다면, 다양한 교회사회복지실천을 수행할 수 있을 것이다.

다섯째, 복지선교의 교육은 '네트워크 능력' 고취를 위한 교육이어야 한다. 네트워크 능력 고취를 위한 교육은 개교회와 복지기관의 제한된 자원을 공동으로 활용하게 하고 부족한 인력을 지역중심으로 활용할 수 있게 함으로서 복지선교의 전문성을 높일 수 있다. 복지선교의 전문화를 위해 통합시스템(total system)의 구축이 필요하다. 이를 통해 지역 교회와 복지기관이 소재하는 지역 복지시설을 체계적으로 지원할 수 있을 뿐만 아니라, 지역사회의 사회복지협의회 및 전문기관과의 네트워크를 강화할 수 있다.

여섯째, 복지선교의 교육은 정보화를 위한 교육이어야 한다. 복지선교의 활성화를 위해 정보교류와 지역 간의 체계적인 정보망이 구축되어야 한다. 복지선교의 정보화는 선교대상과 자원에 대한 전반적이며 과학적인 자료들과 통계를 수집하여 파악할 수 있으며, 이것을 토대로 합리적 복지선교를 실천할 수 있다. 또한 복지선교의 정보화는 위에서 언급한 복지선교의 전문화와 자원화, 네트워크를 더욱 강화하여 교회와 교회, 교회와 교단, 교단과 교단, 그리고 교단과 지역복지관과의 지원체계(supporting network)를 공유할 수 있다.

일곱째, 복지선교를 위한 평생교육(life-long education)을 활성화해야 한다. 이미 제한된 공간과 시간의 형식교육(formal education)에 의해 학습한 복지선교의 전문지식이나 기술은 시간이 지남에 따라 쓸모가 없어져 버리기 때문에, 새로운 지식과 신기술을 연마하기 위한 평생교육, 혹은 연장교육(continuing education)이 필요하다. 복지선교를 위한 평생교육은 학습자의 제한이 없이 누구든지 교육의 대상이 될 수 있으며, 더욱이 일정한 교육장소가 없이도 교육이 필요한 곳이면 어디에서든지 교수-학습이 이루어질 수 있는 개방형 교육(open system education)이다. 다시 말하면, 개방형 평생교육은 지정된 장소인 학교 캠퍼스에서 교육하는 것이 아니라, 복지선교에 관심이 있는 사람들을 찾아가서 교육하는 이동교육(moving education) 체계로서 교수가 성인 학생을 찾아가서 교육하는 새로운 교육형태를 의미한다.

끝으로, 복지선교의 교육은 신학과의 학문적 교류와 합류를 통해 그 가능성을 발견해야 한다. 하나님 중심사상을 탐구하는 이론적 학문인 신학과 그리고 사회복지를 행동으로 실천하는 실천적 학문인 복지선교의 합류는 역사적으로 오래전부터 그 가능성을 보여왔다. 따라서 복지선교가 학문으로서 고유한 성격과 특성을 나타내기 위해서는 인간의 존재와 그 삶의 문제해결을 중심으로 연구하며 실천하는 성경신학적 내용과 배경에서 학문적 소재와 방법을 발견해야 할 것이다. 왜냐하면 신학의 과제가 수직적인 하나님의 사랑을 선포하며 탐구하여야 할 '테오리아'(theoria)라 한다면, 복지선교는 수평적인 인간 사랑의 '프락시스'(praxis)로서 양자는 십자가 형태로 교차하며 합류하는 이상적 패러다임으로 정립되어야 하기 때문이다.

2. 복지목회적 과제 달성

목회란 하나님께서 생명을 살리고 지탱할 수 있도록 보전하고 경영하는 일에 사람이 동참하는 통합적 작업이다. 여기서 주제는 생명이다. 이 생명을 우리가 창조하지는 못하지만 그것이 하나님께서 만드신 것으로 믿으며, 그것을 존중하고 살리며 지탱할 수 있도록 보전하고 경영하는 일에 동참하여야 할 부르심을 받고 작업하려는 것을 목회라고 이해한다.

이 작업은 동참이라는 성격 때문에 목회하는 사람의 자의로 하는 것이 아니고 생명을 창조하심으로써 생명의 주가 되시는 하나님의 뜻에 합당하게 하는 것으로 통합적 작업이 되게 하여야 한다. 이것은 하나님께서 원하시는 모든 방법과 기술을 동원하여 통합적 성격을 갖게 하려는 것이다. 목회가 생명에 관한 작업인 이상, 생명이 있는 사람과 그 사람의 환경에 관련된 것이다.

여기서 목회가 사람이 가진 생명을 살리고 지탱할 수 있도록 보전하고 경영하는 것이라고 할 때 목회는 생명을 위협하고 해를 끼치며 어렵게 만들려는 것들을 치유하고, 그것들로부터 보호하며, 거기에 관련된 욕구를 충족시키려고 노력하고, 문제가 되려는 것들을 해결하며, 예방적 의미의 보호와 더불어 생명 보전작업을 위해 환경을 조성하는 작업, 필요하면 환경을 변화시키는 작업도 포함한다. 또 목회는 생명을 보전하는 작업을 위해 안내하고 도움을 주는 일까지도 포함한다.

따라서 목회는 생명에 관련되기 때문에 그것을 살리고 지탱할 수 있도록 하는 보전작업에 필요한 서비스와 그것에 관여하는 사람들의 전문성, 가치, 윤리 등이 강력히 요구된다. 이런 점에서 목회는 사회복지가 가진 이념과 방향 그리고 철학과 근본 맥락을 같이한다고 볼 수 있다. 그러므로 교회의 사역을 목회라고 하고, 목회 속에 사회복지의 개념을 포함시키는 것을 전제로 한다면 목회는 사람들이 삶을 살아가면서 생명을 살리고 지탱하는 일에 관련된 문제들을 해결하는 데 도움을 주는 것을 포함한다.

이런 점에서 복지목회는 복음주의적이고 성경 중심의 목회 속에 이웃을 섬기고 돕는 사회복지실천의 요소들을 통합한 목회 양식이다. 복지목회는 그동안 한국교회가 걸어온 왜곡된 신앙행태와 목회적 방향성에 대하여 철저히 회개하고 돌아서서 새로운 교회를 지향하는 목회 갱신의 주요한 형태이다.

말씀 안에서 통회 자복하고, 변화된 삶을 살아가기로 결심하는 사람들에게 공통된 특징은 십자가 정신을 받아들인 봉사적 삶이 나타난다는 것이다. 한국교회는 그동안 입으로는 십자가를 말하면서도 실제로는 자신의 영광을 추구하였다. 고난을 말하면서도 번영에 집착했다. 세상을 위해 존재해야 할 교회가 교회 자체를 위한 교회로 존재하기 때문에 세상으로부터 고립되는 현상이 발생했다. 이대로 가다가는 망해 버릴 것 같은 한국교회가 다시 회복할 수 있는 길은 십자가 앞에서 회개하며 진정어린 사회봉사와 섬김의 사역을 적극적으로 실천하는 일이다.

또한 복지목회는 교회성장을 교회의 내적 성숙으로 전환시킬 수 있는 성경적 목회다. 교회 공동체 속의 구성원들과 교회 밖의 이웃들을 그리스도인다운 성숙한 신앙인으로 양육하며 돌보는 복지목회야말로 성장 지상주의에 함몰된 한국교회를 구출할 수 있는 효과적 대안이다. 이러한 복지목회를 통해 오랫동안 고착되어 온 한국교회 성도들의 개인적, 내면적, 교회 중심적 신앙 사조를 극복할 수 있다. 즉, 성도 각 개인의 내면적 신앙을 '외연화' 하고 개인의 종교적 신앙생활에서 공동체와 지역사회의 삶을 중심으로 하는 신앙생활로 전환하는 성경적 목회가 되게 한다. 그런 의미에서 교회사회복지실천은 사회변혁 운동이면서 성령운동이고 동시에 영성운동일 뿐만 아니라 이 모든 운동을 지속 가능하게끔 관리 운영하는 복지목회를 통해 구현된다.

그렇다면 이와 같은 복지목회를 효과적으로 수행하기 위해서는 어떤 노력을 하여야 하는가?

1) 사회봉사적 영성에 기초한 복지목회

복지목회의 성공적 수행을 위해서는 사회봉사적 영성을 확립해야 한다. 순수하고 진실한 기독교 신앙으로부터 출발하지 못한 사회봉사나 사회복지실천은 그 시작부터 비윤리적일 가능성이 높다. 가령 교회들이 사회복지사업을 교회성장의 한 방법이나 도구로서 활용하고자 한다면 이는 비성경적이며 비윤리적이라 할 수 있다. 그러므로 성경적이고 바람직한 사회봉사적 영성을 확립하는 일은 매우 중요하다.

또한 사회봉사적 영성은 영적 공동체성을 함양함으로써 더욱 효과적으로 정립될 수 있다. 교회 공동체는 단순한 사회적 또는 심리적 공동체가 아니라 본질적으로 영적인 사랑 공동체이어야 한다. 영적인 것은 심리적이며 사회적인 것과 분리되지 않는다. 더 나아가 영적인 것은 신체적이며 물질적인 것과도 분리되지 않는다. 그러므로 그리스도인의 공동체는 영적 영역에서 심리적 영역으로, 심리적 영역에서 신체적 영역으로, 신체적 영역에서 물질적 영역으로, 그리고 더 나아가 사회적 영역으로 그 돌봄의 영역을 확대하여 통전적인 돌봄을 주고받는 그런 공동체가 되어야 한다. 결국 영성적 공동체를 지향하는 복지목회는 하나님의 나라를 경험하게끔 한다. 하나님의 나라를 경험할 수 있는 영성적 공동체는 모든 장벽과 소외와 고립이 극복된, 그래서 '우리'와 '그들'로 구분되지 않고, 주는 자와 받는 자로 분열되지 않는 그래서 모두가 가족이자, 동료이며, 친구가 되는 그런 공동체를 말한다.

2) 현장의 필요에서 출발하는 복지목회

복지목회는 현장의 필요로부터 출발해야 한다. 복지목회는 목회현장에서 직면하게 된 구체적인 필요로부터 출발해야 한다는 것이다. 이렇게 현장에서부터 시작된 복지목회는 매우 작은 일로부터 진행되지만 시간이 흐르면서 자연스럽게 그 사역이 확대된다. 이러한 확대의 과정 속에서 교회들은 끊임없이 하나님의 돌봄과 인도하심을 경험하게 되고 그 경험을 통하여 영적인 은혜를 깨달으면서 교회는 더 큰 역량을 갖추게 된다.

3) 문화적 수준을 향상시키는 복지목회

문화적 수준을 향상시키는 복지목회가 되어야 한다. 오늘날 한국교회는 일반 사회의 문화적 수준을 따라가기에 급급한 것 같아 보인다. 교회는 행정의 후진성, 사회변화에 대한 보수성, 의사소통의 일방성과 폐쇄성을 보여주는 집단으로 비쳐진다. 그래서는 안 된다. 현대의 복지목회는 단순한 구제활동에 머물러서는 안 된다. 일반 사회를 뛰어넘는 문화적 수준으로 실천개입의 대상자들에게 서비스를 제공할 수 있어야 한다. 그리고 그 문화적 수준에는 영성적 기독교 문화를 포함해야 한다.

4) 전문성 향상을 통한 복지목회

복지목회의 성패는 결국 목회를 이행하는 사람들의 역량에 달려 있다. 복지목회를 감당하는 교회사회복지사나 복지사역 담당 목사는 끊임없이 자기 개인적 성장뿐만 아니라 전문직을 감당할 수 있도록 성장할 것을 요구받는다. 우리 앞에는 분명히 변화라는 상황이 전개되고 있다. 이 변화는 빠른 속도로 이루어지며 모든 사람이 피해갈 수 없는 확실한 상황이다. 이러한 변화는 불확실성이라는 특성을 나타내면서 사람들을 난처하게 만든다. 이러한 변화의 상황 속에서 이행되는 복지목회는 분명히 그것을 이행하는 사람들에게 개인적 성장뿐만 아니라 전문직을 이행하는 데 필요한 만큼의 성장을 요구한다.

5) 비전을 갖고 나누는 복지목회

복지목회는 목회의 비전을 갖고 그것을 확실히 보여주고 나누어야 한다. 비전은 하나님으로부터 오는 영적이며 계시적인 것, 스스로 꿈으로 간직하면서 이루려고 하는 것, 다른 사람들과 함께 전략적 계획을 세워 성취하려고 하는 공유적인 것 등으로 나누어 생각할 수 있다. 이 비전은 사람들에게 새로운 이상이나 조망이 될 수 있으며, 세계관을 형성하여 복지 증진의 효과적 전략을 세우고 전략적 관리를 할 수 있게 한다. 이것은 변화를 전제로 하여 복지 증진을 이룩하고자 하는 것이다.

6) 개별화된 복지목회

개별화는 인간이 개별적 존재이며 한 사람의 불특정한 인간으로서가 아니라 다른 사람들과 똑같지 않은 그 나름대로의 차이를 지닌 특정한 인간으로서 처우되어야 한다는 것을 중요한 원칙으로 한다. 복지목회는 대상자 '한 사람 한 사람'을 제각각 개별화하여 접근하는 활동이어야 한다. 흔히 많은 경우, 세상은 사물을 구분짓고 분류하거나 또는 유형화하기를 좋아한다. 그러나 복지목회의 현장에서는 사람을 대함에 있어 개별화의 원리를 적용해야 한다. 이것은 성경적 시각이기도 하다. 〈누가복음〉 12장 6절과 7절을 보자. "참새 다섯 마리가 두 앗사리온에 팔리는 것이 아니냐. 그러나 하나님 앞에는 그 하나도 잊어버리시는 바 되지 아니하는도다. 너희에게는 심지어 머리털까지도 다 세신 바 되었나니 두려워하지 말라. 너희는 많은 참새보다 더 귀하니라."

하나님께서는 집합명사로서의 인류를 사랑하시지만 동시에 인간 개개인을 사랑하신다. 그러므로 복지 대상자를 1/n의 존재가 아닌 n/n의 존재로 대해야 한다. 복지 대상자 '한 사람 한 사람'을 귀한 존재로 대하는 것이 주님의 뜻이다. 복지목회는 그렇게 하는 것이다. 〈마태복음〉 18장 10절을 보자. "삼가 이 작은 자 중의 하나도 업신여기지 말라. 너희에게 말하노니 그들의 천사들이 하늘에서 하늘에 계신 내 아버지의 얼굴을 항상 뵈옵느니라."

3. 교회사회복지사의 책무에 대한 분명한 인식

교회사회복지실천에서 가장 핵심적이며 지도적인 역할을 하는 사람이 바로 교회사회복지사이다. 교회사회복지사가 목사일 경우가 현재로서는 대다수이겠지만 향후에는 교회사회복지사를 하나님의 소명 가운데에 직업으로 삼는 전문가들이 교회 내에서 세워져야 할 것이다.

1) 교회사회복지사의 정의와 역할

(1) 교회사회복지사의 정의
교회사회복지사는 다양한 삶의 상황 속에서 나타나는 사회문제에 대해 선도적 지식과 관심을 가지고 적절한 목회적 대책을 강구해야 한다. 나아가 교회사회복지사를 통해 교회가 적극적이고도 창조적으로 사회문제에 대한 사명을 감당하도록 인도해야 한다.

그러면 교회사회복지사는 누구인가? 여러 측면에서 교회사회복지사에 대해 설명할 수 있겠지만 직무적 입장에서 정의하면, 교회사회복지사는 교회와 관련 사회복지시설이나 기관(예: 교회에서 세운 사회복지시설이나 기관, 교회나 교단 혹은 연합기관에서 정부로부터 수탁한 사회복지시설) 등과 같은 현장에서 복지적 목적을 위해 일하는 전문가이다.

(2) 교회사회복지사의 역할

교회사회복지실천을 하는 교회 내에서 교회사회복지사의 역할은 교회에 막대한 영향을 미친다. 따라서 사회문제에 대한 교회적 대책을 수립하고 실행하는 데에 있어 교회사회복지사의 역할은 매우 중요하다. 왜냐하면 한 교회의 복지선교와 복지목회가 지니는 교회 안과 밖에 대한 문제인식과 그에 근거한 교회사회복지실천의 방침은 사회문제에 대한 대책과 역할에서 성패를 가름할 만큼 중요한 위치를 차지하기 때문이다.

유장춘(1996; 2005; 2011)은 교회사회복지사의 역할을 미국 남침례신학대학원 내에 설치된 카버 교회사회사업 전공(Carver School of Church Social Work)에서 6가지로 설정한 것을 중심으로 중개인(broker), 계획자(planner), 발표자(presenter), 지도자(leader), 교육자(educator), 제공자(provider)로 정리했다. 그런 후, '개교회'적 차원, '교단'적 차원, '지역사회'적 차원, '기관' 차원으로 세분화해 설명했다.

① 개(個)교회적 차원

개교회의 회중들과 함께 일하는 교회사회복지사의 직무는 크게 4가지로 분류된다. 첫째는 교인들의 사회적 필요를 위한 사역으로서 상담가, 집단지도자, 교육자, 계획자, 중개인 등의 역할을 한다. 둘째는 교인들의 대사회적 활동의 지도와 훈련, 감독, 그리고 조직 활동을 주도한다. 자원봉사 프로그램이 그 대표적인 사례가 될 것이다. 셋째는 모금운동과 교회자원의 활용을 위한 활동으로서 홍보, 중개, 기획, 캠페인 등의 활동을 통하여 아이디어와 자원 제공자의 역할을 한다. 그리고 더 나아가서 넷째는 예배와 교육을 위한 사역으로서 교회사회복지사는 교회사회복지실천을 위해 특별히 마련된 예배나 행사들을 주관하고 성경을 가르치며 때때로 설교하는 일도 담당해야 한다.

② 교단적 차원

교단적 차원에서 교회사회복지사로 일하는 사람들은 주로 지역교회의 사회복지실천을 지원하고 조직하며 개교회가 할 수 없는 보다 넓은 범위의 사회복지실천을 수행하게 된다. 그러한 활동들을 정리해 보면 다음과 같다.

- 개교회의 복지목회 담당자들을 상담하고 교육과 훈련을 제공한다.
- 지역사회와 사회복지실천에 관한 새로운 정보와 자료들을 제공한다.
- 개교회 차원에서 담당할 수 없는 큰 규모의 사회복지시설을 운영한다.
- 교회 연합적인 행사와 캠페인들을 주도한다.
- 정책적이며 제도적인 변화를 유도하는 조직적 행동을 지휘하고 홍보한다.
- 전문가 및 학자들을 통하여 교회사회복지실천 전략을 개발하고 목표와 과제를 설정한다.
- 개교회의 사회복지실천이 타 교회와 연합적으로 펼쳐질 수 있도록 중개하고 촉진시킨다.

③ 지역사회적 차원

교회사회복지사는 교회 내에서만 활동하는 것이 아니라 지역사회에서도 많은 활동을 함으로써 교회로 하여금 지역공동체의 일원으로 참여하도록 해야 한다. 교회사회복지사야말로 닫힌 교회를 열어 지역사회로 연결되는 중간 통로 역할을 해야 할 것이다. 지역사회를 위한 교회사회복지사의 역할은 다음과 같다.

- 지역사회의 문제를 조사하고 진단하며 여론과 홍보를 통하여 이슈화시킨다.
- 지역사회 문제를 해결하기 위한 주민들의 노력에 참여할 뿐 아니라 전문가로서의 역량을 발휘하여 지도적 역할을 감당한다.
- 지역사회의 흩어진 인적, 물적, 사회적, 제도적 자원들을 조직하여 살기 좋은 공동체를 이루기 위한 효율적인 힘으로 활용하도록 한다.
- 지역사회 대표의 한 사람으로 지역개발과 복지향상을 위해 활동한다.
- 지역사회 내의 여러 교회들과 연합하여 교회연합 사업을 추진하고 공동협력 기관을 설립하여 운영한다.

④ 기관 차원

교회사회복지사는 기독교 단체나 교단 관련 사회복지기관, 혹은 교회가 설립한 재단이 세운 시설 등의 직원으로 사회복지실천을 전개하기도 한다. 이런 경우에 기관의 책임자 또는 운영자, 지도 감독자의 역할을 해야 하며, 지역에 뿌리내린 지역사회복지시설들 내지 기관들과의 협력자 또는 자문역을 맡는다.

2) 교회사회복지사로서의 준비

교회사회복지사로서 헌신하려고 하는 사람은 적어도 신학과 사회복지실천, 이 두 분야에 대한 전문성을 함께 소유해야 한다. 복지선교와 복지목회는 교회 공동체 내의 교인들과 교회 밖의 사람들이 하나님께로 더 가까이 오도록 이끌어 주며 그들의 영적 생활과 사회생활을 연결하는 활동이다. 다시 말해 교회 공동체와 지역사회를 연결하며 하나님의 나라와 타락된 세속을 연결할 뿐만 아니라 하나님의 역사와 인간의 노력을 연결하는 중재적 역할을 수행하는 사역이다.

교회사회복지사는 일반사회복지실천에서 다루는 다양한 실천방법과 기술을 보유하고 있어야 하지만 그 무엇보다도 신학적 근거를 튼튼히 해야 한다. 신학은 어떤 개인적 동기나 사회적 현상보다도 더 견고한 모든 교회사회복지실천의 토대를 형성시켜 줄 것이다. 일반사회복지실천은 인간존중의 사상과 사회정의 실현을 향한 인식에 그 행위의 기초를 두지만 교회사회복지실천은 하나님의 의지와 성품이라는 절대적 권위 위에 토대를 두고 있다.

더욱이 교회사회복지사의 역할에서 중요한 것은 사회문제에 대한 교회사회복지사의 인식과 태도의 문제이다. 교회사회복지사는 사회문제에 대한 바른 이해와 인식을 가져야 하는데, 교회사회복지사는 먼저 사회문제에 대한 바른 성경적 이해와 신학적 이해를 갖춰야 한다.

교회사회복지사는 복음의 본질에 대한 성찰과 성경에 나타난 이해가 필요하며, 특히 복음서에 나타난 예수 그리스도의 사회복지실천적 관심과 태도에 주목할 필요가 있다. 그리고 사회복지실천과 관련된 신학적 주제와 문제들, 예를 들어 고난에 관한 주제라든가 구원과 치유의 문제, 십자가 신학 등에 깊은 관심과 이해를 가질 필요가 있다. 교회사회복지사는 이러한 성경적·신학적 이해와 함께 사회복지실천에 대한 일반적 이해, 사회적 이해 등 신학과 선교, 목회, 사회복지 등에 대한 전반적 이해와 인식을 갖추어야 한다.

이를테면 교회사회복지사가 가져야 할 장애인에 대한 인식 중에 가장 중요한 것은 장애인은 열등한 인간도, 열등한 교인도, 열등한 하나님의 자녀도 아니며, 비장애인과 다름없이 엄연한 하나님의 형상을 지닌 소중한 인간이며 하나님의 자녀라는 것이다. 그리고 장애인은 일방적으로 도움을 받거나 일반 목회가 잘 이루어진 다음에 돌봐야 하는 이차적 대상이거나, 심지어 장애인 없이도 교회나 천국이 가능하다고 생각해서는 안 될 것이다. 장애인도 하나님의 사랑과 구원이 필요한 하나님의 자녀이며, 한 인격을 지닌 당당한 인간임을 분명히 인식하여 복음전도와 목회의 대상으로 여겨야 한다.

나아가 장애인에 대한 태도와 교회사회복지실천에서 교회사회복지사는 예수님의 장애인에 대한 태도와 행동을 특히 주목하고 본받을 필요가 있다. 예수님이시라면 어떻게 하실까? 예수님께서 보여주셨던 장애인에 대한 특별한 관심과 사랑을 교회사회복지사는 본받고 따라야 한다. 그리고 교회사회복지실천은 예수님께서 큰 비중을 두고 담당한 사역이라는 점을 주목하고 그 중요성을 인식할 수 있어야 한다.

그리고 교회사회복지사는 예수 그리스도의 영성, 십자가의 영성을 본받아야 하고, 상한 갈대도 꺾지 아니하시고 꺼져가는 심지도 끄지 아니하시며(〈마태복음〉 12: 20), 아흔아홉 마리의 양보다 길 잃고 소외된 한 마리의 양에 더 관심과 사랑을 보이신 그리스도의 마음과 정신을 배우고 본받아야 한다. 월간 〈좋은 생각〉의 정용철 대표의 저서 《마음이 쉬는 의자》 중에서 〈딱 한 사람〉이라는 시가 생각난다. 그 내용은 다음과 같다.

딱 한 사람

삶이 너무나 고달프고 힘들어 모든 것을 포기하려 해도
딱 한 사람, 나를 의지하고 있는 그 사람의 삶이 무너질 것 같아
몸을 추스르고 일어나 내일을 향해 바로 섭니다.

속은 일이 하도 많아 이제는 모든 것을 의심하면서
살아야겠다고 다짐하지만 딱 한 사람, 나를 철석같이 믿어 주는
그 사람의 얼굴이 떠올라 그동안 쌓인 의심을 걷어내고 다시
모두 믿기로 합니다.

사람들의 마음이 너무나 강퍅하여 모든 사람을 미워하려 해도
딱 한 사람, 그 사람의 사랑이 밀물처럼 밀려와 그동안 쌓인
미움을 씻어내고 다시 내 앞의 모든 이를 사랑하기로 합니다.

아프고 슬픈 일이 너무 많아 눈물만 흘리면서 살아갈 것 같지만
딱 한 사람, 나를 향해 웃고 있는 그 사람의 해맑은 웃음이
떠올라 흐르는 눈물을 닦고 혼자 조용히 웃어 봅니다.

꿈꾸어 본다. 교회에서 사역하는 교회사회복지사 '한 사람 한 사람'
이 모두 복지 대상자들로부터 여기 이 시에 나오는 '딱 한 사람'으로 인
정받았으면 하는 꿈 말이다. 이를 위해서 오늘도 이 땅의 교회사회복
지사들은 복지 대상자들과 더불어 살면서 그들의 필요를 주선하고 거
들어 주는 사람, 복지 대상자 누구나 편안하게 묻고 의논하고 부탁할
수 있는 사람, 복지 대상자들이 원하는 것을 얻게 하는 사람, 복지 대
상자들의 필요를 채워줄 수 있는 사람이 또 다른 대상자에게 그것을 주
게 하는 사람, 이 모든 것을 성취하기 위해 온 맘과 온몸으로 기도하며
일하는 영성적 교회사회복지사가 되고자 최선을 다해야 할 것이다.

이렇게 교회사회복지사는 한 영혼의 소중성을 가슴 깊이 생각하면서 개입실천을 수행하는 전문가여야 한다. 이를 위해서 교회사회복지사는 영성적·신학적 안목을 갖추어야 한다. 이런 맥락에서 교회사회복지사로서 쌓아야 할 신학적 체계는 성경신학(신약학, 구약학, 성경해석학 등), 역사신학과 교회사, 조직신학(신론, 인간론, 기독론, 구원론, 교회론, 종말론, 기독교 윤리학, 종교철학 등), 그리고 실천신학(목회학, 예배학, 설교학, 전도학 등)으로 구성될 수 있다. 이와 같은 신학적 체계를 통하여 교회사회복지사는 다음과 같은 다양한 교회사회복지실천의 각 영역에서 탁월한 능력을 발휘할 수 있어야 할 것이다.

(1) 신학적 체계에 의한 실천역량

① 예배 사역
교회사회복지사는 예배를 인도하고 예배의식을 진행하는 역량을 준비해야 한다. 교회사회복지사가 목사인 경우에는 큰 문제가 없으나 만약 목사가 아닐 경우에도 교회사회복지사는 예배를 집행할 수 있어야 한다. 목사를 대신해서 예배를 인도하고 의식을 진행하는 역할을 담당할 수 있어야 하는 것이다. 그러므로 목사일 경우에는 말할 것도 없겠고, 목사가 아니어도 교회사회복지사는 예배의 정신과 의미, 그리고 절차와 방법에 매우 익숙해야 할 뿐 아니라 기도와 찬송을 인도할 수 있어야 한다.

② 설교와 선포의 사역
교회사회복지사는 하나님의 말씀을 회중에게 선포하고 잘 설명하여 회중들로 하여금 그 말씀의 정신을 받아들이고 변화를 일으키기 위한 동기를 불러일으키도록 설교의 기능을 숙지하고 섭렵해야 할 것이다.

이 경우에도 목사일 때는 어려움이 없겠으나 목사가 아닌 경우에는 설교와 선포의 사역을 할 수 있는 교육과 훈련을 별도로 받아야 할 필요가 있다.

③ 성경공부 사역

때때로 교회사회복지사는 성경공부반에서 교육하는 일을 담당하기도 해야 한다.

④ 회의를 진행하는 사역

교회의 다양한 조직 속에서 적절한 절차에 따라 회의를 인도하며 의사를 결정할 수 있는 기술도 가져야 한다.

⑤ 홍보와 출판 사역

발표, 보고, 홍보 등의 문서 사역은 교회사회복지실천에서 매우 중요한 부분을 차지한다. 교회사회복지사는 이 분야에서도 전문성을 보여줄 수 있어야 한다.

이상과 같은 사역들을 수행할 수 있는 능력을 갖춘 이후에는 일반사회복지실천적 체계로부터 나오는 다음과 같은 전문기술이 필요하다.

(2) 사회복지실천적 체계에 의한 전문기술

① 정보수집

사회복지실천은 과학적 기술이기 때문에 정확한 정보에 근거한 문제파악과 기술적 접근이 필수적이다. 그러므로 교회사회복지사는 적절한 질문과 관찰, 그리고 경청의 기술을 사용하는 면접기술과 욕구 및 여론조사를 실시할 수 있는 조사역량을 갖추어야 할 것이다.

② 문제 파악

교회사회복지사는 수집된 정보를 근거로 정확하게 문제를 사정하고 다양한 문제들이 나타날 때 개입의 우선순위를 설정할 수 있는 기술을 가져야 한다.

③ 개입전략 수립

문제가 다양하다면 그 접근 방법도 다양하다. 보충적으로 접근할 것인지, 보완적으로 접근할 것인지, 아니면 대리적으로 접근할 것인지, 또 자원을 제공할 것인지, 문제를 해결하도록 도울 것인지, 갈등을 해소하도록 할 것인지, 시스템을 변화시킬 것인지, 아니면 개입을 하지 않도록 할 것인지 등 다양한 개입전략 수립의 기술이 교회사회복지사에게 필요하다.

④ 개입전략 실천

교회사회복지사는 수립된 개입전략을 실행에 옮기기 위해서 자원을 사용하는 기술과 목표에 따라 관계를 조종해 나가는 기술을 사용할 수 있어야 한다.

⑤ 종결과 평가

적절한 종결과 개입에 대한 평가는 도움을 받는 사람과 주는 사람 모두에게 크게 유익하다. 교회사회복지사는 종결과 평가에 대한 전문적 이해와 기술을 가지고 있어야 한다.

3) 교회사회복지사를 향하여

제 2차 세계대전 후 패전국 독일에는 많은 전쟁고아들이 있었다. 그들 중에 아주 어린 아기들은 아동병원에 보내졌는데 어느 날부터 이

름 모를 병으로 그 조그마한 아기들이 시름시름 앓다가 죽어갔다. 당
황한 의사들이 혹시 영양실조로 인한 것인가 하여 더 많은 분유를 먹
였지만 전혀 달라지는 것이 없었다. 참으로 안타까운 슬픔이 병원을
휘감았는데, 그런 상황 중에 한 간호사가 쓸쓸하게 죽어가는 그 어린
아기들을 바라보며 애틋한 마음으로 자신의 젖가슴을 열어 마지막 가
는 길을 따뜻하게 품어주기 시작했다고 한다. 다음 날도 그리고 그다
음 날도 간호사는 지극 정성으로 아기들을 품었다. 그런데 기적이 일
어났다. 약으로도 영양제로도 살릴 수 없던 아기들이 그 간호사의 품
에서 살아나기 시작한 것이다. 이것을 발견한 병원장은 다른 간호사
들에게도 똑같은 방법으로 죽어가는 아기들을 가슴으로 품어 줄 것을
'치료의 과정'으로 지시하였다고 한다. 그 결과 놀랍게도 다른 아기들
도 살아났다고 한다.

　사람은 무엇으로 살아갈까? 그렇다. 사랑으로 산다. 당연한 진리
이다. 사람은 무엇으로 사는가? 아이든, 어른이든, 노인이든 사랑으
로 사는 것이다. 교회사회복지실천은 사랑의 활동이다. 그것도 인간
의 사랑만이 아니라 예수 그리스도의 십자가 사랑으로 하는 전문적
활동이다.

요즘 거울을 볼 때마다 깜짝 놀란다. 도대체 나한테 무슨 일이 일어난 걸까? 언제 머리가 이렇게 세었지? 나에게도 생기발랄하게 펄펄 날아다녔던 20대가 있었는데, 세월이 참 빠르다. 지금 돌이켜보면 어렵고 힘든 시절이었다. 젊었기에 견뎌냈는지도 모르겠다. 1988년부터 농인(청각장애인)들을 대상으로 수화통역과 목회, 그리고 장애인 선교단체에서 일을 막 시작했던 20대 신참 전도사에게 비쳐졌던 장애인 사역은 솔직히 허드렛일로 가득 차 있었다. 해도 해도 끝이 없는 지루하기 짝이 없는 그런 일들 말이다.

지체장애인들의 경우, 주로 자동차로 모셔오고 다시 모셔다 드리는 일과 식사보조, 목욕봉사 등 일상생활을 지원하는 일이 사역의 핵심(?)이었다. 또한 지적장애인들이 거주하시는 시설에 매주 한 번씩 가서는 예배를 인도하고, 성경공부를 진행했는데, 늘 끝나고 나면 '내가 하는 이야기'를 얼마나 이해했는지에 대한 의구심으로 가득 차곤 했다. 거의 대부분이 내 설교를 듣지 않고 돌아다닌다고 생각해 보라! 간혹 자폐경향이 있는 형제들이 큰 몸집으로 막 뛰어다닐 때는 대책이 없었다. 밑 빠진 독에 물 붓는 심정이랄까?

청각장애인들의 경우에는 잠깐의 수화통역을 위해서 통역의 거의

10배 이상 되는 시간을 들여 만나러 다니는 일을 밥 먹듯이 해야 했었다. 지금이야 지역별로 수화통역센터가 다 있어서 큰 문제가 없지만 당시에는 서울과 경기도 전역을 수화통역을 하러 다녀야 했다. 어떤 때는 10여 분 남짓 수화통역을 하려고 왕복 5시간을 경기도 끝에서 끝으로 오간 적도 있었다. 솔직히 내가 이렇게 버스와 지하철을 번갈아 타는 하찮은(?) 일이나 하려고 장애인복지선교 현장에 왔나 싶었던 때가 한두 번이 아니었다.

너무 힘들어서 다 그만두고 '사라져 버릴까(?)' 하는 생각도 더러 했었다. 그런데 그럴 때마다 장애라는 고난의 짐을 지고 살면서도 웃음을 잃지 않고 하나님을 바라보는 믿음의 사람들이 내게 힘을 주었다. 나로부터 서비스를 제공받는 대상자가 오히려 내게 도전과 용기를 불어넣어 주었던 것이다. 어느 장애인은 눈뜨고 할 수 있는 일이라곤 입에다가 막대기 하나 물고 컴퓨터 자판에 간신히 글을 쳐서 기본적 의사소통을 하는 것이 전부임에도 불구하고 늘 해맑은 웃음과 명랑한 생활태도를 보여주어 내 삶을 성찰할 수 있는 계기를 마련해 주었다. 비록 이 세상에서는 장애인의 일상이 하찮게 보이는 일들로 이루어져 있다 하더라도, 놀라운 사실은 하찮은 일들이라고 치부되는 그 일이야말로 실은 우리의 삶이 소중함을 깨닫게 해 준다는 것이다. 삶을 넉넉하게 만드는 것은 소유와 축적이 아니라 희망과 노력에 있음을 장애인들의 하나님을 향한 모습을 통해서 깨달을 수 있었다.

이것이 내게는 기적이었다. 장애인이 치유되거나 재활되어서 비장애인으로 변화하는 것이 기적이 아니었다. 여전히 장애를 갖고 있고, 아직도 가난하지만 하루 세끼 밥 먹을 수 있음을 감사하며 오히려 자신보다 더 힘든 상황 속에 있는 다른 장애인들을 도우려 애쓰는 장애인들의 삶이 진정 놀라운 기적이었던 것이다.

솔직히 그렇지 않은가? 사람이 감당하고 사는 일들이라는 것이 사실은 마치 이삿짐 같은 것 아닌가? 아무리 좋은 살림도 이삿짐으로 꾸려서 골목에 내놓으면 초라해 보이기 마련이다. 그러니까 이삿짐 같은 구체적 일상을 무시하지 말아야 한다. 그럼에도 세상은 자기보다 부족하다고 생각하면 무시한다. 하지만 이런저런 잡다한 일들을 처리하는 것이 인생이다. 하루하루 반복되는 일상 가운데에 장애인이 하나님을 바라보면서 감사하고, 비장애인과 마찬가지로 밥을 먹고, 잠을 자며, 사람들과 대화하고, 그렇게 서로 사랑하고 지지고 볶으며 살아가게끔 하는 것이 바로 복지선교며 복지목회가 아닐까?

내 젊은 날, 너무도 '하고 싶은 일'이었던 장애인 사역을 하면서 단지 '하고 싶은 일'이 전부가 아니라 하나님의 뜻을 이루기 위해서 감당해야 할 반드시 '해야 할 일'이 있음을 알려 준 것은 정작 다름 아닌 내가 늘 만나고 만나왔던 장애인들이었다.

하물며 하나님의 사랑, 하나님의 뜻, 하나님의 섭리 등을 어떻게 피조물인 인간이 이해할 수 있겠는가? 말로만의 사랑으로는 절대 이해되지 않는다. 그래서 교회사회복지실천이 중요한 것이다. 사랑으로 섬기고 보듬고 헌신하는 그 모습을 통해 하나님이 반영되는 것이다. 소외되고 고통받는 사람들이 회복되어서 언젠가는 스스로의 힘으로 살아가도록 지지하고 지원하며 돌보는 사역을 교회가 할 때, 바로 그 일 덕분에 세상은 하나님의 존재하심을 알아가게 된다.

한국교회는 선교 초기의 사회변혁적이며 문화변혁적인 모습을 회복해야 한다. 이제 한국교회는 교회 내부의 문제와 자기 교회의 성장에만 몰입하는 상황에서 하루빨리 벗어나야 한다. 그래서 민족의 문제를 교회의 문제로, 민족의 아픔을 교회의 아픔으로 받아들여야 한다. 다시 한 번 대한민국이라는 이 사회를 개선하고 지도하고 이끌어 갈 수 있어야 한다. 과거 선교 초기의 기독교 인구는 1% 미만에 불과했지만 3·1 운동에서 민족대표 절반을 차지할 정도로 큰 역량을 지니고 있었음을 기억해야 한다. 그때, 그 작은 1%가 오늘의 한국교회보다 훨씬 강하고 역동적인 교회였던 것을 생각하면 새로움을 추구해 나가기보다는 선교 초기 한국교회의 순수한 모습을 회복하는 것이 우선일 것이다. 교회사회복지실천의 확대는 바로 이러한 교회의 선교적이며 목회적인 사명을 성취하고자 하는 목적에서 이루어져야 하는 것이다.

교회사회복지실천은 복지선교와 복지목회가 창조적으로 결합된 것이다. 복음의 핵심은 구원이다. 구원이란 온전한 하나님의 자녀로 회복되는 것이다. 복지선교와 복지목회의 본질은 '회복'에 있다. 그렇다면 그 회복은 총체적으로 무엇을 향한 회복이어야 하는가?

두말할 것도 없이 가장 중요한 회복은 말씀의 회복이다. 성경은 그리스도를 믿고 따르는 그리스도인 무리를 가리켜 교회라고 부른다. 즉, 교회는 공동체이다. 공동체인데 주님이 주인 되시는 공동체이다. 예수 그리스도의 정신으로, 예수 그리스도의 삶을 본받아 운영되는 공동체이다. 예수 그리스도의 행적 속에서 면면히 흐르는 근본정신의 회복은 그 모든 것이 기록되어 있는 성경 말씀으로 돌아가서 그 말씀을 기초로 하여 생활해가는 말씀의 회복이 있어야 한다.

다음으로 교회 본질의 회복이다. 〈고린도전서〉 1장 1절에서 3절까지의 말씀을 보면, '하나님의 교회'를 '그리스도 예수 안에서 거룩하여지고 성도라 부르심을 입은 자들', 그리고 '각처에서 주 예수 그리스도의 이름을 부르는 모든 자들'이라 정의한다. 즉, 교회란 건물이나 제도가 아니라 사람들의 모임, 다시 말해 예수 그리스도 안에서 거룩하여진 성도들의 모임이란 말이다. 그러므로 교회의 본질은 그리스도를 믿고 따르는 그리스도인 자신이다.

만약 교회가 부패했다고 말한다면 그것은 교회 건물이 노후했다는 뜻이 아니라 교회의 본질인 그리스도인이 교회답지 못함을 의미한다.

2천 년 교회 역사를 살펴보면 좀더 웅장한 예배당을 건축하기 위해 진력한 때일수록 교회가 실은 가장 내적으로 부패했던 때임을 알 수 있다. 그러므로 교회의 본질인 그리스도인이 교회 된 자기 자신을 그리스도 안에서 바로 세우는 일보다 더 중요한 일은 없다. 그래서 이제 한국교회는 필요 이상으로 큰 성전 건물을 건축하는 일을 중단해야 한다. 교회의 본질은 예배당이 아니라 사람이기 때문이다. 지금 현재의 교회 건물보다 더 큰 건물을 욕심내지 말아야 한다.

그래도 부득이하게 하나님께서 축복하셔서 여력을 주신다면 그 힘으로 사람과 세상을 섬기는 교회사회복지실천을 해나가야 한다. 주님께서는 이 땅에 계시는 동안 성전 건물을 건축하기 위하여 벽돌 한 장 쌓은 적이 없으셨다. 성전 건물 건축을 위하여 단 한 평의 땅을 구입한 적도 없으셨다. 어디든지 주님이 계시는 곳, 바로 그곳이 교회였다. 주님께서 산 위에 계시면 산 위가 성전 곧 교회였다(〈마태복음〉 5: 1~3). 그런가 하면 주님께서 바닷가에 계시면 그 바닷가가 교회가 되었다(〈마태복음〉 13: 1~3). 그뿐만이 아니었다. 주님께서 마가의 다락방에 계시면 그곳이 교회가 되었다. 불의한 삭개오의 집에 계시면 그곳이 또한 교회였다. 이처럼 어느 곳이든 주님께서 계시기만 하면 그곳이 곧 교회였던 것이다. 그러므로 주님께서 어디에 계시든 거기에서 사람들이 회개하고 거듭나는 생명의 역사가 일어났다.

그렇게 저렇게 살다 보니 어느새 여기까지 왔다. 모든 것이 하나님의 은혜가 아닌 것이 없다. 장애인이든 비장애인이든, 가난하거나 부자이거나, 젊든지 나이가 많든지, 남자건 여자건 상관없다. 사는 건 다 똑같다. 이삿짐 같은 인생이다. 중요한 것은 하나님과 함께 하느냐에 달려 있다. 하나님과 동행하면 가치 있는 인생이다. 하나님을 믿는다는 것은, 예수님을 따른다는 것은 세상의 가치에 함몰되는 것이 아니라 더 높은 가치인 주님의 뜻을 바라보고 실천하는 것을 말한다. 교회사회복지실천은 그리스도인의 심령 속에 있는 그리스도 중심적 가치를 지향하는 내재적 영성을 외연화시켜서 보다 적극적인 현실참여를 주도하는 활동이다.

예수 그리스도께서 자신을 위해 세상에 오신 것이 아니듯이 교회는 교회를 위해 존재하지 않는다. 교회는 지역사회를 위해서 존재하며, 그래서 지역사회를 향하여 나아가야 하고, 지역사회를 위해 희생하고 기여해야 한다. 교회사회복지실천은 목회의 영역을 자기중심적인 개교회에서 지역사회로 넓히는 활동이다. 교회사회복지실천은 찾아오는 교인들을 기다리는 교회의 모습에서 벗어나 목회의 영역을 지역사회로 넓혀 도움이 필요한 곳으로 찾아가고 협력이 필요한 일에 적극 동역하는 형태의 전문 사역이다.

이제 이 책을 끝맺고자 한다. 어쩌다 보니 내가 사랑하고 아끼는 교회를, 아니 교회의 주인이신 주님께서 피값 주고 사실 정도로 사랑하시는 한국교회를 너무 심하게 몰아붙인 것 같은 마음이 든다. 혹, 이 책을 읽으면서 거북한 느낌이 들었다면 용서하길 바란다. 이 책에서 주장한 내 견해가 다 옳은 것도 아니다. 그저 이래선 안 되겠다는 호기가 여기까지 온 듯하다. 부족한 부분은 넓은 아량으로 품어 주시길 부탁드린다. 그래도 이 책의 내용 중 어느 하나라도 한국교회를 다시 회복시키는 데에 사용될 수만 있다면 좋겠다. 한국교회를 갱신하는 첩경은 교회사회복지실천임을 한국교회와 성도들이 알아갔으면 한다.

참고문헌

강창욱 · 김해용 · 이준우(2007), 《장애인복지선교개론》, 고양: 서현사.

김기원(1998), 《기독교사회복지론》, 서울: 대학출판사.

_____(2002), 〈교회사회사업을 위한 지역사회자원연계〉, 한국교회사회사업학회 창립총회 자료집.

김덕준 편저(1985), 《기독교사회복지》, 서울: 한국기독교사회복지학회.

김성이 · 유순도 · 이창희 · 김종인 · 김광빈 · 황옥경 · 김병삼 · 박현정(2005), 《교회사회복지의 철학과 방법》, 서울: 나눔의 집

김홍덕(2010), 《장애신학: 하나님 앞에서 나는 누구인가》, 대전: 대장간.

남서울은혜교회 장애우위원회 · 이준우(2008), 《통합! 그 아름다운 도전》, 고양: 서현사.

맹용길(1997), 《복지 목회론》, 서울: 장로회신학대학교 출판부.

민경배(2009), 《한국교회의 사회사》, 서울: 연세대학교출판부.

박영돈(2013), 《일그러진 한국 교회의 얼굴》, 서울: 한국기독학생회출판부.

박용규(2000), 《평양대부흥운동》, 서울: 생명의 말씀사.

박종삼(2000), 《한국교회사회봉사의 이해와 실천》, 서울: 인간과 복지.

박종삼 외(2002), 《사회복지학개론》, 서울: 학지사.

빈민여성교육선교원(1995), 〈지역사회 선교사 제도는 필요합니다〉, 지역사회 선교사 제도 정착을 위한 공청회 자료집, 서울: 부스러기선교회 부설 빈민여성교육선교원.

유장춘(1996), "한국교회의 사회목회적 사명적 과제", 〈복음과 실천〉, 19, 270 ~300.

_____(2003), "사회복지실천을 위한 영성적 접근 가능성에 대한 탐색", 〈통합연구〉, 16(2), 9~44.

_____(2005), "한국교회 목회의 문제점과 교회사회사업의 실천과제", 〈교회사회사업〉, 3, 197-221.

_____(2008), "영성적 사회복지를 위한 연구의 범위", 〈교회사회사업〉, 7, 127~168.

_____(2009), "기독교세계관과 하나님의 나라 그리고 장애인복지선교", 밀알 창립 30주년 기념 장애인선교 세미나 토론문, 서울: 한국밀알선교단.

_____(2011), "세계화 시대의 교회사회사업 실천", 〈교회사회사업〉, 17, 71~110.

_____(2012), "성육신 영성과 기독교사회복지", 〈교회사회사업〉, 18, 7~38.

이삼열(1992), 《사회봉사의 신학과 실천》, 서울: 한울.

이준우(1994), 《우리가 아끼고 사랑해야 할 사람들》, 서울: 여수룬.

_____(1995), 《소리없는 세계를 향하여》, 서울: 여수룬.

_____(2005), 〈장애인복지선교 강의안〉, 서울: 남서울은혜교회 사이버농인 사역부.

_____(2010), "하나님나라 운동과 장애인복지선교", 〈교회사회사업〉, 12, 7~50.

_____(2013), 〈교회사회복지론 강의안〉, 용인: 강남대학교 사회복지전문대학원.

이준우 외(2004), 《교회사회복지실천론》, 서울: 한국강해설교학교출판부.

이준우 외(2012), 《기독교 이해》, 고양: 서현사.

이준우·이화옥·임원선(2006), 《사례와 함께하는 사회복지실천론》, 서울: 인간과복지.

이준우·임원선(2011), 《전문사회복지실천론》, 서울: 인간과복지.

정성구(2000), 《한국교회 설교사》, 서울: 총신대학교출판부.

정용철(2002), 《마음이 쉬는 의자》, 좋은 생각.

최무열(2008), "한국교회 신학교육기관의 사회복지관련 교육의 현황과 과제", 〈교회사회사업〉, 6, 25~62.

최조웅(1997), 《성경과 기독교》, 서울: 형설출판사.

한국교회사회사업학회 편저(2003). 《교회사회사업편람》. 서울: 인간과복지.

Burrows, W. (1978), (The) *Preacher's Complete Homiletic Commentary : On The Epistle of ST. Paul The Apostle to the Romans*, 이기문 역(1987), 《로마서(하)》, 서울: 기독교문사.

Garland, Diana R. (1992), *Church Social Work: Helping the Whole Person in the Context of the Church*, North American Association of Christians in Social Work.

Garland, Diana R. (1995), "Church Social Work", In *The Encyclopedia of Social Work*, Washington, D. C. : NASW.

Moberg, David O. (1984), *Church as a Social Institution*, N. Y. : Baker Book House.

Neuber, Keith A. (1980), *Needs Assessment: A Model for Community Planning*, Beverly Hills, California: Sage Publications.

Peterson, Eugene H. (2003), (*The*) *Message: New Testament*, 김순현 · 윤종석 · 이종태 역(2009), 《메시지: 신약》, 서울: 복 있는 사람.

Thomas, Edwin (1984), *Designing Interventions for Helping Professions*, Beverly Hills, California: Sage Publications.

인터넷 사이트

한국교회사회사업학회, http://www.churchsw.com.
한국기독교사회복지협의회, http://www.kacs.or.kr.
한국기독교학회, http://www.kacs.or.kr.
한국밀알선교단, http://www.kmil.or.kr.
한국장애인사역연구소, www.kmind.net.

찾아보기

ㄱ

갈런드 104, 110, 111
강점 관점 159
개인주의 28
고린도 45
공동체 194
교회 교육 186
교회사회복지사 235
교회연합운동 223
그리스도의 몸 36
그리스도의 신부 47
그리스도의 지체 101
기도 190
기독교 세계관 131
기독교 영성 131
기독교 영성의 '틀' 133
기독교 윤리의식 131
기독교사회봉사 104
기독교사회운동 104

ㄴ~ㅁ

니고데모 75
동기(motivation) 부여 197
디아코니아(diakonia) 158

만인형제 사상 145
민족교회 6

ㅂ~ㅅ

변화 78
복음화 184
복지목회 119
사례관리 199
사회목회 119
사회선교 104
사회적 약자 55~57
사회통합 58
생태체계 관점 156
설교 189
실로암(SILOAM) 모델 169
실용주의 30
심방 193
십자가 정신 64, 231

ㅇ~ㅊ

에클레시아 31
엑소시아 72
영적 재활 174
예배 180

예수님의 식탁 70
외연화 53
율법 66
인간사랑 220
자본주의 29
전인적 재활 174
지역사회선교 105
찬송 192
참사람 52, 53, 217
참여 58

ㅌ ～ ㅎ

통합적 재활 174
틀(frame) 132

평신도 참여 222
평양대부흥운동 147
포괄적 실천 221
프락시스(praxis) 229
하나님 나라 117, 118, 131, 138
하나님 나라 운동 184
향락주의 30
헌금 192
활동체계 128

기타

3S 모델 166
ABC 모델 160

이준우 李峻宇

총신대 종교교육학과 및 동 신학대학원을 졸업하고, 숭실대 대학원에서 사회복지학 석사·박사학위를 취득했으며, 미국 사우스웨스턴 침례신학대학원에서 목회학 박사과정을 수료하였다.

1989년 사단법인 베데스다선교회 교육간사를 시작으로, 1991년부터 1997년까지 충현교회 청각장애인부 지도교역자로, 1997년부터 2012년 12월까지 남서울은혜교회 장애우위원회 지도목사를 역임하며 교회사회복지 실천에 헌신하였다. 2013년부터는 강남대 부설 대학교회에서 캠퍼스 사역과 담임목회를 감당하고 있다.

1997년부터 1999년까지 사회복지법인 밀알복지재단 사무국장으로, 2008년부터 2012년 12월까지 화성시남부노인복지관 관장과 한국교회사회사업학회 회장직을 동시에 맡아 열정을 쏟아 부었다. 또한 학교와 복지관이 소재한 경기도 용인시와 화성시에서 지역사회복지협의체 위원 및 공동위원장으로 활동하며 지역사회복지 발전을 위해서도 노력해왔다.

2005년 8월부터 현재까지 강남대 사회복지전문대학원 교수로 있으면서 사회복지법인 베데스다복지재단 이사, 사회복지법인 말아톤복지재단 이사, 사단법인 한국밀알선교단 이사, 사단법인 밀알천사 이사, 강남구직업재활센터 운영위원장, 한국교회사회사업학회 편집위원장 등 우리 사회의 소외계층과 특별히 장애인, 노인, 교회사회복지실천에 관심을 갖고 활발히 활동하고 있다.

또한 다양한 현장경험과 연구자로서의 책임감으로《수화의 이해와 실제》,《데프 앤 데프》,《장애인복지정책과 실천》,《한국수어학개론》등 공격적 글쓰기를 통해 보다 많은 이들에게 '크리스천 사회복지인(人)'으로서의 선한 영향력을 전달하고자 노력하고 있다.